半岛战争回忆录

反法联军"斩翼行动"与
拿破仑帝国在伊比利亚半岛霸权的终结

A Narrative of the Peninsular War

[英]安德鲁·利思·海伊 —————— 著
薛沛文 —————— 译

图书在版编目（CIP）数据

半岛战争回忆录/(英)安德鲁·利思·海伊著；薛沛文译. --北京：华文出版社，2021.1
（华文全球史）
ISBN 978-7-5075-5424-3

Ⅰ.①半… Ⅱ.①安… ②薛… Ⅲ.①比利牛斯战争—研究②拿破仑战争—研究Ⅳ.①K551.42②K565.41

中国版本图书馆CIP数据核字(2020)第267730号

半岛战争回忆录

作　　者：	[英]安德鲁·利思·海伊
译　　者：	薛沛文
选题策划：	盛世卓章
插图供应：	18629596618
责任编辑：	景洋子 魏丹丹
出版发行：	华文出版社
社　　址：	北京市西城区广外大街305号8区2号楼
邮政编码：	100055
网　　址：	http://www.hwcbs.com.cn
电　　话：	总编室010—58336239
	发行部010—58336212
经　　销：	新华书店
印　　刷：	三河市燕春印务有限公司
开　　本：	710×1000　1/16
印　　张：	28.75
字　　数：	348千字
版　　次：	2021年1月第1版
印　　次：	2021年1月第1次印刷
标准书号：	ISBN 978-7-5075-5424-3
定　　价：	108.00元

版权所有　侵权必究

出版前言

随着中国开放的大门越开越大,关注世界各国尤其是西方国家文明的源流、发展和未来已经成为当下世界史研究的一个热点。为了成系统地推出一套强调"史源性"且在现有世界史出版物中具有拾遗补阙价值的作品,我们经过认真论证,推出了"华文全球史"系列,首次出版约一百个品种。

"华文全球史"系列从书目选择到译者的确定,从书稿中图片的采用到人名地名的规范,都有比较严格的遴选规定、编审要求和成稿检查,目的就是要奉献给读者一套具有学术性、权威性和高质量的世界史系列图书。

书目的选择。本系列图书重视世界史学科建设,视角宽阔,层级明晰,数量均衡,有所突出。计划出版的"华文全球史"中,既有通史,也有专题史,还有回忆录,基本上是世界历史著作中的上乘之作,填补了国内同类作品出版的空白。

人名地名规范。本系列图书中人名地名,翻译规范,重视专业性。在人名翻译方面,我们坚持"姓名皆全"的原则,加大考据力度,从而实现了有姓必有名,有名必有姓,方便了读者的使用。在注释方面,书中既有原书注,完整地保留了原著中的注释;也有译者注,体现了译者的研究性成果。

书中的插图。本系列图书的一个重要特点是书中都有功能性插图,这些插图全方位、多层次、宽视角反映当时重大历史事件,或与事件的场景密切相关,涉及政治、军事、经济、社会、外交、人物、地理、民俗、生活等方面的绘画作品与摄影作品。功能性插图与文字结合,赋予文字视觉的艺术,丰富了文字的内涵。

译者的确定。本系列图书的翻译主要凭借的是一个以大学教师为主的翻译团队,团队中不乏知名教授和相关领域的资深人士。他们治学严谨,译笔优美,为确保质量奉献良多。

"华文全球史"系列作为一套具有较高学术价值的优秀的世界历史丛书,对增加读者的知识,开阔读者的视野,具有积极的意义。同时要看到,一方面很多西方历史学家的观点符合事实,另一方面不少西方历史学家的观点是错误的,对于这些,我们希望读者不要不加分析地全盘接受或全盘否定,而是要批判地吸收外国文化中有益的东西。

华文出版社
2019年8月

序言

在向公众讲述这段历史之前，我要先表示一下歉意，因为在这之前与此主题相关的作品已不计其数。不过，随着岁月流转，一个曾经参战的军官对伊比利亚半岛战争或许早已有了更新、更全面的认识。尽管如此，我写此书的本意是纪念那些战斗中不离不弃的朋友——我曾有幸在约翰·摩尔爵士和威灵顿公爵阿瑟·韦尔斯利的领导下见证了这场战争，希望能够将那些被评述者们遗忘的战争场景公之于众。那些生前受人敬仰的将领，死后却被人遗忘。除了挚友，还有谁会记得那些英年早逝而抱憾终生的战友。然而，他们关于战争的记忆不应该就此淹没在历史长河中。

也许是人性的虚荣促使我公开这些亲身经历的战争回忆。时光飞逝，记忆却仍然清晰。那些在西班牙从军的日日夜夜将永存脑海，虽然不算最幸福，却最有意义。

带着这些难忘的回忆，我一直关注与伊比利亚半岛战争有关的作品。在很长一段时间里，该类作品都是出版社的热门话题。但在这些作品中，有对伊比利亚半岛战争的误解，也有诸多无意之失。我翻阅了曾经的随笔，确认了当时的真实场景，斟酌数年，最终决定把这场战争的回忆整理成书并出版。

如果此书能让世人更加尊敬那些伊比利亚半岛战争中的英雄，如果我见证的一切能让更多人了解那些曾经用热血创造英军卓著荣耀的杰出人物，那么讲述这些回忆便有了意义，我就知足了。

由于情况特殊，我比那些下级军官多了一些见证战争的机会，并且恰巧我从一开始就决心要定期记录、保留一份观察日记。因此，书中讲述的很多次要事件也许过于详细，也许令人兴味索然，也许会让人认为我过度沉迷于自己的回忆当中。但首先，对我而言，那些封存在记忆里的战争往事即便是一个小细节也值得记载，恳请诸君谅解。其次，人性中虚荣的弱点也许会让我在叙述中存在偏见，这一点我已尽力避免。

人们常常议论伊比利亚半岛战争，对种种细节如数家珍，但在法国大革命期间诸多战争的舞台上，人们没有意识到，英国曾重塑了欧洲的军事格局。

重提法兰西帝国的军队及其成就毫无必要，因为世人不会将其遗忘。人们曾闻风丧胆，谁都未曾想过在欧洲大陆与战无不胜的拿破仑·波拿巴一较高下。但历史会铭记威灵顿公爵阿瑟·韦尔斯利及其胜利之师。他们鼓舞了欧洲各国的士气，打破了拿破仑·波拿巴必胜的魔咒，让人民看见胜利的曙光。他们连克劲敌，声名大噪。法军军旗上的雄鹰曾被胜利的光环围绕，法军最伟大的士兵高举着这面旗帜踏遍欧洲大陆，挥舞着旗帜传出一个又一个捷报。在漫长、胶着的战争中，英军面对的就是这样的强敌。英军战胜法军使我在回忆时往往难掩兴奋。如果我在后文的叙述中有鼓吹战友之嫌，或者坚称英军是欧洲之冠，那么请允许我告诉那些质疑的人，英军就是战场上的"世界冠军"。如若不信，那残酷的现实将会告诉你，这就是事实的真相。

目 录

001　第 1 章
　　科鲁尼亚战役

115　第 2 章
　　英军重返葡萄牙

153　第 3 章
　　布萨库战役

213　第 4 章
　　巴达霍斯战役

239　第 5 章
　　萨拉曼卡战役

301　第 6 章
　　维多利亚战役

357	第 7 章
	封锁潘普洛纳

363	第 8 章
	比利牛斯战役

405	附录 1
	萨拉曼卡战役

415	附录 2
	尼古拉·让·德迪厄·苏尔特元帅公告

417	译名对照表

第1章

科鲁尼亚战役

众所周知，法兰西帝国皇帝拿破仑·波拿巴意图颠覆西班牙君主制政权，终结波旁王朝的统治，把自己的家族推上天主教宝座。这一系列行为引发了伊比利亚半岛极大的骚动，意想不到地激起了民众的强烈反抗。1808年年初，一支由阿斯图里亚斯和其他省组成的代表团被派往英格兰，向其政府求援，以抵抗这位古往今来最强大、最杰出的人——拿破仑·波拿巴。在法兰西胜利之师的支持下，拿破仑·波拿巴妄图将西班牙的王冠戴到哥哥约瑟夫·波拿巴头上，以此推翻西班牙王国古老的律法和体制。西班牙政府向英国求援，呼吁英国政府给予支持，于是，英国立即与西班牙结成同盟。西班牙人民热情地呐喊着开始了斗争，唯一目的就是阻止能征善战的拿破仑·波拿巴。这位非凡之人仅用了几年工夫，便从一个法军的无名小卒变成统帅，建立帝国并登上皇帝宝座。拿破仑·波拿巴的法兰西帝国不仅囊括了法兰西、意大利、荷兰、尼德兰，还统治着莱茵联邦和海尔维第共和国。

此时，西班牙人民的反抗扭转了欧洲局势，使欧洲各国在重重毁灭性灾难造成的低迷沮丧中似乎获得了新的曙光，唤醒了新的希望。代表团一到达伦敦，英国政府就迅速地积极准备为正义事业提供援助。英国拥有的强大国力和资源使各位部长能够轻而易举、毫不迟疑地贡献力量，而其无可争议的海洋主权则保障了与伊比利亚半岛沿岸所有地区的可靠联系。

与西班牙人民缔结了同盟条约后，英国就派出了由阿特金斯任船长的"塞纳"号、沃尔夫任船长的"雄鹰"号、哈代曼任船长的"独角兽"号和塔沃任船长的"鸢尾花"号组成的舰队。这些军舰满载着武器、弹药和军饷，尽一切手段来增强西班牙反抗斗争领导者的信心。英国军官被派往西班牙北方各省，目的是获取关于西班牙国内的真实情报，在组织军事力量方面给予其协助，并提出最能够帮助西班牙的策略——通过点亮崇高的爱国主义之光来冲破黎明前的黑暗——来成功抵抗法军的侵略。尽管当时的人们都认为，在当时最伟大的指挥官拿破仑·波拿巴的率领之下，法军攻无不克，战无不胜。在这群英国军官中，詹姆斯·利思将军奉命前往桑坦德，并收到指示，负责报告阿斯图里

詹姆斯·利思将军

亚斯、比斯开、吉普斯夸和桑坦德的拉斯蒙塔尼亚斯等地的军备情况。与此同时，作为詹姆斯·利思将军的副官，1808年8月17日晚，我从朴次茅斯起航，离开了英格兰。

1808年8月22日清晨，"秘鲁人"号双桅军舰抵达西班牙海岸。当军舰接近陆地时，阿斯图里亚斯山脉从远处显现。一眼望去，山脚格外荒凉，山顶却树木繁茂，显得既壮丽又有趣。从一名西班牙渔船船员那里，英军了解到自己目前正处在桑坦德以西，非常接近目的地港口了。于是，军舰根据西班牙船员指引的方向，沿着波涛汹涌的美丽海岸线径直向东航行。

1808年8月22日夜晚，英军发现了一支英国战舰中队。一阵清新的微风很快使"秘鲁人"号进入可视距离之内。作为当时岸上的高级将领，阿特金斯船长正在与桑坦德主教进行磋商。这位主教是当地反法斗争的重要领导。

从这位桑坦德主教的一举一动看来，他似乎并未意识到，英国人认为他不过是一个自诩坚定爱国的好战之士。其实，与英军即将结识的其他西班牙军民组织成员相比，当时英军军官对桑坦德主教的这种轻视显然有失公允。后来，桑坦德主教身上那种西班牙人特有的崇高的理想主义让英国人印象深刻。

桑坦德主教精力旺盛，他的观点听起来总是诚挚可信。作为拉斯蒙塔尼亚斯提名的执政官，桑坦德主教积极投身于西班牙独立事业，发表了种种声明，让众人见识了他的一片诚挚之心。因此，英国政府认为他是促进英西两国交流的合适人选。正是在他的提议下，詹姆斯·利思将军很快了解了西班牙的国内局势，并组织和支援西班牙北部省份已参战的部队和军事后备力量，以此抵抗法兰西帝国的统治。在此期间，比利亚努埃瓦伯爵担任拉斯蒙塔尼亚斯的总督，军权与政权和谐融洽。

比利亚努埃瓦伯爵出身军队，曾在西班牙卫队服役。他不仅精明，并且算得上见多识广。毫无疑问，在曾经的和平年代里，比利亚努埃瓦伯爵在西班牙社会中备受尊敬。然而，他的外表与一身顶级的时尚军装不太相称。他是英军在西班牙见到的第一位军官。英军对他的印象并不好。

桑坦德主教和比利亚努埃瓦伯爵既没有掌握任何法军的动向，也无法确定法军营地和桑坦德西班牙驻军之间是否还有其他西班牙武装力量。起初，这种一无所知的情况让英军感到不可思议，但当逐渐了解并熟悉了西班牙人的自信和冷漠后，英军便不再感到惊讶了。

桑坦德所处的有利地理位置使其成为重要的商业区。宽敞的海港向西北部形成了一个岬角，东端是马约尔角。这里的大教堂是一座规模不大、不甚壮观的建筑，即便是主教大殿也是如此，但其优雅精致、金碧辉煌的建筑风格非常引人注目。至于这个城市的其他建筑，特别是码头附近的建筑，则大多宽敞雄伟。

从桑坦德到西班牙内陆的主要通信渠道是从雷诺萨出发，经布尔戈斯到马德里。我奉命沿此线路着手搜集局势情报。

刚到桑坦德三天，我完全不懂西班牙语，这给完成任务带来了诸多不便。我接到的命令是沿埃斯库多路进入雷诺萨。据推测，在雷诺萨我应该能找到

马德里

弗朗西斯科·巴列斯特罗斯将军

弗朗西斯科·巴列斯特罗斯将军——后来成为伊比利亚半岛战争中的杰出人物——和其指挥的一群阿斯图里亚斯人。与我同行的是西班牙上尉比利亚德特及其所属的拉雷多团的十二名士兵和一位充当翻译的老人。

这支威风凛凛的骑兵队在桑坦德市区引起了相当大的轰动，虽然已是深夜，但仍有许多人涌上街头目送我们。西班牙上尉比利亚德特面容瘦削蜡黄，骑着一匹高头骏马，身披斗篷，头戴一顶特制的帽子。他们为我准备了一匹骡子，给它装上了华丽的西班牙式马鞍，还破天荒地在鞍头配饰了一对骑枪。当随行队伍准备就绪时，我感到欣喜若狂，一种从未有过的满足感油然而生，那一刻，我感觉自己已经成为这次伟大远征的英雄。

即将出发时，庄严的气氛被一件令人啼笑皆非的事打破了。就在这位年迈的翻译正要跨上骡子时，庄严和肃穆突然变成嘈杂和骚乱。这位语言大师显然对骑术疏于研究，而不幸的是，他的坐骑又是这群骡子中最顽劣的一匹。当发现有人要骑上它时，这匹骡子就撒腿奔向了人群，使有的人惊恐万分，有的人幸灾乐祸，它就这么横冲直撞，丝毫没有停下来的意思，直到把打算骑它的老翻译扑倒在地。就这样，老翻译和这匹骡子发生了一场大战：前者使劲反抗，竭尽全力试图制服顽固的骡子；后者则为自身安危感到担心，巴望着再闹一阵就很可能找到最稳重可靠、最和蔼可亲的骑手。这场人骡大战以老翻译换了头温顺的骡子而告终，于是，我们的行程继续。

行进了十六英里①后，我们来到了一个村庄。赶骡的人坚持要让自己和骡子都休整一下。正如西班牙北部大多数客栈一样，我们歇脚的这个客栈也非常简陋，马匹和骡子就占了房屋的大半。黎明时分，我们继续赶路，穿行在这个美丽浪漫的国家。道路在狭窄的山谷中蜿蜒，周围群山环绕，山顶上的树木苍翠茂盛。偶尔，山谷会延伸开来，所见之处山峦渐少，耕地增多。上午，我们看到烟雾从前方的一片树林中升起。顺着烟雾，我们发现了一支由三百个阿斯图里亚斯人组成的先头部队。这些人都是刚刚登记入伍的农民，缺少必要的武装。从这支部队的指挥官那里，我得知弗朗西斯科·巴列斯特罗斯将军在雷诺萨。于是，在这些人的带领下，我们全速前进。夜晚时分，我们抵达弗朗西斯科·巴列斯特罗斯将军的营地。

弗朗西斯科·巴列斯特罗斯将军的外表和举止都远胜我在西班牙见过的任何一位军人。他年轻、活跃、机智，即使第一次见面也会让人觉得他是一个精明强干的人，很可能成为一位杰出的军官。因为在西班牙人民反抗法兰西侵略的革命中表现出色，弗朗西斯科·巴列斯特罗斯晋升神速，从一个西班牙军队里的低级军官一跃成为少将。弗朗西斯科·巴列斯特罗斯将军曾在雷诺萨指挥一支阿斯图里亚斯人的部队。当时，这支部队人数已多达四五千人，但还没被编入任何一支西班牙军队。弗朗西斯科·巴列斯特罗斯将军向我通报了他掌

---

① 1英里约等于1.609千米。——译者注

握的法军地理位置及其最近的动向。法军大本营一直盘踞在西班牙的维多利亚,但没有任何迹象表明法军会立即恢复进攻。因为没有法军接近雷诺萨,所以目前弗朗西斯科·巴列斯特罗斯将军似乎高枕无忧。

因此,确定了桑坦德没有法军即刻入侵的危险,我便准备重返归途。我雇了几匹快马。车夫赶着马车在午夜的雷诺萨街道上驰骋。我们经过了几个西班牙哨岗。卫兵的询问打破了那个美丽夜晚的寂静。马缰绳上的铃声叮当作响,同伴们偶尔纵情高歌。远处的噪音、马夫的欢声笑语及山上倾泻而下落入密林幽谷的水声,这一切都给那个夜晚增添了几分欢乐的色彩,伴随着我们一路前行。以前,这些西班牙马匹总是随着马夫一成不变的节奏保持步调一致,要么一路缓行,要么一路疾驰,而这次旅程的速度却毫无征兆地越变越慢,这难免让马夫有点手足无措。尽管有这样那样的烦恼,但好在路况良好、马匹精良,西班牙马夫们很快适应了新节奏。1808年8月28日6时,我们到达了托雷拉韦加。1808年8月28日9时,我们抵达桑坦德。

显然,近期拉斯蒙塔尼亚斯不会发生什么大事。于是,詹姆斯·利思将军决定重新起航前往希洪和奥维耶多,以便确认阿斯图里亚斯的军备状况。

1808年8月29日上午,"秘鲁人"号军舰停泊在西班牙北部海岸最显眼的海湾之一——希洪湾:由于陆地的形成,希洪湾周围均未设防,加上比斯开湾汹涌的海浪乘呼啸的北风一路袭来,让在这里停泊成为极其危险的事情。有段时间天气非常温和,我们在锚地发现了"鸢尾花"号战舰和"金枪鱼"号单桅军舰。

在相当长的时间里,希洪都是英国领事馆所在地。其间,领事馆由亨特先生负责管理。他久居西班牙,十分了解这个国家的民风民俗,所以在领事馆工作得游刃有余。登陆时,亨特先生得知詹姆斯·利思将军即将到达,便为其准备了附近一座古老的大宅作为官邸。

希洪并没有什么出众的风景。这个宽阔的海港城镇各方面都逊于桑坦德,周边邻近的风景也不像阿斯图里亚斯省其他地方的海岸那样让人眼前一亮。

我们即将入住的城堡是一座古老的建筑。这是一位贵族的财产,却年久失修,破败不堪。城堡巨大的拱廊通向一个宽敞的庭院,庭院周围都是石柱——前面几个磨损得十分严重。石柱上面缠绕着葡萄藤等各种藤本植物,底部杂草丛生。院子的中间有一口井,看上去很久没人用过。沿着一座漂亮的楼梯我们来到了楼上,这里有很多房间,虽然宽敞宜居,但里面都没什么家具。这座城堡曾是一位官员的第一居所,我们在西班牙曾见过这位有身份的人。

我们抵达希洪后的第二天,即1808年8月30日,塞瓦斯蒂安·弗朗西斯科·德·米兰达将军和阿斯图里亚斯军政府的一个代表团赶来护送弗朗西斯

塞瓦斯蒂安·弗朗西斯科·德·米兰达将军

特拉法尔加战役

科·巴列斯特罗斯将军前往奥维耶多。第三天早上,我们便出发前往那里。奥维耶多是阿斯图里亚斯省的首府,古称奥维多,坐落在一个浪漫而美丽的山谷中,周围尽是各色美景。我们从北边慢慢接近奥维耶多,欣赏它的恢宏和壮丽。大教堂高耸的尖顶一下子映入眼帘,在远处群山的映衬下显得更加辉煌。

在奥维耶多,我们受到了友好的款待。当地的各个阶层都对英国军官的到来表现出了很大的热情。无论是不宣而战、劫持护卫舰引起的愤怒情绪,还是近来在特拉法尔加发生的舰队被击溃的那场更加不幸的灾难,这时似乎都已被遗忘。英国人民已成为奥维耶多人热诚钦佩的主角。他们不再把英军视作曾经的敌人,而只是觉得在短暂的交恶后,邦交已久的两个国家自然而然地应该重修旧好。

省军政府的成员们聚集在一起迎接詹姆斯·利思将军——其中包括总司令比森特·玛利亚·德·阿塞韦多、坎波·塞格拉多侯爵、托雷诺伯爵何塞·玛

弗朗西斯科·马尔科·德尔·庞特

利亚·凯波·德·利亚诺、弗朗西斯科·马尔科·德尔·庞特和坎波·格兰德子爵,陪他一同前往雷根西亚的官邸。总司令比森特·玛利亚·德·阿塞韦多将军是位上了岁数的老人,显然有些精力不足,目力不及,他被任命为阿斯图里亚斯特遣队的指挥官,正准备动身前往海港小镇利亚内斯。新征召的士兵将会在那里集结,预计会有一万兵力由他指挥。

在这段时期的战争中,法军驻扎在埃布罗河附近。而华金·布莱克·乔伊斯将军和加利西亚的军队则一起驻扎在莱昂。据说华金·布莱克·乔伊斯将军可能会继续推进。比森特·玛利亚·德·阿塞韦多将军和拉罗马纳侯爵佩德罗·卡罗的军队增强了华金·布莱克·乔伊斯将军的兵力，而华金·布莱克·乔伊斯将军每天都期盼着在摆脱法兰西帝国皇帝拿破仑·波拿巴的控制之后，能抵达西班牙北部海岸。

华金·布莱克·乔伊斯将军的军队虽人多势众，但装备不足。步兵散漫无力；许多部队完全由新兵组成；军官缺乏才能，效率低下。华金·布莱克·乔伊斯将军还有一支规模很小的骑兵队及仅有的一门大炮可供使用。这种军备状况显然无法满足华金·布莱克·乔伊斯将军急于上战场对抗法军的迫切要求，

拉罗马纳侯爵佩德罗·卡罗

第 1 章 科鲁尼亚战役 | 011

华金·布莱克·乔伊斯将军

但华金·布莱克·乔伊斯将军似乎没有这种感觉，一意孤行，行动草率。可想而知，结果将会是灭顶之灾。

在此，我必须提到一些英国政府派往西班牙执行任务的军官，因为威廉·弗朗西斯·帕特里克·纳皮尔中校在他的《半岛战争史》中对此发表了肤浅、不合时宜的言论。

在列举派往西班牙的军官时，威廉·弗朗西斯·帕特里克·纳皮尔中校只提到了那些因"熟悉西班牙语"而充满自信的人，却忽视了那些语言不通的优秀军官，这显然是在不了解事实的情况下提出的谬论。威廉·弗朗西斯·帕特里克·纳皮尔中校还错误地评论道："他们之间缺乏协调，群龙无首，每个人只做对自己有利的事。"

在派往西班牙的军官中，我必须要提到这些人：皇家工程师莱弗比尔少校，他后来在马塔戈达遇难；琼斯上校，他的责任心及经验和判断力在军队中有口皆碑，对半岛战争事件的熟悉程度至少与佩斯利上校、伯奇上校不相上下。这些人都是按照詹姆斯·利思将军的命令行事。毫无疑问，要论热忱、智

威廉·弗朗西斯·帕特里克·纳皮尔中校

慧、军事才能和卓越的判断能力，任何军队中再也不可能挑出四个如此杰出的人物。

　　派遣军官自然是政府获取情报的一项基本措施，因为没有其他更好的办法能够获得真实的情报。无论威廉·弗朗西斯·帕特里克·纳皮尔中校如何曲解，事实上，这些被派到西班牙的英国军官一直都在热情、积极地投入工作，不断从一个地点转移到另一个地点，到访过许多不同的西班牙军队，即使在战火纷飞的情况下，也从未间断向西班牙军队提供可行性参考，便于其制订各项主要行动计划。

　　就当时英军实际的军事知识水平而言，要想挑选出能够针对陆战的各种细节提供正确建议或准确信息的人实在很困难。但如果有人说英国不是真心支持西班牙起义，那他一定是不了解英军的满腔热情。在很大程度上，这种热情是决定战争成败的关键。不过，几乎从未有人理智地提及这一点，尽管有许多人曾长期见证了西班牙君主政体臣服于暴政从而日渐衰败。英军始终明白，只有重建舰队，壮大军备，才能恢复西班牙军队的往日雄风，使其重新奔赴战场。在《半岛战争史》中，在对几个省份的访问记录中，威廉·弗朗西斯·帕特里克·纳皮尔中校称那些"无用、低效、愚蠢"的官员从未参与工作，破坏解放西班牙的伟大事业。诚然，这些派往西班牙的英国军官中，可能有些人过于冲动，也有一些人智不如人，但不至于只有威廉·本廷克勋爵和考克斯少校在他的书中得到认可。时间将会证明，威廉·弗朗西斯·帕特里克·纳皮尔中校在书中对这些军官以偏概全的谴责会被历史唾弃。

　　在确定了阿斯图里亚斯军政府准备全副武装增援华金·布莱克·乔伊斯将军之后，在皇家工程师莱弗比尔上尉、琼斯上尉和佩斯利上尉的陪同下，詹姆斯·利思将军离开了奥维耶多，回到希洪，又从希洪出发，沿比斯开湾海岸前往比森特·玛利亚·德·阿塞韦多将军的大本营所在地——利亚内斯，然后经过圣维森特-德拉巴尔克拉和桑蒂利亚尼亚，抵达桑坦德。在桑坦德，詹姆斯·利思将军收到情报，得知1808年9月20日西班牙加利西亚方面军的一个师

弗朗索瓦·热代翁·巴伊·德·蒙蒂永将军

已经占领毕尔巴鄂。当时,波塔戈侯爵联合第四师驱赶弗朗索瓦·热代翁·巴伊·德·蒙蒂永将军。弗朗索瓦·热代翁·巴伊·德·蒙蒂永将军无心恋战,撤退到了杜兰戈。

在此期间,华金·布莱克·乔伊斯将军的大本营位于弗里亚斯。从西班牙地形上看,他的军队战线拉得很长,也很分散。他从左翼进攻一定是为了把整个队伍都向左侧移动。然而,如果在大部队到达之前,仅这一个师向毕尔巴鄂前进,那么该师必然会缺少支援,并且一旦与法军近距离接触,便会陷入孤立无援的境地,这是非常危险的误判。本来能轻而易举击溃第四师,但后来埃尔

第 1 章 科鲁尼亚战役 | 015

埃尔欣根公爵米歇尔·奈伊

欣根公爵米歇尔·奈伊的进攻畏首畏尾、软弱乏力，让人实在很难为他的无能找到一个令人信服的借口。埃尔欣根公爵米歇尔·奈伊麾下的军队已经足够击垮整个加西利亚的军队了，更何况只是区区一个师而已。

在桑坦德收到夺取毕尔巴鄂的消息后，阿特金斯船长指挥"塞纳"号军舰和"哥萨克"号战舰冲破重重阻碍，向东驶去，寄希望于比斯开省的民众能揭竿而起，参与这项爱国大业。但西班牙军队占领毕尔巴鄂的消息未能激发民众信心，连总司令也因此丢掉了自己的职位。人们认为，这样做可以在法军杀回来时保护当地民众免受其害，而如果民众公然对抗，那么法军再回来时必然会采取更加严厉的惩治手段。

由于詹姆斯·利思将军与桑坦德主教另有安排，不能立即前往毕尔巴鄂，因此，詹姆斯·利思将军命令我去。回到桑坦德不到一个小时，我便又上路了。经过一夜奔波，我途经桑托尼亚、拉雷多、乌迪亚莱斯堡和波图加莱特，在与毕尔巴鄂相邻的圣尼古拉修道院附近的渡口乘船，抵达河对岸。岸边的大路一马平川，通向美丽富饶的峡谷。

毕尔巴鄂是一座美丽的城市，规划整齐，街道宽敞，道路平坦，城市的建筑高大壮观。郊区农作物丰富，风景如画。毕尔巴鄂地势较低，周围有大片耕地，附近的山上树木繁茂、郁郁葱葱。这里的人看起来都过得轻松愉快。优越的地理位置使毕尔巴鄂占尽商机：由于沿河航道直通毕尔巴鄂，所以长期以来这里都是半岛北部海岸最重要的商业区。

毕尔巴鄂

毕尔巴鄂被西班牙军队占领的消息在法军大本营引起了很大轰动，并引发了一件大事：埃尔欣根公爵米歇尔·奈伊元帅率领整个军队离开了洛格罗尼奥，迅速前进。1808年9月26日，埃尔欣根公爵米歇尔·奈伊元帅赶到了毕尔巴鄂城外。

在埃尔欣根公爵米歇尔·奈伊元帅的军队抵达之前，弗朗索瓦·热代翁·巴伊·德·蒙蒂永将军既没有采取任何行动试图夺回毕尔巴鄂的控制权，也没有采取任何方式骚扰西班牙军队的控制区。但毫无疑问的是，根据法军所处的位置，法军将会很快阻击进攻其右翼的军队，因此，一场战斗一触即发。

1808年9月26日上午，莱弗比尔上尉和琼斯上尉侦察了法军进攻的路线，并带回了法军行进的情报。毕尔巴鄂民众日渐恐慌，城内一片混乱，有一些人忧心忡忡，焦虑不安，准备离开。而另一些人虽然同样忧虑，却坚定地要和家人留在这里，心甘情愿地接受可能遭受的不幸。尽管毕尔巴鄂人知道，只要对法军的再度归来表现出一丝不悦，或对西班牙军队及其反法联军表现出些许热情，就一定会被那些法兰西人察觉，从而受到惩罚。

1808年9月26日中午，法军逼近的消息传来了。于是，西班牙军队进入全员战备状态。就在不到一周前，西班牙军队刚刚将法军的一个旅赶出了城，然后便陷入了无助和茫然。即使法军在百里之外，西班牙军队这样的状态也说不过去，好在西班牙军队已经开始打起精神。必须承认，对西班牙军队而言，这种毫无胜算的战前准备虽不明智，但还算及时。

1808年9月26日13时左右，法军骑兵冲入毕尔巴鄂城内的谣言突然传出。人们顿时惊慌失措。随后发生的一幕充分证明了在恐惧时人的反应会有多么激烈：街上瞬间挤满了人，人们疯狂尖叫着夺路而逃，身边簇拥着马匹、骡子、牛羊和满载家具的车辆，沿着通往波图加莱特的道路飞奔，没有人愿意停下来验证传言的真伪。

詹姆斯·利思将军率军前往支援波塔戈侯爵。在杜兰戈道路右侧的高地上，波塔戈侯爵设置了两门加农炮。在道路左侧的高地上，他部署了一列步兵和三门大炮。在右侧更高一点的位置，他部署了一个营的掷弹兵，另一个营则负责守卫入城的大桥。

排兵布阵完毕，波塔戈侯爵等待着法军的出现。有人发现，法兰西散兵正从距西班牙阵地两英里左右的峡谷穿行，三列步兵和大量骑兵正沿杜兰戈的道路推进。显然，法军正小心翼翼地靠近，并不急于逼近西班牙军队。然而，派出侦察的西班牙军官做了一次非常大胆的尝试。

法兰西散兵

西班牙炮兵试着从远处向敌方最近的一列队伍开火，但没有起到任何作用。一会儿，法军骑兵向西班牙军队的左翼移动。由于侧翼已经暴露，再加上法军兵力占据明显优势，所以西班牙军队现在只能选择谨慎地撤退。在场的军官们都明白，面对如此强大的法军，要想守住阵地绝无可能，便将大炮架在队伍前面，全军沿着巴尔马塞达路线撤退。出人意料的是，法军居然没有追击。幸运的西班牙官兵们一路上毫发无损地到达了目的地。如果法军当机立断迅速出击，那么结果必然是西班牙第四师土崩瓦解，大炮也会拱手让人。

此前，大量的弹药已被运抵波图加莱特，供当地军队和比斯开省征募的新军使用。我奉命前往波图加莱特，设法将弹药从波图加莱特运到巴尔马塞达。

一大早的好天气说变就变，一场大雨倾盆而来，让人更加苦不堪言。许多从毕尔巴鄂逃出来的人挤满了通往波图加莱特的道路。在路上，一个西班牙商人和家人在泥泞中艰难前行；一名尚未就任的西班牙军官之前还趁法军尚未到来时展示过他的制服，而现在似乎觉得连那身制服也不能让自己稍微舒服一些；一个来自英国的年轻人到毕尔巴鄂完全是出于对战争的热情和好奇，而此刻对眼前这突如其来的景象却手足无措，他衣衫褴褛，浑身湿透，凄惨无比，挣扎着想要去一个安全的地方。

到了波图加莱特，我才知道，那些弹药已被运往桑图尔塞。桑图尔塞离波图加莱特非常远。我没敢耽搁，立刻前往桑图尔塞。载有弹药的汽艇在半路搁浅了，却没有交通工具能运走弹药，于是，防止数量多达四百桶的弹药落入敌手便成为一项相当重要的任务。法军有可能立即派遣部队拦截弹药物资，因此，迅速将物资从英国运送到加利西亚至关重要。让西班牙人负责守卫这些弹药应该可以万无一失，所以，当务之急就是要找到最适合的人选。我注意到一名叫费利克斯·布兰科的西班牙军官曾陪同詹姆斯·利思将军去过毕尔巴鄂。他的男子气概和霸气的阔边帽似乎让我看到了阻止法军的希望。之前，在逃亡的人群中，我竟遗憾地与他擦肩而过。也不知道是因为他走得太快，还是离开得太早，但可以肯定的是，他就在队列的前头。

斐迪南七世

费利克斯·布兰科的帽子上有一根精美的飘带，上面绣着"要么放弃，要么死。——斐迪南七世"。尽管并不十分确定他就是执行守卫任务的最佳人选，但考虑到他对法军深恶痛绝，我想他一定会在法军到来之前迅速撤离。对于在军事上毫无建树的他来说，乘船撤离是个合适的方法。有了此番经历，他将来也能够看似光荣地重归故里。因此，我确信他一定会竭尽全力执行这项重要的任务。

我命令费利克斯·布兰科等到涨潮时就立刻把船驶回海湾，然后，我便离开了桑图尔塞。1808年9月27日3时，我从毕尔巴鄂前法军营地的右边经过，来到巴尔马塞达，又加入了波塔戈侯爵的部队，他的士兵们全都一副不以为然的样子,似乎并没有感觉到法军近在咫尺。他们在拥挤的街道上自由散漫地游荡,四处燃起熊熊篝火。尽管天气恶劣,但仍能看到三五成群的士兵和农民。士兵们讲述前一天的奇闻异事,农民们则洗耳恭听。

雨还在不停地下着,部队的处境更加糟糕——再也没有比这更让人难受的了,但士兵们并无怨言。看得出,他们都已经做好忍受艰难困苦的准备,即便是像这样的"屋漏偏逢连夜雨",也没有人低声抱怨一句。波塔戈侯爵看起来似乎有些激动,又好像一副听天由命的样子。他抽着雪茄,仿佛对置身于如此境地早已习以为常,也就顺其自然了。

在约翰·托马斯·琼斯上尉和多伊尔上尉的陪同下,詹姆斯·利思将军前往弗里亚斯,希望能在弗里亚斯找到华金·布莱克·乔伊斯将军。我继续待在巴尔马塞达,直到1808年9月28日清早,我又出发赶往乌兰蒂亚。在此之前,乌兰蒂亚的雨已经下了几天几夜,一直没有停,因此,本就崎岖的山路变得更加难走了。

安古洛村在从乌兰蒂亚到弗里亚斯道路的左面,附近的安古洛峰上只有一条陡峭的山路通往古老的卡斯蒂尔高原。垂直耸立的岩石峭壁上,只有一条路可以上去,并且这条路几乎都是在坚硬的岩石上开凿出来的。这条小路直通山顶,蜿蜒曲折,异常险峻,弯道急促而狭窄。再也想不出还有比这更危险的路了,要是稍微出现一点差错,后果都将不堪设想。

此时的风景最壮丽,周围树木繁茂,瀑布倾泻而下,流向四面八方。然而,到达山顶后,西班牙的地貌立刻发生了变化,比斯开富饶而秀丽的山谷变成了荒凉贫瘠的卡斯蒂尔平原。

往前1.5里格①是金科塞斯村。金科塞斯现在是加利西亚军队的大本营所在地。由于詹姆斯·利思将军改道前往弗里亚斯,所以我成了最早见到华金·布莱克·乔伊斯将军的人。从1808年9月26日起,华金·布莱克·乔伊斯将军

---

① 1里格约等于4.827千米。——译者注

虽然一直留在第四师,却似乎对左路发生的事一无所知。一位将领竟然失察到如此地步,简直让人无法容忍。而且是在通信没有受阻的情况下,他居然对不到四十英里范围内两天前刚刚发生的重要事件毫不知情。

对于波塔戈侯爵撤出毕尔巴鄂一事,华金·布莱克·乔伊斯将军听到了一些夸大其词的传闻,却既没有努力查明真相,也没有收到任何官方报告。华金·布莱克·乔伊斯将军的一个师很可能在四十八小时前被消灭掉了,而他却对此一无所知。尽管我对排兵布阵和指挥作战不甚了解,但这对我来说,简直不可思议。因此,无论对未来是否能够获胜,还是对左路军队是否能成功会师,我都抱有不祥的预感。

华金·布莱克·乔伊斯将军出生于一个爱尔兰家庭,在革命之前,他曾是西班牙军队的一名步兵上校,然后一步登天,当上了统帅。在里奥塞科战役中,他作为一支独立军的领导者,听命于格雷戈里奥·加西亚·德拉·奎斯塔将

里奥塞科战役

格雷戈里奥·加西亚·德拉·奎斯塔将军

军。格雷戈里奥·加西亚·德拉·奎斯塔将军被解职后,华金·布莱克·乔伊斯将军成为西班牙北部地区英军的最高指挥官。当时,华金·布莱克·乔伊斯将军虽然看起来年过半百,但是体格和举止都展现出他作为军人的坚强意志和决心。

在金科塞斯村,我首先遇到的是加利西亚的一个掷弹兵团。这些士兵体格健壮,装备精良,比我见到过的任何一支西班牙军队都要好。团里的两位军官邀请我到他们的住处去,我欣然前往,因为当时村子里早已人满为患,似乎也找不到什么遮风挡雨的容身之所,更何况雨还一如既往不停地下着。

1808年9月29日早晨,天气依然没有好转,金科塞斯村所在的荒凉平原上,寒风呼啸而过。由于海拔较高,周围又没有遮挡,这里成了西班牙最寒冷的居住区。晚上,詹姆斯·利思将军到了。他在荒凉的拉斯特雷斯德拉托雷安营扎寨。拉斯特雷斯德拉托雷还驻扎着西班牙军队第二统帅卡西加尔将军。

据说，从前与来访的英国军官打交道时，华金·布莱克·乔伊斯将军都会对其有所保留，甚至表现得有些反感，但他对詹姆斯·利思将军的到来并没有表现出戒备之心。究竟是因为他觉得詹姆斯·利思将军会给西班牙军队提供额外的粮饷和武器，还是先前对他的看法纯属无稽之谈，我也无从判断。华金·布莱克·乔伊斯将军非常善于交际，和詹姆斯·利思将军的交谈进行得很顺利。二人毫无分歧，每一次会晤都显得那么亲切而友好。

1808年10月1日早上，伯奇上尉和卡罗尔上尉离开了拉斯特雷斯德拉托雷，向格雷戈里奥·奎斯塔将军的部队进发。詹姆斯·利思将军则出发前往桑坦德。

离开拉斯特雷斯德拉托雷之后，英军一路向北，海拔逐渐降低。最后，英军来到一个丛林环绕的小村庄——比利亚桑塔。比利亚桑塔村有个奥尼亚修道院，院里有位热情好客的修道士。于是，詹姆斯·利思将军在奥尼亚修道院借宿了一晚。跟英军最近见到过的西班牙人有所不同，这位修道士是个很懂得享受安逸的西班牙人。他为英军提供了周到的安排。考虑到比利亚桑塔村的夜晚非常冷，所以窗户不封得严实肯定不行。于是，这位修道士给房间的窗户都装上了玻璃，连窗框也做成了双层格子的，在屋里铺满了垫子，往暖炉里添满了炭火。

1808年10月2日，英军经过拉雷多。拉雷多挤满了来自毕尔巴鄂的逃难者——他们被法军吓得远避至此。英军从桑托尼亚渡船来到桑坦德。桑坦德的一切仍一如往昔。詹姆斯·利思将军之所以重回此地，是因为他收到了情报，称拉罗马纳侯爵佩德罗·卡罗的部队将会在桑坦德登陆。众所周知，拉罗马纳侯爵佩德罗·卡罗的部队已经从吕根岛撤了出来。这里不再细说。

1808年10月8日上午，在北方军部分团的护送下，西班牙反抗军一支载有七十四门火炮的运输舰队抵达桑坦德。得知这一消息后，居民们欢欣雀跃，成群结队地冲向码头，翘首盼望着船靠岸，显得有些迫不及待。

船长霍瑟姆如果亲眼看到他的运输舰队安全进入港口，就很可能立刻离开海岸。于是，我奉命与这位西班牙反抗军的船长取得联络。然而，好不容易乘船出了海，却遇上了狂风大浪，西班牙船员都拒绝继续前进。再加上距离旗舰实在太远，尤其是在那种情况下根本无法接近，因此，我不得不同意西班牙船员返航。

到了傍晚，风势缓和下来，运输舰队驶入港口。随后，圣罗曼伯爵卡罗准将和一些高层军官一同登岸，与詹姆斯·利思将军进行会晤。

公主团的上校拉罗马纳侯爵佩德罗·卡罗已前往伦敦，他的部队暂由圣罗曼伯爵卡罗准将指挥。公主团由四个强大的步兵团、一支炮兵分队、两个重骑兵团和两个轻骑兵团组成。

西班牙革命前，公主团和萨莫拉团都属于西班牙正规部队。士兵们身着白色军装，除武器陈旧不堪大用以外，装备还算齐全。巴尔巴斯特罗步兵团和巴伦西亚步兵团都是轻装部队。公主团中的重骑兵由德尔雷和因凡特两个团组成，轻骑兵则由比利亚维西奥萨和阿尔曼萨两个团组成。这些骑兵都身着绿色军装，外表十分鲜亮，但不幸的是，在逃跑时，他们不得不丢弃马匹，使行动变得非常迟缓，因此，连原本可以大显身手的加利西亚行动，他们也无法参加了。如果不是缺少骑兵，公主团将会是最有用的支援部队。

与此同时，拉罗马纳侯爵佩德罗·卡罗的伦敦之行并不顺利。当时，他如果率部前往桑坦德，并且在每次关键行动发生之前能立即取代华金·布莱克·乔伊斯将军，担任左翼部队的指挥官，就有可能避免许多严重的后果，更不会发生华金·布莱克·乔伊斯将军后来所犯的一系列错误。现在还不能确定拉罗马纳侯爵佩德罗·卡罗是否具备更加科学、更加准确的判断力，但在当时的斗争中，他拥有一项至关重要的优势，那就是无论是军队还是人民都对他充满信心。长期以来，西班牙人民一直对拉罗马纳侯爵佩德罗·卡罗尊崇有加，毫不质疑他反抗法军统治的能力和爱国的赤胆忠心。最近，拉罗马纳侯爵佩德罗·卡罗调回军队中最优秀的部队，协助参加卫国战争，更加证实了他无愧于以往的那些赞誉。与此同时，华金·布莱克·乔伊斯将军刚刚担任指挥官，由于他资历尚浅，所以西班牙北部大多数同胞对他并没有什么信心。在这种情况下，华金·布莱克·乔伊斯将军又怎能意识到，从某种程度上讲，打这场仗只是民众一种偏执的意愿，这迫使他不得不奋勇直前，主动进攻，尽管他的军队尚未做好进攻准备。在类似情况下，如果换成拉罗马纳侯爵佩德罗·卡罗，那么无论他是选择按兵不动还是选择撤退，都不会遭人非议。

1808年10月12日，为庆祝英军的到来，桑坦德主教举行了感恩赞美仪式。当时驻桑坦德的英国军官、比利亚努埃瓦伯爵及拉罗马纳侯爵佩德罗·卡罗部下的大部分军官出席了仪式。教堂里座无虚席，场面宏大，令人印象深刻。

在虚荣、自负、草率的西班牙人看来，从当时伊比利亚半岛的局势中，西班牙人已然占尽优势。有些聪明人都只抱着一个荒唐可笑的念头，那就是能否留给法军逃跑的机会。在他们看来，一举取得完胜简直易如反掌。他们甚至觉得，组织散漫、指挥不利的西班牙军队完全靠得住。但在清醒的旁观者看来，前景却截然不同，盲目自信往往预示着灾难。西班牙军队每次选择作战方针和战术时，盲目自信也会大大增加误判甚至是南辕北辙的概率。

法军虽然人数相对较少，但士兵服役时间长，作战经验丰富，都由身经百战、才能出众的军官指挥，并且装备精良，武器完备。法军集结的地区资源丰富，能够保证与本土的联络顺畅无阻。法军还分散了驻军，确保在任何受到攻击的地点都可以迅速集结一支庞大的军队。除常驻西班牙的军队以外，法军还有四万五千人到五万人的兵力可供调动。根据截获的情报显示，1808年11月10日，甚至更早些时候，法属德意志团的一支六万六千名步兵和八千名骑兵组成的增援部队，已经快速横穿法兰西，进入西班牙，而皇帝拿破仑·波拿巴也在前往西班牙的路上。

如果说在法军得到增援之前，还有对其致命一击的可能性，那么埃尔欣根公爵米歇尔·奈伊元帅从洛格罗尼奥转移到毕尔巴鄂就是一次良机。如果当时西班牙的各路军队同时行动，一起进攻并削弱羽翼尚未丰满的法军，就很可能对局势产生深远的影响。华金·布莱克·乔伊斯将军只要迅速向右翼进军，就可以毫无困难地与驻军合兵一处，形成合攻之势；而加利西亚部队第三师和第四师则可以随之前进，或者按兵不动，继续关注埃尔欣根公爵米歇尔·奈伊元帅的军队在毕尔巴鄂的动向。

然而，西班牙的将军们没有审时度势，把握时机。他们的军队要么停滞不前，要么行进缓慢，直到法军的力量强大到足以使他们的一切努力都付诸东流时，他们才开始积极起来。西班牙人作战时犯的错误还应该加上这一条——坐失良机，而这一点，连英国政府也难辞其咎。

继约瑟夫·波拿巴撤离马德里，并在安达卢西亚的卡斯塔尼奥斯战役中侥幸获胜之后，此事还未产生重大影响，拿破仑·波拿巴增援半岛的军队也尚

约瑟夫·波拿巴

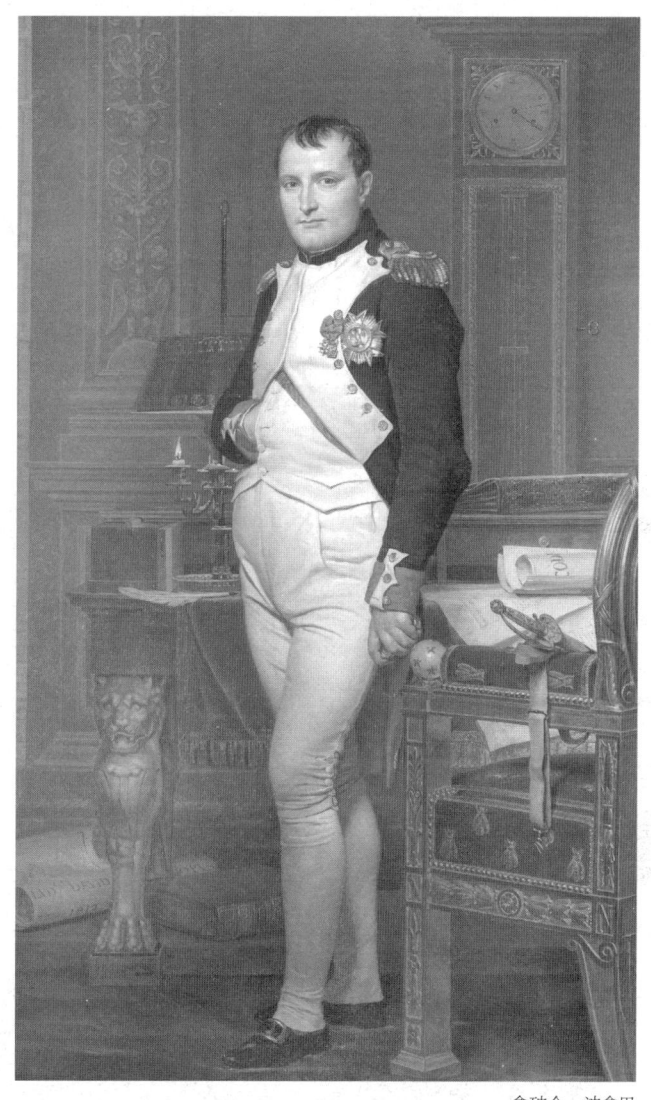

拿破仑·波拿巴

未到达，西班牙政府及其强大的盟友终于提出了全面合理的策略。但他们并没有直接采取有力措施，反而继续按兵不动，既没有严整军纪，也没有加强战备。在此期间，法军的力量却增强到足以在西班牙站稳脚跟。然后，西班牙当局明确表示，更倾向于让部队正面进攻已经准备充分的强大法军。结果可想而知,必然是一败涂地。至于英国政府,如果要派军前去支援西班牙,就应该在1808年10月1日之前完成集结并推进到前线,否则也是于事无补。

华金·布莱克·乔伊斯将军从金科塞斯移师巴尔马塞达,1808年10月12日从巴尔马塞达前往毕尔巴鄂。他率领三个师攻打毕尔巴鄂。埃尔欣根公爵米歇尔·奈伊元帅此前已返回埃布罗,留下了欧仁·安托万·弗朗索瓦·梅兰将军和三千名士兵驻守毕尔巴鄂。但随着西班牙各路军队陆续向前推进,其兵力已远远超过了法军。欧仁·安托万·弗朗索瓦·梅兰将军便从毕尔巴鄂撤离,退守索尔诺特萨。桑坦德方面,拉罗马纳侯爵佩德罗·卡罗的部队已经得到英国的武器,全副武装,整装待发。

欧仁·安托万·弗朗索瓦·梅兰将军

1808年10月14日上午，各路军队在圣弗朗西斯科广场集结。这也是自军队到达毕尔巴鄂以来的首次武装集合，看起来才有了征战沙场的士兵们应有的样子。10月14日是斐迪南七世的诞辰，空气中回荡着忠心耿耿的呐喊声，聚集人群的热烈欢呼声，这些都是毋庸置疑的真情实感。历史学家可能会试图歪曲半岛人民的真实感受，并指责因贪慕虚荣和博人眼球而蒙蔽了双眼的军官，因为他们本可以通过其他方式，而不是在全国各地游行的办法来吸引眼球。但西班牙人民坚持同不幸命运做抗争的顽强精神及因常年遭受严苛统治和残酷压迫而表现出的坚韧不拔、永不屈服的坚强决心，将向后世证明他们的事业和对法兰西帝国的仇恨是真实存在的。

1808年10月12日到1808年10月24日，华金·布莱克·乔伊斯将军一直待在毕尔巴鄂按兵不动。后来，见法军开始进攻索尔诺特萨，他才开始进军。先前，他的行动都是在左路进行，显然他打算继续朝那个方向推进，从而迫使法军右移。要达成这目标，北方的一个师将是最重要的援军，可以把他们用运输船送到毕尔巴鄂，或者赶在进攻索尔诺特萨前行军前往那里。然而，这项计划并未实施。就在加利西亚军队进军杜兰戈的当天，拉罗马纳侯爵佩德罗·卡罗指挥的师向雷诺萨行进。雷诺萨完全是交战前线的后方，距离部队主力所在位置比桑坦德更远。

1808年10月24日3时，华金·布莱克·乔伊斯将军向索尔诺特萨的法军发起进攻，但攻势非常弱。凭借靠城外一支轻型部队的支援，法军一直坚持到天黑。西班牙兵力尽管占绝对优势，但毫无作为。夜里，欧仁·安托万·弗朗索瓦·梅兰将军在通往杜兰戈的道路上部署了兵力。1808年10月25日，小规模的冲突虽然发生了，但无关大局。

战斗仍在持续，法属德意志团已抵达西班牙边界。一旦相互接应，法军实力将大大增强。如果说先前华金·布莱克·乔伊斯将军的进攻是草率和危险的，那么现在简直是近乎疯狂，正冲向不可避免的毁灭。他的军队很快就士气全无，士兵们四散奔逃，这反映了法军的战术水平和实力。华金·布莱克·乔

巴约讷

伊斯将军的部队无论做什么都在劫难逃。华金·布莱克·乔伊斯将军不可能不知道法兰西帝国的大军从巴约讷一直贯穿到西班牙的维多利亚。他包围了一支士气不振的弱旅,却不得不面对欧洲大陆最强的军队及那位很快就会亲自指挥这支军队的、当时最杰出的伟大人物拿破仑·波拿巴。即使在进军索尔诺特萨之后,这位西班牙将军也还有机会安全稳妥地改变作战路线。华金·布莱克·乔伊斯将军如果没有跟随欧仁·安托万·弗朗索瓦·梅兰将军,而是在1808年10月25日晚上从毕尔巴鄂撤军,然后从巴尔马塞达到埃布罗,就有可能集结军队与西班牙其他部队会合,或者继续防御,静观事态变化,等待更好的机会再采取行动。

华金·布莱克·乔伊斯将军毅然决然地否决了所有不够谨慎、明智的做法,一意孤行地继续坚持行动。而他似乎也意识到自己军队的羸弱,即便是面对法军的一个师也毫无胜算,于是,从1808年10月25日到1808年10月30日,华金·布莱克·乔伊斯将军一直按兵不动。正因如此，但泽公爵弗朗索瓦·约瑟夫·勒菲弗元帅有了足够的时间在杜兰戈集结一支两万多人的军队，并在第二天早上夹击西班牙军队，毫不费力地取得了胜利，再次将西班牙人赶出毕尔巴鄂。西班牙军队一路溃逃到萨尔塞多河畔的纳瓦。弗朗索瓦·约瑟夫·勒菲弗元帅一直追击到圭涅斯，在圭涅斯留下一个师驻守后，他便率领大部队回到了毕尔巴鄂。当时，拿破仑·波拿巴尚未在西班牙掌控全局，因此，华金·布莱

但泽公爵弗朗索瓦·约瑟夫·勒菲弗元帅

克·乔伊斯将军才不至于全军覆没。拉罗马纳侯爵佩德罗·卡罗没有去桑坦德，有可能在科鲁尼亚港登陆后，直接去了首都马德里。于是，我奉命前往马德里。1808年10月29日21时，我正在前往雷诺萨的路上，去给詹姆斯·利思将军、约翰·胡卡姆·弗里尔和威廉·本廷克勋爵报信。在经过雷诺萨、布尔戈斯和莱尔马之后，我到达了杜罗河畔阿兰达。从雷诺萨到阿兰达，沿途的风景让人颇感乏味，这个国家有很多地方地势平坦，植被覆盖稀少，所以连橄榄树这种看上去平淡无奇的树，都成了古卡斯蒂尔平原乏味风景中的唯一亮点。

杜罗河流经阿兰达，河上横跨着一座非常漂亮的桥，连接着通往马德里的大路，途经弗雷斯尼约德拉丰特和卡斯蒂列霍，一直延伸到翁鲁维亚的哨所。

威廉·本廷克勋爵

我连夜穿过了著名的卡斯蒂尔峡谷，接近索莫谢拉山。直到午夜，我才爬上了积雪覆盖的索莫谢拉山，雪是刚下的，风吹得很大，冷得要命。通过峡谷的道路蜿蜒不断，一路都是上坡路，好在路不算陡峭，也不是十分难走。

索莫谢拉山的高处有一个村庄。我路过时，村庄里的房屋被雪覆盖得几乎都看不见了。村庄所在的山坡向西陡然下降，可能是出于躲避风雨的目的，房屋都建在这个斜坡上。此时此刻，周围一片白茫茫的景象。村庄地势较低，并不起眼，加上都是平顶房屋，所以从高处看，只觉得村子已和大山融为一体。穿过山脉通向马德里，一路上风景全无，既没有如画的景致，也没有肥沃的农田。随着公路接近马德里，村庄的外观和规模都有所改善，但仍未改变乡下的气质，没有什么太好的作物，也没有什么景观，更看不出来是一座大城市的近郊。

距马德里一里格的地方，路左边是因凡塔多公爵佩德罗·德·阿尔坎塔拉·阿尔瓦雷斯·德·托莱多在查马丁的住所。房子建在一片树林里，面积很小，样式单调，一点也不漂亮。房子的大小和造型相当于英国二等或三等乡绅的住宅，根本不像人们想象的那么富丽堂皇，显然与声名显赫的因凡塔多家族应有的奢华极不相称。

从阿尔科文达斯走了很久才远远地望见马德里。因为村子地处平原，而周围向外延伸的地势逐渐升高，所以只有走到半里格之外的最高处，才能看到马德里城内圆顶和尖顶的建筑。一眼望去，既没有别墅，也没有成排的树木、喷泉、公共步道甚至是人行小道，只有一片尚未开发的平地，直到城墙根儿也没有一点绿荫。往前走，道路左边是圆形斗牛场，右边是高级住宅区的林荫大道。英军穿过雄伟的阿尔卡拉之门，来到了宽敞的阿尔卡拉的大街上。

与其他大多数同等规模的城镇不同，马德里没有郊区，越过城墙便能看见四周的皇家宫殿。马德里虽然是一个商业城市，但由于地处内陆，并且没有任何可通航的河流，所以永远不可能占据重要的商业地位。正因如此，在马德里繁荣昌盛的时期，居民都是由宫廷随从、工匠和商人组成，他们为皇室提供必需品，保障皇室的奢侈生活。

1797年卡洛斯四世推行的人口普查表明，当时马德里的居民数量为十六万七千六百零七人，比1787年人口普查时的十四万七千五百四十三人增加了两万零六十四人。如果按同样的增长率计算，那么到1807年，人口将接近十八万八千人。然而，1807年起，马德里的人口又开始减少。因此，西班牙近代的首都从来没有超过二十万居民。这座城市长约1.75英里，宽约1.5英里，其最

卡洛斯四世

阿尔卡拉之门

宽处是从恩巴沙多雷斯之门到最北端的大门,最窄处是从阿尔卡拉之门到马德里新王宫。马德里四周的城墙建在高地上,城中的丽池公园与高级住宅区的林荫大道南端相隔不远,是绝佳的公共步道。

在高级住宅区的林荫大道上,一排排树木苍翠欲滴,枝繁叶茂,偶有喷泉点缀林间。这条贵族们的公共步道只有到了晚上才有熙熙攘攘的人群,其他时间都非常冷清。尽管如此,这条大道始终是马德里城内一道亮丽的风景线。

在马德里的所有城门中,卡洛斯三世统治时期建造的"阿尔卡拉之门"是最好的。阿尔卡拉之门代表着高贵与尊荣,是西班牙首都最著名的景点之一。靠近曼萨纳雷斯河的圣文森特之门是离马德里新王宫最近的入口。圣文森特之门与阿尔卡拉门建于同一时期,也是一座壮观的城门。

阿尔卡萨宫,或称西班牙王宫,由西班牙国王阿方索六世始建,在地震中遭到毁坏。后来，亨利二世重建阿尔卡萨宫。到亨利四世时，阿尔卡萨宫得以重新扩大装修。

西班牙史上最伟大的国王查理五世对马德里偏爱有加，认为这里气候宜人，水质优良，空气纯净，有益于延年益寿。于是，1537年，他决定改造和扩建

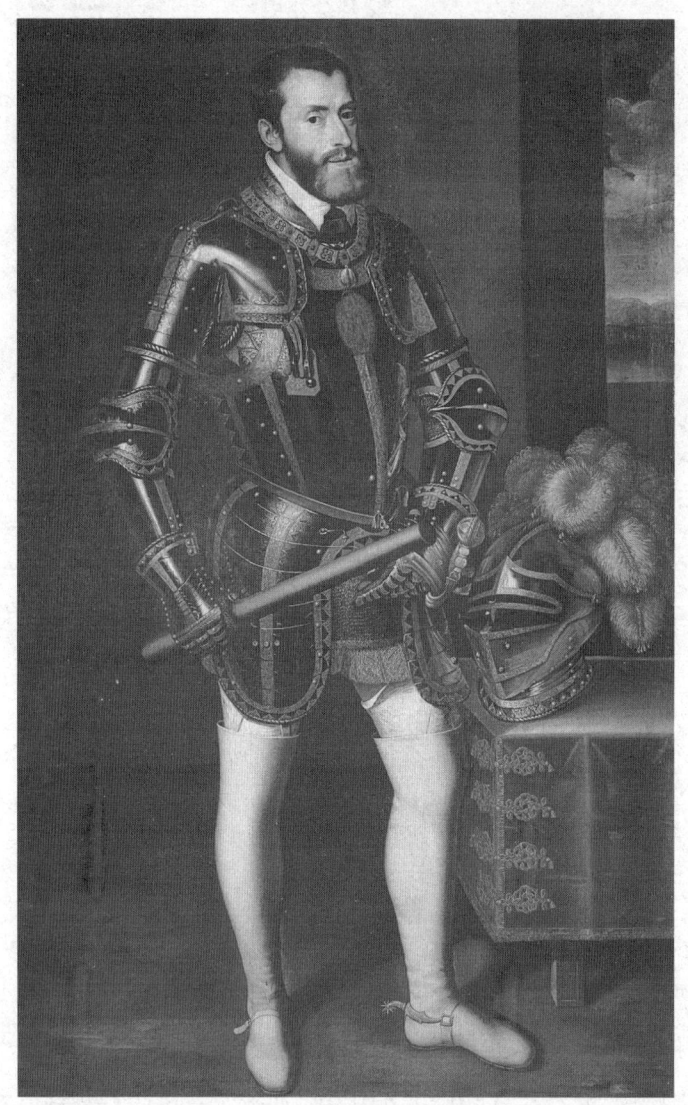

查理五世

腓力二世

阿尔卡萨宫。直到查理五世传位给儿子腓力二世,仍叮嘱其务必要完成修缮任务。腓力三世和腓力四世继续推进王宫的建设,聘请了最杰出的建筑师。当时最著名的画家和工匠都极尽所能对王宫进行内部装潢。到了卡洛斯二世统治时期,王宫进一步得到装饰。这一完美杰作历经多年,由几代国王共同努力,凝聚了众多人的智慧,消耗了无数人的财富,但最终意外地成为1734年一场大火的牺牲品,被付之一炬,瓦砾成灰。

腓力三世

腓力四世

卡洛斯二世

腓力五世决定重建王宫，希望能比欧洲任何类似建筑更加宏伟。他命令建筑师菲利普·尤瓦拉设计方案。在意大利，特别是在都灵，菲利普·尤瓦拉以设计这类金碧辉煌的建筑而闻名。为了满足国王的意愿，菲利普·尤瓦拉把多种高品质的装饰融为一体，同时符合建造宫殿的基本要求，从而主持设计了一个基于旧址的蓝图。腓力五世下定决心，要将新王宫分毫不差地建在阿尔卡萨宫的遗址上。

腓力五世

菲利普·尤瓦拉

菲利普·尤瓦拉还没有完成初步的筹划便去世了。学生胡安·包蒂斯塔·萨克蒂受雇前来执行老师生前所设想的伟大工程。胡安·包蒂斯塔·萨克蒂更加结合实际地精打细算，深思熟虑之后，提交了精心修改过的"尤瓦拉计划"。最终，腓力五世批准了胡安·包蒂斯塔·萨克蒂的设计。1737年4月7日，工程开始动工。

新王宫的面墙每面长度约为四百七十英尺[①]，从底部到房檐高一百英尺，由白色的科尔梅纳尔石建造而成，既保持了纯正的外观，又增添了光辉闪耀的

[①] 1英尺约等于0.3048米。——译者注

效果。立柱和壁柱是多立克式和爱奥尼亚柱式风格。王宫所有位置的高度保持一致，使屋顶构造浑然一体。檐口上有栏杆，每隔一段距离有一个底座，上面曾经摆放着从阿陶尔福411年到415年的西哥特国王到斐迪南六世1746年到1759年的西班牙国王的雕像。不过，雕像被移走后，骨灰缸也被替换了——用雕刻着皇室武器的石头装饰在了东门入口处。在中厅内部，有图拉真、哈德良、狄奥多西一世和霍诺留的雕像，但似乎有些雕像的政敌也曾经在西班牙宫廷占据过主导地位，因此这些雕像也被移走了——大理石柱取代了它们的位置。

这座宫殿有六个主要入口，其中五个在南面，一个在东面。内院占地一百四十英尺见方，周围有一个开放的门廊，正好可以用作画廊。从门廊可以

阿尔卡萨宫

安东·拉斐尔·门斯

通往王室成员的居所和国宾寓所。这座宫殿内部装饰奢华，里面收藏了意大利、西班牙、荷兰及佛兰芒学派最杰出的大师们的画作。

宫殿里的壁画非常精细。一些出自安东·拉斐尔·门斯之手的天顶画被誉为这位大师的代表作。其中，神圣的赫拉克勒斯和图拉真是非常出色的设计。在众多珍贵的绘画作品中，迭戈·罗德里格斯·德·席尔瓦·委拉斯开兹的肖像画成了最光彩夺目的部分。

迭戈·罗德里格斯·德·席尔瓦·委拉斯开兹创作的《奥利瓦雷斯伯公爵》是他最具活力、最出色的作品之一。在作品中，他活灵活现地刻画了一匹雄壮的骏马，让最受人爱戴的首相骑在马背上，其表情格外坚毅而优雅。腓力三世及其王后、腓力四世及其王后也是西班牙马德里学派画家的主要题材，画作水平很高。事实上，出自迭戈·罗德里格斯·德·席尔瓦·委拉斯开兹之手的人物肖像构图精妙，色彩鲜亮，凸显了他高雅的品位。由于他在艺术方面

迭戈·罗德里格斯·德·席尔瓦·委拉斯开兹创作的《奥利瓦雷斯伯公爵》

提香·韦切利奥

追求精益求精,所以很少能有人与之相提并论,甚至从未有人能够超越他。与迭戈·罗德里格斯·德·席尔瓦·委拉斯开兹相比,提香·韦切利奥和安东尼·范戴克·科普利·菲尔丁就只会画肖像画,因为迭戈·罗德里格斯·德·席尔瓦·委拉斯开兹的历史画更加举世闻名。安东·拉斐尔·门斯视迭戈·罗德里格斯·德·席尔瓦·委拉斯开兹的伟大作品《佩斯卡拉将军接收佛兰芒要塞钥匙》为其历史画的主要代表作。

提香·韦切利奥的《查理五世》是一幅肖像画,格外引人注目。而《腓力二世和他的幼子》则是一幅场面宏大的作品。画中描绘的腓力二世以寓言人物的

《佩斯卡拉将军接收佛兰芒要塞钥匙》

《腓力二世和他的幼子》

形象出现,手拿一根棕榈枝和一顶皇冠,以此来为他的幼子树立威望。画上写有拉丁文"青出于蓝",画家的签名是"提香·韦切利奥作于卡萨雷斯"。

路加·乔尔达诺的《圣洛伦佐的殉教者》、保罗·委罗内塞的《苏珊娜与长者》、"小西班牙人"胡塞佩·德·里贝拉的《圣巴塞洛缪殉教》、安东·拉斐尔·门斯的《下十字架》、雅各布·罗布斯蒂的《尤利西斯在利科米德斯的宫廷里发现了阿喀琉斯》《犹滴和荷罗孚尼头》和圭多·雷尼的《两个孩子》等,都是大师们的代表性佳作。此外,还包括安东尼·范戴克、科普利·菲尔丁、乔瓦尼·巴蒂斯塔·提埃坡罗、拉斐尔·桑蒂、卡瓦列雷·吉安·洛伦佐·贝尔尼尼、安东尼奥·达·柯勒乔、彼得·勃鲁盖尔、菲利普·沃弗曼、莫利罗·巴托洛梅·埃斯特万、莱昂纳多·达·芬奇、尼古拉·普桑、马拉蒂、阿尔布雷特·杜

保罗·委罗内塞的《苏珊娜与长者》

大卫·特尼斯

勒、安德烈安·萨基、大卫·特尼斯、阿尼巴尔·卡拉齐和安德烈·德尔·萨托的作品。

菲利普·尤瓦拉设计的王宫蓝图保存在马德里王宫军械库。这座宏大的建筑位于新王宫的东侧。如果设计方案能够全面实施,那么新王宫的宏伟程度将无与伦比。

曼萨纳雷斯河虽然只是一条微不足道的小溪,但岸边的树木十分茂密。在沉闷的宫殿里,曼萨纳雷斯河成了卡洛斯四世经常出没的消遣去处。晚上,王室的马车队伍在前面开道,沿着河边的阴凉道路,穿过圣文森特之门,向托莱多桥慢慢驶去,然后又按照原路返回王宫。

沿阿尔卡拉大街一路下行就到了普拉多大街。普拉多大街的南端是阿托查门，北端是由阿尔瓦公爵夫人玛丽亚·德尔皮拉尔·特蕾莎·卡耶塔娜·席尔瓦-阿尔瓦雷斯建造的布埃诺维斯塔宫。后来，她把布埃诺维斯塔宫出售给了曼努埃尔·德戈多伊。阿尔卡拉大街虽然是马德里最好的街道，但宽窄参差不齐，并且上升坡度相当大，以至从阿尔卡拉门无法看到城市的最西端。不过，

阿尔瓦公爵夫人玛丽亚·德尔皮拉尔·特蕾莎·卡耶塔娜·席尔瓦－阿尔瓦雷斯

曼努埃尔·德戈多伊

从阿尔卡拉门延伸至马约尔大街起始点的太阳门，几乎是一条直线，这条对角线正好贯穿全城最窄的地方。

贵族住宅大多富丽堂皇、设计精妙，可以容纳为数众多的侍从和仆人。西班牙革命前，侍从和仆人都归贵族统治阶级所有。据称，从前，梅迪纳·塞利公爵手下有八百多人，有的完全归他个人使唤，有的属于他的家族所有。作为西班牙贵族的代表，梅迪纳·塞利公爵腰缠万贯，拥有财富达一千五百万雷亚尔。

曼努埃尔·德戈多伊、奥苏纳公爵、因凡塔多公爵、伊哈尔公爵、莱里达公爵、弗里亚斯公爵、圣哈戈侯爵、比利亚弗兰卡侯爵、圣克鲁斯侯爵、阿尔塔米拉伯爵、里维拉·吉格达伯爵和费尔南·努涅斯伯爵的住宅都是马德里最著名的私家别院。

无论是建筑物的大小、室内装饰，还是它所在公园的美景，曼萨纳雷斯河对岸的田园之家都不起眼。然而，这是卡洛斯四世最喜欢的住所。与波旁家族的其他成员一样，卡洛斯四世热衷于运动。在这个花园般的狩猎场中，竖立着

波旁家族的纹章

乔瓦尼·博洛尼亚

乔瓦尼·博洛尼亚的名作《腓力三世马术铜像》。除此以外,在马德里的其他名人雕像就只有丽池公园里的腓力四世和查理五世的雕像了。

圣斐迪南皇家美术学院,又称自然历史陈列馆,是阿尔卡拉大街上最高的建筑,最初由绘画、雕塑和建筑学院组成,有一个存放世界自然历史标本的宝库。这座建筑的外观并不起眼,几乎没有什么装饰,尽管它是马德里所有公共建筑中最现代的一个。它的内部出乎意料地让人喜出望外。建筑的低层是学校,走廊里整齐地陈列着大量古代雕像,显得既宽敞又美观。

圣斐迪南皇家美术学院的画廊里陈列着提香·韦切利奥的《乌尔比诺

彼得·保罗·鲁本斯的《帕里斯的裁判》

的维纳斯》。这幅画被认为是这位大师最好的作品之一。拉斐尔·桑西的《升天》、彼得·保罗·鲁本斯的《圣女》《帕里斯的裁判》《苏珊娜与长者》等都是这里珍藏的杰作。此外，画廊里还有许多临摹大师作品的副本。

自然历史陈列馆里收藏有大量的化石、矿石、人体解剖标本及动物、鸟类和鱼类标本等。这些藏品排列有序，保存完好。馆内还有各种各样的来自希腊、摩尔和罗马的瓶状器皿。除了这些，还有各式各样无比珍贵的珠宝作为装饰品镶嵌在精美绝伦的花瓶和酒杯上。在特定的日子里，这些藏品会向公众展示。我参观时，房间里就挤满了西班牙士兵和平民百姓。

名为"洛斯·卡尼奥斯·德尔佩拉尔"的歌剧院规模很小，不适合展现宏大场面，却很适合音乐演出。在西班牙革命之前，洛斯·卡尼奥斯·德尔佩拉尔歌剧院是一个时尚的度假胜地，能够吸引欧洲最著名的歌手。

西班牙德尔普林西比剧院和德拉克鲁斯剧院的名字是以它们所在街道名称命名的。这两所剧院都很宽敞，非常适合演出。值得一提的是，德尔普林西比剧院非常现代化，在某些方面要优于其他国家。作为马德里仅有的两所剧院，它们足以容纳喜欢戏剧表演的观众了。两所剧院上演了一些流行剧目，影射战争爆发以来的各种情景，但即使是这些流行剧目也没能给剧院带来人头攒动的场面。不过，观众们在听到围攻巴伦西亚的片段时流露出的喜悦之情，在看到英西同盟最令人振奋的代表人物出现时的欢呼雀跃，都是发自心底、无可比拟的。当乔治三世和平易近人的斐迪南七世紧紧拥抱时，观众的激情被瞬间引燃！

乔治三世

为了完成前往马德里的任务，在确定英国大臣约翰·胡卡姆·弗里尔先生尚未到达马德里后，我便前往奥苏纳公爵夫人玛丽亚·约瑟法·皮门特尔的宅邸，并将信交给了威廉·本廷克勋爵。威廉·本廷克勋爵仔细询问了北方的战事及法军的兵力位置等情况。显然，西班牙政府要么无法从前线获取准确的情报，要么就是在掌握了情报之后，无法把情报的内容传达给当时代表英国政府行事的机要情报人员。威廉·本廷克勋爵完全不知道埃布罗河战役的真实情

奥苏纳公爵夫人玛丽亚·约瑟法·皮门特尔

约翰·胡卡姆·弗里尔

况,既不知道法军的实力,也不知道西班牙军队的兵力,他们现在正处于进攻阶段,带着错误的信心向前推进,走向毁灭。

1808年11月7日晚上,约翰·胡卡姆·弗里尔来了。他示意我留在马德里,等他参加完同中部军政府的第一次会晤。然后,他提议1808年11月8日去阿兰胡埃斯。在马德里短暂停留期间,无数报道引起了公众的注意。人们每天在太阳门举行集会,讨论当时的热门话题,并毫不留情地严厉批评负责指挥行动的

弗朗西斯科·哈维尔·卡斯塔尼奥斯将军

将军们，尤其是弗朗西斯科·哈维尔·卡斯塔尼奥斯将军。人们认为，这些将军的举动有的是在消极怠战，有的则应该属于叛国。自恃聪明的将军还在盘算着，曾经赢得贝伦战役并让皮埃尔·杜邦·德·勒唐的部队投降的人，可以毫不迟疑、不费吹灰之力地把法军赶过比利牛斯山脉，或者是可以把法军俘虏到马德里！

最终确信法军抵达西班牙首都马德里的消息时，关于法军已经进入布尔戈斯的消息也传开了。短暂的安宁蒙蔽了马德里民众的双眼，这注定了悲剧将会很快上演。从1808年11月10日起，灾难接连不断，直到把马德里民众信心都化为乌有。随后,各阶层才意识到事态的真实情况,并且看穿了成功误导西班牙政府继续进攻的虚假内容。

从威廉·本廷克勋爵现在收到的消息来看,我很难再次回到桑德兰与詹姆斯·利思将军会合。于是,威廉·本廷克勋爵命令我前往北方,约翰·胡卡姆·弗里尔也将送往英国的急件交给我负责。1808年11月10日上午,我离开了马德里。经过一整夜的马不停蹄,1808年11月11日中午,我到达杜罗河畔的阿兰达。在阿兰达,我亲眼见到法军恢复进攻的确切证据:镇上挤满了西班牙士兵。我很快查明,1808年11月10日,埃斯特雷马杜拉方面的军队在布尔戈斯附近吃了败仗,现在大本营就设在阿兰达。

收到关于法军进攻的情报后,贝尔维迪尔伯爵乔治·罗奇福特在加莫纳尔集结主力部队,并派遣坎波·埃内斯特罗萨元帅率领一支由步兵、骑兵和炮兵组成的部队前往比利亚弗里。坎波·埃内斯特罗萨元帅很快与法军的轻骑兵短兵相接,并击退法军。然而,西班牙人与生俱来的自信使他没有弄清楚进攻的

布尔戈斯战役

真正意义，也没有搞清楚法军的军事实力，就自认为已取得优势。被迫撤回到加莫纳尔时，他暴露了驻扎在加莫纳尔的主力军队。

瓦隆团和西班牙守军都抱着极大的决心，坚持战斗了一段时间，一直坚持到伊斯特里亚公爵让·巴普蒂斯特·贝西埃元帅率领骑兵赶到。西班牙骑兵还没来得及发动一次冲锋，就在法军靠近时四散而逃，使军队的侧翼完全没有了保护。即便是有纪律严明、经验丰富的步兵，也难逃困境的局面，更何况是像

伊斯特里亚公爵让·巴普蒂斯特·贝西埃元帅

驻扎在埃斯特雷马杜拉的军队的水平,结果立见分晓,大军一溃千里,法军一边追赶着乱哄哄的逃兵一边进入了布尔戈斯。

就像所有纪律不甚严明的军队一样,西班牙军队对法军骑兵似乎毫无还手之力,一种恐慌情绪笼罩了整个部队。整个半岛战争期间,西班牙士兵都没能克服这种感觉。这种恐慌后来不止一次地在战斗中造成了致命的后果。反之,西班牙军队与法军步兵交战时的表现还算稳定,在一段时间内,即使在对抗法军主力时也能与之抗衡,甚至取得胜利。

从西班牙的维多利亚赶来的皇帝拿破仑·波拿巴亲自指挥达尔马提亚公爵尼古拉·让·德迪厄·苏尔特第二军的行动。1808年11月9日晚,拿破仑·波

达尔马提亚公爵尼古拉·让·德迪厄·苏尔特

拿巴将法军的大本营迁到了布里维耶斯卡。达尔马提亚公爵尼古拉·让·德迪厄·苏尔特元帅从布里维耶斯卡连夜行军。1808年11月10日上午，如前所述，他才与西班牙人展开了较量。

拿破仑·波拿巴率领近卫军跟随第二军一起行动，同时命令伊斯特里亚公爵让·巴普蒂斯特·贝西埃元帅率领一支锐不可当的重骑兵队继续前进，乘胜追击，他坚信达尔马提亚公爵尼古拉·让·德迪厄·苏尔特元帅也会这样做。而西班牙人在这次行动中损失惨重，残留在布尔戈斯的步兵被不断处决。现在就连当地居民都已经彻底放弃，上缴了大量物品。

回想1808年11月8日，布尔戈斯看起来仍然固若金汤，汇聚了四面八方的人们，挤满了西班牙的士兵。人们欢呼雀跃，对一切满怀信心。可到了1808年11月10日，这里哀鸿遍野，尸横满地，避难者落荒而逃，铮铮铁骑穷追不舍，场面简直惨不忍睹。再加上此起彼伏的炮火轰鸣声和四面八方的劫掠嘈杂声，更加让人不寒而栗。贝尔维迪尔伯爵得知，坎波·埃内斯特罗萨元帅指挥的部队几乎全军覆没，残兵败将沿杜罗河向后方撤退，直到1808年11月11日清晨才退到了距离战场六十英里外的阿兰达。

坎波·埃内斯特罗萨元帅的部队到达阿兰达后，场面混乱不堪。士兵挤满街道，骑兵奔向四面八方，一匹匹骡子驮着各家财物四散而逃，农民们焦急地打听已经发生的和可能发生的种种细节。显然，1808年11月10日的事已经让阿兰达乱作一团。

与此同时，贝尔维迪尔伯爵正率领众人驻扎在广场上，显得极度兴奋。士兵们抓到了一个西班牙人。据说这个西班牙人是一名受雇于人的间谍，在窃取情报时被发现了。人太多了，我进不了广场，便决定耐心等待结果。间谍已被带来，不久，贝尔维迪尔伯爵带着官员们在阳台上向民众发表演说。底下人声鼎沸，我听不到他的讲话，但有人说他在请求愤怒的群众暂且饶了间谍的命，让间谍随后再接受审判。但这种温和的呼吁似乎没有丝毫效果；相反，人群更加骚动起来，迫不及待地想要看到结果。而当贝尔维迪尔伯爵和官员们还在露台上时，西班牙龙骑兵的重剑便已刺向了那个可怜的间谍。没有人尖叫，也没有人哀叹，事情就这样结束了。贝尔维迪尔伯爵和官员们转身离去，人群也渐渐散了。

贝尔维迪尔伯爵非常年轻，完全不习惯指挥作战，却在最关键的时刻被派去指挥埃斯特雷马杜拉的军队。这跟西班牙政府从前的一个安排如出一辙——也是在战争最重要的时候，让一位毫无信心的将军临时指挥一支重要军队。

也许没有什么人可以阻挡法军前进，但最不可原谅的是，就在这种情况下，这支部署在通往马德里的重要路线上的部队暴露了。原因很明显，任何一条合理的军事原则都表明埃斯特雷马杜拉的军队本来就不应该在布尔戈斯投入战斗。即使一开始成功了，贸然行动也不会带来任何收获，因为被逼退的达尔马提亚公爵尼古拉·让·德迪厄·苏尔特元帅会与皇帝拿破仑·波拿巴合兵一处，而这一定会让西班牙军队难以抵挡。还有一种可能性更大的情况，那就是埃斯特雷马杜拉的军队在布尔戈斯吃了败仗，从而造成阿兰达和索莫谢拉山之间再无援兵，致使撤退时后方无援。埃斯特雷马杜拉军队如果在法军进攻时撤退，就可能与南方的军队形成一个交汇点，并据守索莫谢拉山，在那片固若金汤的土地上展开争夺，这无论如何都能给法军造成巨大的损失。但布尔戈斯的惨败使这支军队士气大减，大炮被夺，军队溃散，骑兵不堪一击，完全不复最初英勇之师的样子。这次指挥失误造成的惨败，动摇了最优秀的西班牙步兵的信心，并且在后来长期艰苦的斗争中，他们也未能恢复自信。

贝尔维迪尔伯爵把他掌握的法军动向告诉了我。他还告诉我，他本打算退伍，而留在阿兰达只是为了召集逃亡者，使那些从岔路小道逃跑的人能够重新加入他的部队。贝尔维迪尔伯爵还充分利用了坎波·埃内斯特罗萨元帅部队顽强抵抗的事实，因为当灾难降临到西班牙军队身上时，似乎有必要找个借口。贝尔维迪尔伯爵想把第十师的失败归咎于叛国，但没有详细解释原因，也许要想解释得令人满意也是十分困难的。

在离开阿兰达之前，我给威廉·本廷克勋爵写了封信，告诉他情况发生了逆转。布尔戈斯城边的路已经走不通了。于是，我决心向左走，绕道而行，避开法军占领的地区，重回海岸。1808年11月12日早晨，我骑上一匹快马，向索蒂略出发。索蒂略有许多逃散的士兵，正朝阿兰达前进，重新加入各自的部队。

在前往帕伦西亚的途中，我听到各种各样关于法军行动的传言。不过，有一条是一致的——法军正在非常迅速地前进。

达尔马提亚公爵尼古拉·让·德迪厄·苏尔特元帅的部分军队已在1808年11月11日晚上进入了莱尔马。据说，有人看见法军骑兵正向帕伦西亚的方向行进。我对这个消息心存怀疑，再加上急于赶路，便继续前行，穿过索蒂略与托尔托莱斯，抵达塞维科纳韦罗。其间，我没得到有关法军的确切消息。但在两里格开外的巴尔塔纳斯，镇长告诉我，他的骑兵在托尔克马达和帕伦西亚均有驻扎，前哨阵地离这里也只有一里格。考虑再三，我认为唯一安全的办法是回到塞维科纳韦罗。1808年11月12日24时，我又回到了塞维科纳韦罗。

加莫纳尔战役后四散逃亡的巴伦西亚轻骑兵中，有一些从布尔戈斯赶到巴尔塔纳斯。其中有六人表示，无论走哪个方向，他们都愿意在1808年11月13日清晨陪我一起避开法军，前往塞维科纳韦罗。这种情况下，英军可以从巴利亚多利德向北行进，这似乎是没有法军阻碍的最近路线。在英军继续前进的途中，关于法军骑兵接近的报告不断传来，但听起来都前后矛盾，并且显然是夸大了事实。我决定坚持到底，直到能获得一些确切的信息。穿过卡斯蒂尔的拉佩尼亚和埃斯卡维利亚斯，在大雨中走了九个小时后，我们来到了杜罗河畔图德拉。虽然今天的路途远离战场，但一路上不断碰见来自加莫纳尔走散的士兵。

图德拉的牧师非常热情、友好地接待了我。他的住所成了来客接待处。来这里的人们都急于打听法军接近的可能性。经查明，巴利亚多利德已被法军占领。牧师告诉我，只要法军一来，镇上几乎所有人都准备逃走。

我们离巴利亚多利德只有两里格的路程，所以从图德拉居民那里获取有关法军动向的确切消息就显得十分重要了。我很快就找到了确切的答案：大家似乎都很害怕，显然也很忙碌，各个阶层的人都觉得必须尽快逃难。

图德拉的人们从来没有像现在这样焦虑不安，整夜无眠。居民们不停地四处走动，惊恐地盼望着黎明的到来。他们经常去拜访牧师。这些牧师似乎有很大的影响力，能让民众稍感安慰。

1808年11月14日6时，我的仆人——一个阿斯图里亚斯人惊慌地冲进房间告诉我："法军的骑兵已经接近城边了。"于是，我和一群当地人很快上桥，渡过杜罗河。当地人组成了一支奇特的队伍——男人、女人、孩子、牛、羊、马和篷车堵满了整条路，在一片混乱中逃窜。前一天晚上，高度警觉的巴伦西亚轻骑兵行军到队伍的后方，我不清楚他们的意图，他们也未要求我一同前往。

离开图德拉拥堵的道路后，我继续向巴尔德斯蒂利亚斯前进，想在那里买一匹快马。穿过鲁埃达，我再次踏上托德西利亚斯桥重渡杜罗河。小镇的居民显得十分平静，对于法军的到来毫不惊慌。他们也没有听说法军的骑兵已经渗透到附近的地区。我真希望这个国家多一些像托德西利亚斯那样的地方，可以毫无阻碍地继续我的旅程。

1808年11月14日深夜，我离开托德西利亚斯来到维加，从维加前往圣埃斯特万。经过比利亚德弗拉德斯与比利亚尔潘多，我到达了圣埃斯特万，进入了比利亚努埃瓦。途中，我没有得到关于法军的任何情报，因此，如果法军最可能到达的地方是帕伦西亚和巴利亚多利德附近，那么我现在更加安全的选择应当是向右侧行进，那样会离我的目的地更近一些。于是，我穿过比利亚努埃瓦，在1808年11月15日傍晚时分到达了贝西利亚。贝西利亚的西班牙牧师热情款待了我，还让我住在圣玛丽亚教堂里。

1808年11月16日6时，在两个当地农民和仆从的陪同下，我踏上了前往比利亚达的路。还没走多远，我们便发现雾中有一队骑马的人正迎面走来。我们立刻停了下来，很快认出前方是一群龙骑兵。一看见我们，他们就急忙退了回去。他们很有可能是法军的骑兵巡逻队，因为那些若隐若现的黄铜头盔和飘逸的

法军龙骑兵

马鬃毫无疑问地表明了法军的身份。我立刻飞奔回贝西利亚。在清晨的浓雾和黑暗中，这些龙骑兵没能弄清楚我们究竟是谁。我是一行人中唯一带武器的，但只是轻型武器。在从塞维科纳韦罗到图德拉的途中，为了减轻负担，我让轻骑兵朋友们带走了一些手枪。

　　这次与法军相遇后，我确定了法军分散在西班牙各地。深知不可能再回到桑坦德，我便决定一路直奔莱昂，等获取更新的消息再做打算。

离开阿兰达后我听说的那些骑兵肯定隶属于伊斯特里亚公爵让·巴普蒂斯特·贝西埃元帅的部队。加莫纳尔战役发生后,这些骑兵立即被派来镇压暴乱,使卡斯蒂尔老城的居民惶恐万分。由于没有军队阻挡,这些骑兵轻而易举地横扫全境。法军骑兵经过的城镇,有的倾城出逃,有的则选择承受灾难。西班牙人民放弃了抵抗,这不足为奇:几天前,人们原本以为能得到法军逃跑或全军覆没的消息,没想到等来的是法军骑兵的出现,尽管关于这些法国骑兵的描述常常被夸大。人们还没有来得及从震惊中清醒,法军的骑兵已经到了大门口。

在战争期间,约翰·摩尔爵士和英军主力驻扎在萨拉曼卡;大卫·贝尔德爵士在阿斯托尔加;而约翰·霍普将军则带着大炮和补给品,冒着风险,大费周章地绕道经过塔拉韦拉-德拉雷纳、埃斯科里亚尔和瓜达拉马山山口。

约翰·霍普将军

第1章 科鲁尼亚战役

从贝西利亚出发，我沿大路来到马约尔加。从马约尔加出发，我又来到曼西利亚-德拉斯穆拉斯。1808年11月16日24时，我抵达莱昂。

作为莱昂省的首府，莱昂坐落在维内斯加河和托里奥河之间。两条河在莱昂城的南部交汇，流入曼西利亚和巴伦西亚-唐胡安之间的埃斯拉河。莱昂由图拉真始建，名字源于罗马大军。莱昂城内的建筑排列不太规则，街道狭窄，路面坑坑洼洼，房屋的外观一般都不太起眼，但莱昂城内有一座宏伟的大教堂，由莱昂国王奥多尼奥二世建造。公元10世纪末，大教堂被摩尔国王阿尔曼索尔摧毁。12世纪末和13世纪初，经胡安·佩雷斯修缮，这座宏伟建筑得以完好地保存下来。

这座教堂是哥特式建筑中最华丽的，西面和南面入口处精致的雕刻美轮美奂。教堂的西门是正门，巨大的彩色玻璃窗几乎与教堂的高度一样，让室内显得非常宏伟。

有一句古老的西班牙谚语，说明了大教堂的独特风格：

> 托莱多的财富，
>
> 德孔波斯特拉的路，
>
> 还有莱昂的绝妙之处。

莱昂正是因其大教堂的精致和华丽而闻名。

除了教堂和修道院，莱昂城中主要的建筑还有乌塞达公爵、卢纳伯爵和卡拉塞纳侯爵的府邸。莱昂的城墙非常古老，在近代已经被修复，有些地方还重建了。莱昂有一座城门叫"德尔·卡斯蒂略"。1759年，德尔·卡斯蒂略城门兴建。附近著名的州立监狱就是以城门命名的。

一些英国军需部队官员已经到达莱昂，大卫·贝尔德指派驻守曼西利亚的威廉·尼克莱负责收集情报。但谁也无法提供拉罗马纳侯爵佩德罗·卡罗的消息，哪怕一丝风声也没有，更没有听说过加利西亚军队的行动结果如何。其

大卫·贝尔德

实,在很大程度上,拉罗马纳侯爵佩德罗·卡罗及詹姆斯·利思将军的行动都需要这些情报。目前什么都无法确定,所以我觉得最重要的是直接到阿斯图里亚斯海岸去,乘最早一班船,把约翰·胡卡姆·弗里尔先生的公文送到英国去。

1808年11月18日晚,我离开莱昂,打算翻越高山到奥维耶多。在去拉罗夫拉的路上,我从高处远眺:拉罗夫拉坐落在平原上,景色非常美丽,乡间种有丰富的农作物,树木郁郁葱葱。

从拉罗夫拉到布伊萨的路非常难走:经常会暴发山洪,大雨滂沱时几乎无法通行。

离开布伊萨后,有条通往西班牙北部的必经之路——帕哈雷斯的道路,但这条路比我从前走过的所有道路都崎岖不平、错综复杂。夜晚,漆黑一片,狂风暴雨袭来,这使山路之行难上加难。我很想迅速结束这段无比漫长、令人苦不堪言的路,却无法让那可怜的马儿飞驰。我被冲进山谷的洪水冲倒在岩石上好几次。经过七个半小时十六英里的艰难前行,我终于走出了帕哈雷斯。

到达奥维耶多时,该省的军方代表和弗朗西斯科·巴列斯特罗斯将军告诉我左路部队失利了:左路部队一败涂地,比森特·玛利亚·德·阿塞韦多将军、里克尔梅将军和圣罗曼伯爵卡罗准将均已阵亡。奥维耶多军方代表的脸上布满忧郁和绝望的表情,他郑重宣布:"这一切都要归罪于华金·布莱克·乔伊斯将军的叛国行为!"我听过许多关于西班牙将军叛国行为的说法。每当有重大事件发生时,就一定会有这种传言。这次也是如此,并没有确切的证据。连聪明的弗朗西斯科·巴列斯特罗斯将军也知道加利西亚军队会一败涂地,但至于真正的细节,他一无所知。

由于没有听到关于拉罗马纳侯爵佩德罗·卡罗或詹姆斯·利思将军行动路线的正面消息,所以我没必要在奥维耶多耽搁。到了晚上,我骑马到希洪,把公文交给亨特先生,由他转交给乔治·坎宁先生。我又沿海岸向桑坦德前进,来到比利亚维西奥萨。在去比利亚维西奥萨的路上,我遇见了阿尔门达雷斯男爵。他率领北方纵队的四个骑兵团。我从阿尔门达雷斯男爵那里得知,他从桑坦德出发时,詹姆斯·利思将军还在桑坦德。这坚定了我朝桑坦德方向前进的决心。然而,到达科伦加时,我得知詹姆斯·利思将军已经离开了桑坦德。

后来,我收到消息,称詹姆斯·利思将军从因菲耶斯托前往奥维耶多,有可能从艾尔瑞斯山脉路过。无论如何,我完全没有必要去桑坦德了。于是,我决定走遍全国,希望能找到詹姆斯·利思将军。

位于阿瑞尔斯山脉的中段的因菲耶斯托坐落在里瓦德塞利亚河岸边的一个山谷里。群山陡峭,向北延伸,满山都是枝繁叶茂、郁郁葱葱的栗树和其他各种各样的大树。从科伦加到因菲耶斯托的这条路更是美轮美奂,风景如画。

不过,詹姆斯·利思将军既没有到因菲耶斯托,也没有经过那里。我失望

乔治·坎宁

了，不知道该怎么办，最后决定回到奥维耶多。我费尽心思才从镇长那里申请到了几匹马。不知道是因为镇长权低言轻，还是他故意对我的请求漠然处之，但我可以肯定的是，这次拖延比我在其他任何地方都要严重。

马终于批下来了。日落后，我让一个农民做向导，陪我一起踏上了前往奥维耶多的道路。不知是他不认识路还是天色渐暗的缘故，我们迷路了。我被他领到了河岸边，因为之前听他提到过路上要过河，再加上刚从因菲耶斯托出发到这里才走了约一里格的路，所以我对向导还是十分信任的。于是，我便走在前头，催马下水。走了没多久，我们就发现误入了一个浅滩。马向前冲了几步后，因为没站稳，跌倒了，费了好大气力才回到刚才入水的河岸边。向导连连道歉，下水时非常谨慎，没有像我那么鲁莽，估计刚才他对这条河的深度早已心里有数，所以他没有完全放心地跟着我走。庆幸的是，马能回来，因为没有马是寸步难行的。

离河岸最近的村庄拉波拉有四里格远。深夜寒凉，我浑身湿透了，周围一片漆黑，很显然，向导也不知道这是什么地方。此时此刻，我们最希望的就是能找个地方安顿下来，向导也说想赶快在附近找个地方住下来。继续往前走了一小段路后，我高兴地发现离河岸不远的地方有一盏灯。走近时，我看出那盏灯是从一间农舍的窗户里透射出来的。农舍的主人热情地接待了我们。他们一开始很惊讶我们竟然这么晚造访，得知原因后便释然了。这家人并不富裕，却竭尽所能让我们住得舒适些。

1808年11月24日，拉罗马纳侯爵佩德罗·卡罗抵达奥维耶多。我终于从他那里得知了一些情况。我了解到，拉罗马纳侯爵佩德罗·卡罗和詹姆斯·利思将军是经波特斯到莱昂的。波特斯还有一部分残余的加利西亚部队。这次，我肯定能在波特斯附近遇见法军了。

1808年11月24日22时，我再次离开奥维耶多，翻过帕哈雷斯山。这次情况要好得多，阳光普照，气候宜人。1808年11月25日晚，我终于在莱昂大教堂与拉罗马纳侯爵佩德罗·卡罗和詹姆斯·利思将军会合了。

就这样，我结束了一段九百多英里的旅程。其间，我大部分时候都能感受到西班牙人民的热情。坦白说，在整个战争过程中，我都能感受到这种友善，即使他们的骡马被征用了，他们也毫无怨言，这大大加快了我的行程。在没有任何英国人陪同的情况下，我毫发无损地安全到达莱昂。没有西班牙人民的帮助，我肯定会很快落入法军手里，一命呜呼。除了因菲耶斯托河边的遭遇，我的安全从来没有受到过威胁。我要为伊比利亚半岛人民高唱赞歌，他们根本不是有些传言中缺乏信仰、软弱和背信弃义的西班牙人。

很不幸，拉罗马纳侯爵佩德罗·卡罗来得太晚，没有赶上指挥军队。发现军队已然惨败，他感到很难堪。他遇到的第一批部队正在山里四处逃散，士兵们饿得半死，连鞋子都没有，许多人受了伤，既痛苦又疲惫。

现在，在法军眼皮子底下找个地方重组加利西亚军队已经是不可能了，只有在更远的后方寻找集结点，在那里重新把逃亡的士兵集合起来。于是，拉罗马纳侯爵佩德罗·卡罗回到莱昂，继续在莱昂艰苦地驻守。不幸的是，华金·布莱克·乔伊斯将军的战斗主力——北部师的老兵——已所剩无几，但他们的子孙后代会证实，在这场斗争中，华金·布莱克·乔伊斯将军始终如一地以坚定的决心、正直的品格、谨慎的态度和十足的勇气，使自己在西班牙君主制的鼎盛时期，在爱国主义最崇高的记忆里，表现出无可置疑的坚毅。

彼时，拉罗马纳侯爵佩德罗·卡罗约五十岁，个子不高，没有什么出众的才能。他的面容虽然并未显示出坚毅之色，却展现了和蔼可亲的性格。遭受重创之后，拉罗马纳侯爵佩德罗·卡罗的军队首次拜访华金·布莱克·乔伊斯将军，我也参加了会晤。华金·布莱克·乔伊斯将军没有流露出愤怒或失望的表情，唯一流露出的只有隐忍。

1808年10月31日杜兰戈战役以来，左翼遭受了一系列挫折，贝卢诺公爵克洛德·维克托-佩兰紧随其后，向埃斯皮诺萨进军。随后，但泽公爵弗朗索瓦·约瑟夫·勒菲弗元帅向比利亚卡约进军。

华金·布莱克·乔伊斯将军在埃斯皮诺萨占据了一个要塞，在那里他终于

法军攻击埃斯皮诺萨

集合了他几乎全部的军队，除了之前被迫返回葡萄牙的第四师。之后他在1808年11月10日遭到贝卢诺公爵克洛德·维克托-佩兰元帅的攻击，经过一整天的战斗，算是勉强保住了阵地。

1808年11月11日，法军贝卢诺公爵克洛德·维克托-佩兰元帅再次攻击，由于阿斯图里亚斯步兵团和华金·布莱克·乔伊斯将军的部队先后败下阵来，这次战斗必败无疑。败兵慌忙逃离，大炮、弹药和辎重均落入了法军手里。法军从来没有像这次一样大获全胜，从那一刻起，西班牙军队仿佛不复存在了。剩下的只是一群吵吵闹闹的乌合之众，食不果腹，群龙无首，许多人扔掉了武器，既沮丧又痛苦。

最终，贝卢诺公爵克洛德·维克托-佩兰元帅与皇帝拿破仑·波拿巴合兵一处，让西班牙的中路和左路军队同时受到了重创。达尔马提亚公爵尼古拉·让·德迪厄·苏尔特元帅和贝卢诺公爵克洛德·维克托-佩兰元帅分别在不同的地点击溃了两支西班牙军队，然而，这些行动还只是这次战役计划的次要部分，弗朗西斯科·哈维尔·卡斯塔尼奥斯将军的部队也岌岌可危。整个战役中最重要的一环是由皇帝拿破仑·波拿巴亲自指挥的，那就是向马德里进军。

就在战争逐渐白热化时，一支英国援军到达西班牙。如果一个月前到达，更有可能扭转局势，可惜已然错失良机。如果有一支真正优秀的军队与西班牙军队合作，在法军得到增援之前对法军进行猛烈的进攻，也许会完全改变局势。当三万名英国士兵在与劲敌作战时，又会给人留下怎样的深刻印象呢？尤

贝卢诺公爵克洛德·维克托-佩兰元帅

其是在本该联合起来的各支西班牙军队彻底溃败，甚至那些同盟的军队在某种程度上可能已被法军同化以后。

早在1808年10月13日，担任中将的大卫·贝尔德爵士抵达拉科鲁尼亚。1808年11月13日，约翰·摩尔爵士率领军队进入萨拉曼卡。1808年11月22日，约翰·霍普将军带着大炮、两个轻骑兵团和三千名步兵来到马德里附近。至此，约翰·摩尔爵士率领军队准备开始行动。

由于缺乏情报，大家都希望绕道前往萨拉曼卡，结果耽搁了将近一个月的时间。得到不实情报的大卫·贝尔德爵士退出阿斯托尔加，前往比利亚弗兰卡，可当时正是需要迅速行动的时机。这次错误的行动确实非常令人惋惜。

约翰·摩尔爵士

在这种情况下，1808年11月27日，詹姆斯·利思将军接到命令离开莱昂去与英军其他部队会合。当时，詹姆斯·利思将军的大本营还驻扎在萨拉曼卡；大卫·贝尔德爵士在阿斯托尔加，其部队驻扎在后方拉科鲁尼亚的大路上；约翰·霍普将军在瓜达拉马山口的南部入口处。幸运的是，尽管但泽公爵弗朗索瓦·约瑟夫·勒菲弗元帅的军队和第四军已整装出发，但法军还没有占领山口。如果这里已经被占领，约翰·霍普将军就不可能联合英国主力，而是率领整支部队从葡萄牙撤退。

一些证据有力地证实，在半岛战争期间，法军将领并不是总能掌握最准确的情报。而一些关于西班牙当局、英国特情和其他势力的所作所为的记载，也证实了他们也都没有能够提供及时准确的信息。也许西班牙是个最难获取情报的国家吧。获胜的法军、落败的西班牙军队和好心的盟友都受到很大影响。直到战争后期，人们才对战争有了更完善、更确切地了解。在战争中不断积累的经验之一就是要更好地获取情报，并能更精准地确定情报的有效性。

但泽公爵弗朗索瓦·约瑟夫·勒菲弗元帅率领整支军队沿对角斜穿西班牙，向瓜达拉马山进发。他如果知道英军的兵力情况，一定会拦截住英军。

担任中将的亨利·威廉·佩吉特勋爵曾在第七轻骑兵团、第十轻骑兵团和第十五轻骑兵团效力。无论是从士气和装备来看，还是从真正激励法军的英勇精神来看，这都是最出色的三支轻骑兵团。法军骑兵的优势在半岛战争中体现得淋漓尽致。1808年12月1日，亨利·威廉·佩吉特将军在阿斯托尔加安营。

阿斯托尔加，古称阿斯图里卡·奥古斯塔。这座古老的城市有城墙环绕，曾经是一座名城。城外不远处是废弃的阿斯托尔加侯爵的城堡——这座高大的建筑彰显了阿斯托尔加侯爵的身份。城中的大教堂算不上优雅，规模也不大，与莱昂大教堂无法相提并论。

1808年12月2日，詹姆斯·利思将军动身前往比利亚弗兰卡，加入由皇家第二十六团和第八十一团组成的部队。天气非常恶劣，当英军从阿斯托尔加上山时，天气变得更加酷寒难耐。路上，风毫无遮拦地袭击了可怜的曼萨纳尔山。从曼萨纳尔山开始，英军一路下行到托雷。曼萨纳尔山和托雷到处都是军队，英军费了很大力气才找到了住处。两个团的军官中，只有几个人住在一座勉强可以住的房子里，这还是在尼科尔斯上校和第十四团的伍德少校的努力下才找到的。

1808年12月3日天亮时，英军继续南行，进入通往比利亚弗兰卡的山谷。道路非常好走，周围原始景色宜人，美丽非凡。比利亚弗兰卡的别尔索镇是一个相当大的城镇，看起来十分浪漫。一条清澈的小溪从镇中流过；城镇四周的山上树木繁茂。别尔索镇的主广场很大，方方正正的，比大多数西班牙同类城镇的广场都要好。在南边入口处，左边的第一幢房子是比利亚弗兰卡侯爵的庄园。这是一栋非常宽敞的建筑，但显然已被荒废。

1808年12月4日，部队继续向海岸撤退。1808年12月4日晚上，英军在埃雷里亚斯停了下来，1808年12月5日到达诺加莱斯，1808年12月6日到达康斯坦丁和索夫拉多。1808年12月7日，英军到达了卢戈——罗马人称为卢克斯奥古斯丁。卢戈是奥维耶多省最重要的城市之一，古老的城墙环绕全城，城中塔林密布。卢戈是主教辖区所在地，坐落在米尼奥河边。米尼奥河是加利西亚王国的主要河流。大卫·贝尔德爵士的部队在卢戈停止后撤。1808年12月9日上午，英军接到命令，要尽快返回阿斯托尔加。

目前，英军的形势注定要发生重大变化。詹姆斯·利思将军原本决定退出西班牙，但由于西班牙当局的迫切要求和英国大臣的勇敢提议，他既然被派来协助西班牙，就决定为这个国家再次拼尽全力，不怕重重危险。理智的人都希望他能解救这个国家。

报告给英国大本营的不实消息明显被夸大了，称马德里仍在顽强抵抗法军，这直接导致了计划的改变。更不幸的是，西班牙首都沦陷的消息很快人尽皆知。但约翰·摩尔爵士的决心丝毫没有动摇。他命令亨利·威廉·佩吉特将军不等步兵到来就率领大卫·贝尔德爵士的骑兵向巴利亚多利德的方向前进，希望能在1808年12月16日之前把大部分兵力集结在巴利亚多利德。

当英军从萨拉曼卡撤出时，詹姆斯·利思将军正在考虑向布尔戈斯挺进，

亨利·威廉·佩吉特将军

从而切断法军在马德里的对外通信。这次行动充分证明，了解法军不同部队的位置和兵力非常重要——如果不是皇帝拿破仑·波拿巴亲率一个营离开大部队，四万名法军士兵连同一支庞大的骑兵部队就已经集结在这古老的卡斯蒂尔的平原上了。皇帝拿破仑·波拿巴之所以进攻马德里，是因为他误以为英军已从葡萄牙撤退。皇帝拿破仑·波拿巴如果知道真实情况，那么一定会第一时间进军葡萄牙。直到占领了马德里，他才得到一些关于约翰·摩尔爵士的消息，知道约翰·摩尔爵士已经把不同的兵团联合起来，展开进攻行动。

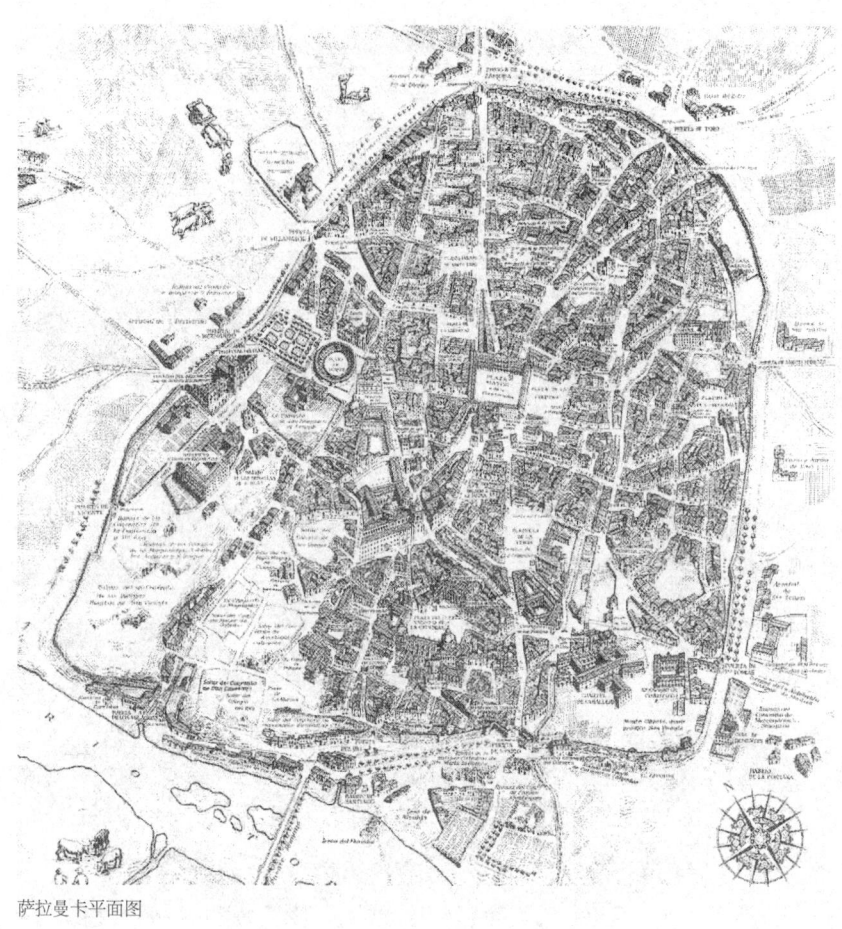

萨拉曼卡平面图

　　1808年12月13日，詹姆斯·利思将军的大部队离开萨拉曼卡。除拉罗马纳侯爵佩德罗·卡罗的残余左翼以外，没有任何西班牙军队协助詹姆斯·利思将军。詹姆斯·利思将军也没有与西班牙军队取得联络，而是继续向前推进，尽管兵力不足，但仍然攻占了莱昂。弗朗西斯科·巴列斯特罗斯将军约有五千名阿斯图里亚斯新兵。虽然他们还没有上过战场，但这是目前在整个西班牙北部战场上唯一一支西班牙部队。约翰·摩尔爵士的侧翼也缺乏友军的保护，更没有其他增援部队。然而，只有依靠部队的增援，才能指望约翰·摩尔爵士勇敢地向前推进，对付前方强大的法军。在约翰·摩尔爵士的右侧，有一支几乎和他一样强大的军队——皇帝拿破仑·波拿巴的整支军队——随时整装待发。只要发现约翰·摩尔爵士进入西班牙领土,法军就准备向约翰·摩尔爵士发起进攻。

英军面临的强大军队不仅有达尔马提亚公爵尼古拉·让·德迪厄·苏尔特元帅的陆军部队,还包括当时在西班牙的维多利亚和布尔戈斯之间的阿布兰特什公爵让-安多什·朱诺将军的部队。此时,最令人费解的是,但泽公爵弗朗索瓦·约瑟夫·勒菲弗元帅坚持继续进军,其最初的目标是从巴达霍斯继续推进,并在里斯本阻击撤退的部队。为了这个目的,他的骑兵部队在阿雷瓦洛向瓜达拉马斜穿过去。如果不是约翰·霍普将军隐蔽行进了几里格,没有暴露行军方向,那么后果无法想象。法军元帅如果断定英国人没有撤退,就会停下来

阿布兰特什公爵让-安多什·朱诺将军

静观约翰·摩尔爵士的行动,并会直接向阿斯托尔加进军。而此时,英军如果不是已经越过埃斯拉河,就可能会遭遇灭顶之灾。

当约翰·摩尔爵士从萨拉曼卡出发时,法军兵力如下:达尔马提亚公爵尼古拉·让·德迪厄·苏尔特元帅驻扎在萨阿贡、萨尔达尼亚和卡里翁河附近的村落;特雷维索公爵阿道夫·爱德华·卡齐米尔·约瑟夫·莫尔捷向萨拉戈萨转移;阿布兰特什公爵让-安多什·朱诺将军率领第八军驻扎在西班牙的维多利亚;但泽公爵弗朗索瓦·约瑟夫·勒菲弗元帅率领第四军,越过瓜达拉马;蒙

特雷维索公爵阿道夫·爱德华·卡齐米尔·约瑟夫·莫尔捷

蒙泰贝洛公爵让·拉纳

泰贝洛公爵让·拉纳在埃布罗河；而皇帝拿破仑·波拿巴率领帝国卫队、第一军和第六军驻扎在马德里。

约翰·摩尔爵士在阿莱霍斯收到中途阻截法军的命令。他了解到达尔马提亚公爵尼古拉·让·德迪厄·苏尔特元帅部队的真实情况——这支部队同时由阿布兰特什公爵让-安多什·朱诺将军指挥——1808年8月在里斯本向英军投降的部队，现在正迅速赶往前线。由此，他还了解到向皇帝拿破仑·波拿巴打开大门之后的马德里一片安宁，以及法军大本营对英军的位置和意图认识错误。收到情报后，约翰·摩尔爵士立即改变作战计划。他没有继续向巴利亚多利德进发，而是转向左边，越过杜罗河。1808年12月15日，约翰·摩尔爵士在托罗建立了大本营。大卫·贝尔德爵士的部队现在也正与军队主力保持联系。约翰·霍普将军已经与大卫·贝尔德爵士合兵一处，集中兵力。英国骑兵频繁与法军交锋，但总能大获全胜。此时，法军至少有十个骑兵团正在巴利亚多利德附近，却都没能弄清英军的行动意图，这算是法军当时行动迟缓的有力证据。从三个逃兵口中，皇帝拿破仑·波拿巴第一次知道了英军向埃斯拉河挺进的重要情报。

1808年12月18日，约翰·摩尔爵士抵达卡斯特罗努埃沃，继续前进，从比利亚尔潘多经巴尔德拉斯前往马约尔加。1808年12月20日，约翰·摩尔爵士将马约尔加作为军队的大本营。当葡萄牙军队和科鲁尼亚军队会合时，军队的构成发生了变化：大卫·贝尔德爵士负责指挥一个师，而库特·曼宁厄姆将军由一个师的临时指挥官调回到了他原来的旅。根据这项安排，詹姆斯·利思将军被调任到由第五十一团、第五十九团和第七十六团组成的师。

在卢戈，詹姆斯·利思将军因病而无法同部队再次出发。因此，他何时能继续领兵就成了未知数。我非常渴望能与部队一同前行，得到了詹姆斯·利思将军的同意。1808年12月18日星期日早晨，我骑上快马，沿着部队的前进痕迹疾驰而去。我经过了比利亚弗兰卡、阿斯托尔加、拉巴涅萨、比利亚马尼扬和巴伦西亚-唐胡安，昼夜不停地向英军大本营马约尔加逼近。1808年12月20日，当我到达大本营时已是深夜。由于城里挤满了军队，没有一所房子是空的，所以我找不到住的地方。天寒地冻的夜里，我幸运地邂逅了我的朋友帕特里克船长。他邀请我去他的住所，尽管住所寒酸、简陋，但与我深夜骑着倦马在这个西班牙村庄白雪皑皑的街道上游荡相比，可以算是十分豪华的住所了！

马德里向拿破仑·波拿巴投降

1808年12月21日上午,亨利·威廉·佩吉特率领两支骠骑兵团从梅尔加出发,希望能在萨阿贡与第十五骠骑兵团共同突袭塞萨尔·亚历山大·德贝莱将军率领的龙骑兵旅。约翰·斯莱德将军率领第十骠骑兵团直接向萨阿贡进军,途中遇到了法军巡逻队。法军巡逻队中有几个人逃回去报告了英军第十五骠骑兵团逼近的消息,这让法军有时间在城镇附近集结军队。尽管兵力相差悬殊,亨利·威廉·佩吉特将军还是决定不等第十骠骑兵团到来就发起进攻。到达西班牙以来英国骠骑兵所表现出来的英勇精神使亨利·威廉·佩吉特将军相信英军的实力。于是,亨利·威廉·佩吉特将军立即展开了进攻。然而,塞

塞萨尔·亚历山大·德贝莱将军

英军骑兵在萨阿贡攻击法军

萨尔·亚历山大·德贝莱将军坐以待毙,并不打算主动迎击。法军不断用卡宾枪试图击退进攻的英国骑兵,但强壮的英国纯种马匹及马背上勇敢的士兵们表现出的决心是无法阻挡的。法军的防线仿佛被激流冲垮,溃不成军。在这场速战速决的大胜,英军俘虏了法军骑兵队的两名将领和其他军官、士兵共计一百七十人。

1808年12月21日22时,陆军中将大卫·贝尔德爵士所在的师从驻地出发,向萨阿贡进军。长长的队伍从马约尔加出发,最前面是大炮。由于雪下得很厚,使路面变得很糟糕,而黑夜更是雪上加霜,所以英军不得不经常停下来。在这段时间里,人们都感受到了天寒地冻。到1808年12月22日2时,库特·曼宁厄姆将军的部队才行进了八英里的路程。天亮了,行军还在继续。1808年12月22日临近中午时,部队到达了萨阿贡。天气仍很恶劣,许多修道院为部队提供了暂住之地。

1808年12月22日到1808年12月23日,英军指挥官约翰·摩尔爵士不断收到各种不利消息:先是达尔马提亚公爵尼古拉·让·德迪厄·苏尔特元帅获得了增援，后是但泽公爵弗朗索瓦·约瑟夫·勒菲弗元帅在塔拉韦拉停了下来，打算转而向巴达霍斯进军，以及皇帝拿破仑·波拿巴正在逐步逼近。即使在这些种种不利的情况下，约翰·摩尔爵士也仍然坚持在卡里翁河附近袭击法军第二军的营地。英军将领们接到命令——1808年12月23日20时兵分两路，准备向法军营地进军。然而，拉罗马纳侯爵佩德罗·卡罗的第二份急件确切地报告了皇帝拿破仑·波拿巴率军临近的消息。约翰·摩尔爵士极不情愿地放弃了全部已有的打算，撤到英军大本营。

这次收到的情报至关重要——向卡里翁河进军无疑会危及英军的安全：这是最有可能的结果，即使达尔马提亚公爵尼古拉·让·德迪厄·苏尔特元帅失利了，向卡里翁河进军也只会增加危险和困难。如果达尔马提亚公爵尼古拉·让·德迪厄·苏尔特元帅在受到英军的攻击时撤退了，那么英军将领们很可能会在毫不知情的情况下继续追击法军，反而遭到法军的援军出其不意的进攻。这样一来，英军的处境都势必更加危急，因为一旦错失时机，战败就在所难免，甚至英军还有可能被法军包围。

在这种情况下，约翰·摩尔爵士及时阻止部队继续前进，并准确算出了撤退的时机，这不仅是一种权宜之计，还是绝对必要的决策，这也是此次战役中约翰·摩尔爵士指挥才能最有力的证明。

1808年12月25日上午，英军开始撤退。天气完全不像之前一天：暴风雪过后，冰雪迅速融化，又下起了倾盆大雨。路面积水很深，使部队和辎重行进艰难。1808年12月25日晚上，大卫·贝尔德爵士率领一个师，由威廉·本廷克勋爵和库特·曼宁厄姆将军的旅组成的部队作为支援，攻占了巴伦西亚-唐胡安。1808年12月26日上午，渡过埃斯拉河的行动遇到了困难。因为只有一艘笨重的船能用来运送士兵过河，而这艘船保养得极其糟糕，行动非常缓慢。就这样，整整一天过去了，还有士兵没有渡河。河水涨得很快，所以务必要尽快到达对岸。比这个渡口稍微远一点的地方还有一个水位较低的渡口，仍然可以通行。于是，大部分步兵驾着各式各样的马车赶往水位较低的渡口。

很难有比这更令人沮丧的景象了：天气越来越糟糕，凛冽的寒风使倾盆大雨更加冰凉刺骨。部队后面跟随着畜驮队及妇孺等八千多人，现场一片混乱。许多人在滚滚洪流中挣扎，而两岸的人则眼睁睁地看着水中的人，每个人都惶惶不安。有的车子翻了，骡子在奋力挣扎；有的妇女惊恐万分，用西班牙语大声呼号。好在整支队伍还是到达了埃斯拉河的右岸，没有造成人员伤亡，也没有发生严重的事故。所幸大家都及时过了河，因为洪水在天黑前已经上涨，无法通行了。

1808年12月26日上午，英军指挥官约翰·摩尔爵士和其他步兵师从卡斯特罗贡萨洛桥渡过埃斯拉河，向贝内文特挺进。1808年12月27日，大卫·贝尔德爵士的部队在托拉尔、比利亚莫尔和比利亚马尼扬驻扎下来。

当英国骑兵从萨阿贡撤退后，达尔马提亚公爵尼古拉·让·德迪厄·苏尔特元帅开始追击英军，好在速度并不快。考虑到从贝内文特撤走会造成弹药延误，再加上大卫·贝尔德爵士的部队在萨阿贡和阿斯托尔加之间已将近六天，达尔马提亚公爵尼古拉·让·德迪厄·苏尔特元帅如果沿着曼西利亚和莱昂直线行进，很可能抢在英军之前到达。在我看来，这一直是萨阿贡撤退行动中最大的危险。一方面，埃斯拉河已无法渡过，而从曼西利亚连接至杜罗河的唯一一座桥梁也被损毁，这会使皇帝拿破仑·波拿巴的前进受阻。另一方面，一旦占据并修复曼西利亚大桥，就没有任何障碍可以阻止达尔马提亚公爵尼古拉·让·德迪厄·苏尔特元帅的前进，英军与加利西亚的联系也将因此被切断。

1808年12月21日，皇帝拿破仑·波拿巴在马德里收到了约翰·摩尔爵士对法军第二军发动游击战的消息。皇帝拿破仑·波拿巴从下定决心到付诸行动的速度像闪电一样——闪电乍现，雷声就滚滚而来。皇帝拿破仑·波拿巴强大的军事天赋使他敏感地意识到军情丝毫延误不得。于是，法军迅速队行动起来，因为法军伟大的领袖急于弥补他副官的失误。1808年12月24日，在距马德里一百二十英里的托德西利亚斯，皇帝拿破仑·波拿巴率领军队翻越喀尔本塔诺斯山。当时，山上被皑皑积雪覆盖，任何常人都寸步难行。步兵纵队前面的炮

法军翻越喀尔本塔诺斯山

兵军官们认为绝无可能翻过此山,所以当皇帝拿破仑·波拿巴遇到他们时,他们正沿着瓜达拉马山的南坡撤退。当时,暴风雪越来越大,军官们决定撤退了。除了军官的报告,西班牙农民还声称这条通道将会很危险。但皇帝拿破仑·波拿巴毅然决定率皇家卫队冲锋在前,命令部队紧随其后。在后续部队的配合下,他穿过步兵队,然后排兵布阵,组成了一个紧密排列的纵队,占满了整条道路。身后的士兵们都下马继续前进,前面的纵队为法军遮挡风雪并踏出一条前进的道路。士兵们受到了皇帝拿破仑·波拿巴带头冲锋的鼓舞,法军重整旗鼓,继续向埃斯皮纳挺进。

1808年12月28日,皇帝拿破仑·波拿巴率领埃尔欣根公爵米歇尔·奈伊元帅的军队到达巴尔德拉斯。经过前所未有的艰难行军后,士兵们已经疲惫不堪。但皇帝拿破仑·波拿巴仍然继续敦促他们继续前进,声称一定会彻底消灭英军,并且这将是他们作为法兰西帝国军人荣耀的见证,也是对他们辛勤跋涉的奖赏。皇帝拿破仑·波拿巴在巴尔德拉斯派夏尔·勒菲弗-德努埃特将军率近卫猎骑兵团,从后方追击英军,并向皇帝拿破仑·波拿巴通报行动情况。法军执行这项任务时,1808年12月29日上午,詹姆斯·利思将军到达了埃斯拉河左岸,即贝内文特的正对岸。卡斯特罗贡萨洛桥已经被毁,附近没有出现任何军队,只有零星的骑兵巡逻队在平原上巡逻。夏尔·勒菲弗-德努埃特将军被种种迹象所蒙蔽,误以为英军已经撤退,便找到了一片浅滩,并由此渡过埃斯拉河。

夏尔·勒菲弗－德努埃特将军

指挥英军第十八骠骑兵团的洛夫特斯·奥特韦上校指挥前哨部队，部署了完美的反击策略。他把哨兵们集合起来，打了一场小胜仗，并不断向法军的先头部队发起冲锋，守住了阵地。前哨部队接连取得了大大小小的胜利，一直坚持到第十骠骑兵团到来。在第十骠骑兵团的支援下，前哨部队发动了决定性的进攻。法军近卫队全速退到埃斯拉河，后面跟随着的进攻者紧追不舍，但法军并没有溃散，而是继续组成严密的防线，准确地判断了渡口的情况，然后跳水渡河，成功地控制了河对岸区域。在这次战斗中，法军损失了一百三十名将士，有的阵亡，有的受伤，也有的被俘，而夏尔·勒菲弗-德努埃特将军就是其中之一。在这里作战的法军正是拿破仑·波拿巴在瓜达拉马山的雪地里率领的那个兵团——洛夫特斯·奥特韦上校对这个兵团赞赏有加。

1808年12月29日，法军没有再试图渡过埃斯拉河。当晚，亨利·威廉·佩吉特将军率领骑兵从贝内文特撤退到拉巴涅萨。1808年12月30日，率领九千名骑兵的伊斯特里亚公爵让·巴普蒂斯特·贝西埃元帅到访贝内文特和拉巴涅萨。1808年12月30日，卡斯特罗贡萨洛桥修好了，法军步兵团连夜从桥上通过。

1808年12月30日，约翰·霍普将军的部队也从卡斯特罗贡萨洛桥上经过，同时大卫·贝尔德爵士的部队进入了阿斯托尔加。天气又变了，气温骤降，暴风雨即将来临。此时，除了后备部队和骑兵，整个英军要么在阿斯托尔加，要么在前往比利亚弗兰卡的路上。

拉罗马纳侯爵佩德罗·卡罗因为无法与达尔马提亚公爵尼古拉·让·德迪厄·苏尔特元帅抗衡，所以在接近莱昂时就转道前往阿斯托尔加。其目的是越过约翰·摩尔爵士的防线，率领疲惫不堪、效率低下的部队撤退到米尼奥峡谷。到达阿斯托尔加时，这支西班牙部队凄惨不堪：疾病和饥饿在全军蔓延，有些衣衫褴褛的可怜士兵，半裸着躺在地上，在痛苦中垂死挣扎，凄惨无比。

1808年12月31日，英军终于离开阿斯托尔加。爱德华·佩吉特将军担任指挥官，命令预备部队走在步兵纵队后面。亨利·威廉·佩吉特则亲率骑兵继续向法军逼近。

贝内文特战役中一名冲锋的英军骑兵军官

爱德华·佩吉特将军

在博尼略，罗伯特·克劳福德将军率领三千名轻装步兵从左路出发，经奥伦塞前往维哥。如此分配兵力的原因有二：一是为了减轻军需困难，二是为了保存军队左翼的实力。第一点可能还说得通，但第二点似乎毫无必要。法军如果想威胁英军左翼，就只能从侧翼发动进攻。如此一来，从阿斯托尔加来的部队就可以通过边路迂回撤退。不过，远离法军直奔米尼奥峡谷也许是保证英军不间断前进的一种特别的方式吧。

在从贝内文特到阿斯托尔加的途中，来自巴黎的信使向法兰西帝国皇帝拿破仑·波拿巴报告了奥地利政府反戈为敌的倾向。战争一触即发。无论是关于欧洲各国的局势，还是基于个人的看法，这都是皇帝拿破仑·波拿巴收到的最重要的情报。它预示了这位法兰西帝国皇帝后来的种种遭遇。与此同时，它拯救了西班牙，分散了皇帝拿破仑·波拿巴的兵力，危及他战无不胜的声誉，并且奠定了俄罗斯战争①的基础，并最终促使亚历山大一世在埃尔福特战役之后，大胆采取措施逐一消灭了法军，因为在此之前他都只是有心无力。

信使的消息立刻让皇帝拿破仑·波拿巴乱了阵脚。他急切地敦促法军迅速追击，却似乎已经六神无主。德意志方面分散了他的注意力，他一心想率领身旁忠实而不知疲倦的卫士们回到多瑙河岸边。皇帝拿破仑·波拿巴从阿斯托

亚历山大一世

---

① 即1812年拿破仑·波拿巴率军远征俄罗斯。——译者注

半岛战争漫画：拿破仑·波拿巴被西班牙斗牛顶起，然后跌落

尔加集结的众多部队中，部署了两万步兵、四千骑兵和五十门大炮，由达尔马提亚公爵尼古拉·让·德迪厄·苏尔特元帅指挥，并命令他追击英军，迫使英军投降或退到海上。埃尔欣根公爵米歇尔·奈伊元帅和他的军队也接到命令，负责支援上述部队。从阿斯托尔加到比利亚弗兰卡的别尔索有两条路线：本比夫雷的路线相对较新，比较好走；蓬费拉达的路线直线距离更近，却非常难走。两条线路在卡卡韦洛斯交汇。英军选择了第一条路线，而法军的大部队选择了第二条路线。

英军沿卡米诺雷亚尔大道撤退。这条路很好走，即使偶有堤道也很宽敞、平坦，很多地方与流过山谷的小溪平齐，没有任何陡峭之处，任何车马都能轻松通行。虽然路况有利于前进，但当约翰·摩尔爵士经过时，却遭遇了许多意外状况。首当其冲的是严峻的天气，从霜雪到来，再到由冰化雨，这种急速变化使地表开裂，出现了许多深坑。行军部队中有篷车、马匹、骡子及运送物资的车队，这自然会给年久失修的道路增加很大的负担。英军收到从阿斯托尔加撤退的命令，首先是麦肯齐·弗雷泽将军率领的师，然后是约翰·霍普将军的部队，接着是大卫·贝尔德爵士的部队，最后是预备队和骑兵队。

法军的每个兵团都配备了一支龙骑兵师，沿着本比夫雷和蓬费拉达的路线前进。让·巴普蒂斯特·马里·弗兰切斯基-德隆内将军率领轻骑兵，走在撤退部队的前面，沿最左边的一个山谷向前推进，企图占领通往科鲁尼亚的主要道路。在加利西亚这种地方进行一场莫名其妙的行动，完全不适合骑兵。法军

让·巴普蒂斯特·马里·弗兰切斯基-德隆内将军

如果有一支精锐部队跟在后面，以同样的速度行进，可能会引起极大的麻烦，但让·巴普蒂斯特·马里·弗兰切斯基-德隆内将军在没有任何其他部队支援的情况下继续前进。这也许可以成功地对付那些自由散漫的军队，但如果用骠骑兵和轻骑兵来阻挡英国步兵和炮兵，那他很快就会迎来失败。

1809年1月1日上午，英军指挥官约翰·摩尔爵士和后备部队一起进入本比夫雷。由于严重缺乏适应不利环境的经验及受到恶劣天气的影响，加上疲劳和其他原因，行军受到严重影响。但这些没什么大不了的，直到本比夫雷的商店被洗劫一空，军纪彻底涣散，这才让小镇里的部队体会到了撤退计划的真正危机。从一开始，天气就很恶劣。路不算难走，但士兵们因为背着沉重的背包、大衣、军用水壶、弹药和武器，走起来着实不易。路上有些地方的积雪已经及膝，强风不断，雨雪交加。在这次令人难忘的撤退中，大部分时间均是如此。此外，让·巴普蒂斯特·马里·弗兰切斯基-德隆内将军部队的士兵饮食也变得没有规律，并且食物已经很少。正如前面所说，蓬费拉达路线和本比夫雷路线都在卡尔卡贝洛斯交汇。法军在本比夫雷进行了一次突袭。只有在那次事件中，法军才表现出了进取精神。可能是看到骑兵巡逻队撤退了，士兵一片混乱，科尔伯特-沙巴纳将军非常轻率地发起冲锋。结果，附近葡萄园里传来一阵猛烈的枪声，有效地阻止了追击者，使法军失去了一个非常受欢迎的勇敢军官。科尔伯特-沙巴纳将军被炮弹打中前额，从马上摔下来死了。

1809年1月5日，约翰·霍普将军率领的师在卢戈停下来。卢戈已经完全被英军占领。此时，卢戈城内一片混乱，简直令人难以想象。卢戈原本寂寂无名，现在却乱作一团，不是为了庆祝，也不是因为忙着做生意。恐惧、生活的种种不便、遭受的伤害和烦恼都使人神经紧张。城中的士兵也难以克制自己，变得自私起来，除了关心自己的感受，别的一概不顾。

无论官职大小，由于职责所在，英军都不得不挤在泥泞的街道上，在人群里徘徊。虽然英军为约翰·霍普将军安排好了住处，但他郁郁寡欢，直到市长绞尽脑汁、尽其所能地为军队安排了住所后才肯露面。而约翰·霍普将军的私

科尔伯特 – 沙巴纳将军

交好友也都收到了不寻常的命令，要求他们接待陌生人。约翰·霍普将军表现出一副听天由命、愁眉苦脸的样子。搬运行李的车夫在街上吃力地走着，车上歪歪扭扭满载的货物几乎要把骡子压垮了。车夫们一边跟着部队不情愿地前进，一边犹豫最令自己讨厌的究竟是道路、骡子、西班牙人还是天气。接着是沉闷的炮声，西班牙的逃亡者从荒凉的战场逃亡过来。一支小分队带着病马或跛足的马在泥泞中艰难前行，不远处传来一阵马枪的响声。几天前，一匹马虽血迹斑斑却勉强活着。这时，枪声终于结束了它的痛苦。马上被俘的骑兵并没有反抗，早已失去了高卢骑士精神。远处传来的炮声和火枪声使这个场面更加引人注目——倾盆大雨和寒冷的天气让一切看起来更加阴沉。此时此刻寒冷的程度堪比波兰的冬天。

截至目前，后备军和骠骑兵的分遣队一直独自同法军接触。现在，约翰·摩尔爵士打算集结部队，阻止达尔马提亚公爵尼古拉·让·德迪厄·苏尔特元帅所率领部队的进攻。1809年1月6日晚，约翰·霍普将军率领的师已通过卢戈，在第二天全军即将集中的地方扎营。英军占据的位置要高得多，因此，法军都暴露在刺骨的西北风中。雨不停地下，丛林覆盖的地面相当湿润。寒风袭来，没有小屋也没有遮风挡雨的帐篷，只有法军微弱的、苍白的、快要熄灭的火焰若隐若现。或许只有这样，英军才有机会发出更明亮的火焰。湿漉漉的金雀花丛冒着一团浓密的烟雾，弥漫在空气中，似乎给落下的雨水增加了重量。这就是在卢戈扎营的官兵们经历的状况。早上，雨下得不那么猛烈了，人们都饥寒交迫，准备用面粉和水做些食物勉强果腹。除了法军的逼近，其他一切也都是凄凉而令人不安。尽管如此，大家都毫无怨言。

此时，约翰·霍普将军率领的师为左翼，罗兰·希尔爵士率领的旅则为右翼，卡特林·克劳福德上校在中军，詹姆斯·利思将军在左翼以左。其余部队向右延伸，对面的米尼奥河是天然屏障。1809年1月7日凌晨，法军出动大批骑兵，从后方各处集结，并沿法军阵地向左移动。很明显，法军前线部队的人数已大大增加。分隔两军的峡谷边缘部署了大炮，但由于南边的法军并没有对英军阵

罗兰·希尔爵士

地加以压制,于是,英军炮兵立即开火压制了法军。炮声阵阵,轻装部队在山谷里进行小规模战斗,但并未发起正式进攻。1809年1月7日中午时分,法军对英军左翼的攻击更猛烈了。显然,一场重要的侦察行动正在酝酿之中。五门大炮向詹姆斯·利思将军的部队开火。与此同时,一列步兵穿过峡谷,开进前哨,直奔英军阵地的中心。轻骑兵连已经冲到前面去了,各团都整装待发。士兵们在山谷的斜坡上不断作战，但不久就被法军逼退了，在混乱中撤了下来。很明显，单靠用枪射击无法击退法军的进攻。于是，轻骑兵连集合起来，在接近山顶时阻击法军。骑兵们排成一排，挺起刺刀向前冲去，赶跑了法军。我和副旅长罗伯茨率领轻步兵继续追击，直到法军回到对面的斜坡上。

由于法军进攻的那条小巷两侧有墙，两旁有树，非常狭窄，所以士兵们在混战中乱作一团。虽然火药味十足，烟雾缭绕，敌友难分，但英军斗志昂扬地向前冲去，给法军造成了巨大的损失。副旅长罗伯茨带兵突入深谷时受了伤，被迫撤退。战斗进行过半，约翰·摩尔爵士抵达战场，对击退法军的手段表示满意。1809年1月7日晚些时候，达尔马提亚公爵尼古拉·让·德迪厄·苏尔特元帅并未企图骚扰英军，天气持续恶劣，夜幕降临，暴风雨来临，跟前一夜暴风雨几乎同样肆虐。

1809年1月8日上午，部队沿整条战线进行集结，焦急地等待着迟早要来的进攻。英军指挥官约翰·摩尔爵士早早来到军队左侧，无疑他所处的位置正是阵地防守最薄弱的地方。英军的中路军队处在法军无法攻击的地方，右翼也固若金汤。法军的阵线没有任何动静，达尔马提亚公爵尼古拉·让·德迪厄·苏尔特元帅犹豫着是否要采取行动，因为他已经料定英军待战已久，早有准备。每次回忆起这次战役，我都遗憾它未发生在卢戈，即使困难重重，将士们也英勇冲锋，凭借顽强战斗的精神取得胜利。

约翰·摩尔爵士焦虑地等待了一个早晨，放弃了进攻的打算。为了迷惑法军，使法军相信英军马上就要撤退，约翰·摩尔爵士命令步兵们搭起帐篷。法军立刻行动起来。天黑之前，英军阵地上出现了各式各样的营地。到了1809年1月8日22时，除了简陋的行军营，其他所有英军默默地排成纵队，沿着不同的路线向卢戈方向行进。在当时的情况下，这次夜间行军似乎是可行的，但后来造成了一场极其严重的灾祸。天太黑了，风刮得很大，阵雨变成了冰雹。这样一来，詹姆斯·利思将军的部队又遭遇了极大的困难，以至于到卢戈走了整整五个小时。

众人并未在卢戈停留。到了白天，天气依旧恶劣，暴风雨愈演愈烈。经过卢戈以后，道路虽然变得更加平坦了，但狂风、冰雹和雨夹雪势不可挡地横扫平原。一路上好些地方，我都是费了九牛二虎之力才能让马在暴风雨中前行。最后，这支散乱的部队到达了吉蒂里斯和巴尔梅达村。这些村镇完全无法为步兵提供食宿，因为镇上早已住满了骑兵、军需部队和勤杂人员。步兵团只好在大路右边的田野里停了下来。田野里甚至连一棵树也没有，无法保护士兵们免受地面积水的冲刷和倾盆而下的雨雪侵袭。对于疲劳、饥饿和缺乏睡眠而疲惫不堪的人来说，这种短暂的休息只能带来一点安慰。当命令来了，要士兵们站起来挽着胳膊往前走时，他们站起身来，精神萎靡，腿脚酸疼，身体虚弱，情绪低落。第二天夜晚的行军依然混乱：整条路看去并不是一个部队，而是一连串三三两两的散兵，在混乱中交杂一团。士兵们竭尽全力向前推进，却看不到军官和军旗。

天气依然糟糕。离开卢戈阵地后，西班牙的地势使约翰·摩尔爵士别无选择，只能利用开始的领先优势继续前进。但由于恶劣的天气及法军骑兵随时有可能采取行动，行军变得更加紧迫。如果天气再好一些，英军就能在吉蒂里斯多停留些时日，也不会危及安全。但事实上，唯一明智的办法似乎是敦促步兵去贝坦索斯，在贝坦索斯停下来，然后召集分散在各处的部队在后方集结。

1809年1月10日上午，英军主力部队到达贝坦索斯，有些团连五十名士兵都不到。然而，就在这一天，又有许多人加入了英军的行列。短暂的休息给士兵们增加了士气。1809年1月10日清晨进入贝坦索斯时，部队溃不成军。但等到1809年1月11日再出发时，英军又成了虎狼之师。这支部队由步兵组成，沿着通往科鲁尼亚的道路前进，队形齐整，完全不像是残兵败将整编出来的部队，也完全没有前一天令人惊慌失措的低落士气和疲惫状态。

1809年1月11日，天气转好，阳光普照。这支部队走在贝坦索斯蜿蜒的道路上，呈现出一种辉煌的景象，尤其是与前一天相比，更显得士气十足。撤退时的艰难困苦终于在贝坦索斯结束。

约翰·霍普将军率领的师一到达圣卢西亚郊区，就占领了那里，沿着科鲁尼亚港的西岸驻扎，并且一直驻守到1809年1月12日夜幕降临，然后沿着贝坦索斯的道路，行进到城外两英里的一个阵地。法军的火力覆盖了梅洛河对岸的高地，从埃尔布尔戈一直延伸到海边。英军与法军之间有一条水面宽阔、水流湍急的河，完全无法渡过，埃尔布戈的桥也被毁了。英军就这样没有后顾之忧地度过了1809年1月12日的夜晚。

按照英军指挥官约翰·摩尔将军的安排，约翰·霍普将军驻守最左边的阵地。从高地上看，那里最不容易受到大炮的轰击，是最坚固的阵地。罗兰·希尔爵士率领的旅驻扎在地势最高的地方，守住通往埃尔伯戈的必经之路。右边是詹姆斯·利思将军。在后面不远的地方，卡特林·克劳福德上校率领的部队一直向左延伸。阵地前面的山谷一直到帕拉维奥阿巴索村，都设置了前沿岗哨。

1809年1月13日清晨，一切似乎都很平静。这一夜没下雨，晴朗无云的天空预示着天气会更加宜人。当四千桶火药爆炸的声音响起时，立刻引起了前所未有的骚动。瞬间，突如其来的巨大冲击似乎使每个人都丧失了理智。士兵们冲向武器，直到一股巨大的烟柱从前面的高处升起，才发现惊天动地的爆炸声的来源。这时，人们才恢复了理智。浓密烟雾升腾时的壮观景象令人永世难忘。它就像一座巨大的高塔，渐渐地升上晴朗的蓝天。这座高塔似乎被束缚在一个巨大的云团里，浓烟滚滚，形状模糊，没有一粒灰尘或烟雾可以逃出束缚。

虽然第一次爆炸的火药数量较少，但随后的报告和接下来的爆炸几乎是同时发生的。我不知道究竟是由于英军自身的疏忽，还是因为当时觉得哨所已被撤离到足以防止发生意外的距离。总之，没有人向詹姆斯·利思将军发出通知。第五团的一名中士及其所在旅的另外两名士兵在离弹药库相当远的地方被炸身亡。

1809年1月13日上午，中将大卫·贝尔德爵士进入了阵地。库特·曼宁厄姆将军率领的旅在詹姆斯·利思将军的右边，威廉·本廷克勋爵和后备卫队则在库特·曼宁厄姆将军的右边。

直到1809年1月14日，埃尔伯戈的桥才修好，法军方能过河。于是，达尔马提亚公爵尼古拉·让·德迪厄·苏尔特元帅率领大批步兵和骑兵赶了过去。1809年1月15日，他登上了梅洛河北部支流正上方的高地——毁坏的弹药库就坐落在那里。为了掩护这次行动，并保护他的右路纵队，三门大炮和一门榴弹炮向前推进到帕拉维奥阿巴索村上方的道路。不久之后，达尔马提亚公爵尼古拉·让·德迪厄·苏尔特元帅就率领军队从这条路悄无声息地打开了英军的左翼防线。不久，整座高地都被法军占领了。

天气晴好，从高地上可以看到法军的一举一动。白天，士兵们一直在作战斗准备。到了晚上，在一场更加激烈的战斗中，第五团的安东尼·麦肯齐在企图截断法军阵地时战死了。法军在大胆而严密的指挥下集结完毕。就在这时，一支舰队出现了，把英国人从西班牙海岸送抵此处。人们看到军舰和运输船沿着海岸向科鲁尼亚港航行。然而，现在开始行动已经太迟了。黑暗笼罩了大地，即使法军不采取任何行动，英军现在也毫无撤退的可能。

1809年1月16日拂晓，法军的鼓声响起，但没有向前沿阵地开火或者立即进攻。当高地清晰可见时，法军依旧很安静，没有摆出任何进攻队形。然而，英军相当焦虑，一场战斗十有八九是要发生的，而法军不可能让英军径直登船撤退。从目前的情况看，半小时的时间足以使四万人卷入一场你死我活的战斗。

约翰·摩尔爵士很早就进入前线阵地，从罗兰·希尔爵士率领的旅前方的岩石高地上仔细观察了法军的整个阵地。与预料相反，当天早些时候，法军没有任何进攻行动。英军指挥官约翰·摩尔爵士已经厌倦了等待一场似乎并非刻意安排的进攻，便骑马进城，对正在港口迅速登船的行动做出最后指示。所有的平民百姓、病人、伤员、下马的骑兵和大部分的大炮，都被送到了船上，步兵和一部分炮兵部队仍留在陆地。

法军在1808年1月16日上午的不作为似乎无法解释，特别是法军在夜晚已经部署一个炮兵连，显然是为了支援进攻的。如果炮兵连是为了向英军营地射击，那在天一亮就会开始了，但整个上午，炮兵连都没有发出一声炮响。更不可思议的是，再过几个小时，夜幕将会降临。到那时，所有英军士兵都将成功撤离。炮兵连位于法军阵地左侧的岩石高地上，装备有十一门大口径火炮。炮兵连居高临下，可以轰击下面的整个山谷。

最后，焦急等待的时刻终于来了。法军在其战线上严阵以待，迅速集结部队。1808年1月16日14时左右，法军冲下山谷，威胁英军的中路军队和左翼，同时对右翼发起猛攻。这样做只有两种目的，要么是在英军阵地上最薄弱的环节扭转局势，要么干脆逼退英军。法军沿着整座山脊部署大炮，现在终于朝英军

科鲁尼亚战场上的法军步兵

法军与英军在科鲁尼亚战场展开战斗

开火了。英军先头部队已被法军击退,遇到了朱利安·奥古斯丁·约瑟夫·梅尔梅率领的师,大卫·贝尔德爵士的师立刻像一股奔泻的洪流败下阵来,一路朝着艾维纳村逃离。幸运的是,约翰·摩尔爵士已经离开科鲁尼亚。他得知英军遇袭,在关键时刻赶到了战场。当时的场景便成了最精彩的画面之一:战斗开始时,峡谷的最低处满是烟雾;在山谷两边,可以看到英军和法军对垒;阳光灿烂,闪闪发光的大炮竖立在陡峭的山坡上,炮火和响亮的步枪声持续不断;峡谷中间交战正酣。战火逐渐向左延伸,法军的大炮攻击更加猛烈。似乎没有什么能阻止法军迅速开火。法军一动不动,从高处落下密密麻麻的火球。那一刻,法军已经所向无敌,也无须改变阵形。在安全的情况下,英军将领必须独自理智地判断在哪里开火可能最有效。威廉·本廷克勋爵率领的旅从一开始就在顽强抵抗法军进攻,以全部精神、速度和力量对法军进行反击。他们不仅要守住阵地,而且要抵消法军对侧翼行动的影响,使法军虽然采取行动,却得不到有力支援。艾维纳村对英军阵地的安全并没有什么重要意义，但由于直接处于法军左路纵队的前进路线上，艾维纳村成了激战的中心。最后，第五十步兵团稳住了局势。

在指挥兵团行动过程中，英军指挥官约翰·摩尔爵士受了致命伤。在一场最激烈的火枪射击中，他正对战场，暴露在炮台火力之下，在马背上被一颗炮弹击中。他受了重伤，能在如此巨大的创伤后存活下来几乎是不可能的。他虽然倒下了，但仍旧支撑着祖国的荣誉，是一位真正英勇的优秀将领！

我无意与人争辩，但约翰·摩尔爵士对胜利坚定的信念、天赋、能量及动机，都远高于那些诽谤之词。

约翰·摩尔爵士倒下后，约翰·霍普将军接任统帅。战火仍在继续。近卫兵被召集起来支援威廉·本廷克勋爵。亨利·威廉·佩吉特将军率领预备队调转方向直指法军左翼。麦肯齐·弗雷泽将军的位置更靠右，离科鲁尼亚更近——他的部队还没有加入战斗。与此同时，约翰·霍普将军率领的师也没有参与战斗。帕拉维奥高地上的法军仍按兵不动，但皮埃尔·于格·维克图瓦·梅尔将军率领的纵队猛烈地攻击了英军中路，所幸未对英军构成冲击。

在库特·曼宁厄姆将军的旅参战一段时间后，詹姆斯·利思将军奉命率领一个营向前推进，以解救第八十一团。第八十一团不仅损失惨重，而且几乎耗尽了全部弹药。詹姆斯·利思将军率兵冲向第五十九团，经过一场猛烈的枪战占领了阵地。亨利·费恩上校和其他六名军官受伤了。英军成功地用刺刀冲锋，争取了宝贵的时间。当时天几乎已经黑了，从四面八方冲着右翼而来的射击渐渐消失。尼科尔斯上校率领第十四团驱赶法军，毫不费力地结束了战斗。英军阵地未被突破。亨利·威廉·佩吉特将军采取行动，陷法军于危险之地，但夜幕掩护了法军，法军并未彻底溃败。预备军的推进切断了通向圣哈戈的道路，使贝坦索斯的法军后备队无法顺利撤退。法军一片混乱，尽管埃尔布尔戈那座桥看起来修得很好，法军也过不去，只能望桥兴叹。达尔马提亚公爵尼古拉·让·德迪厄·苏尔特元帅的军队如果不是保持了开始战斗时的优势，可能早

约翰·摩尔爵士受致命伤

已溃不成军。幸运的是，法军把进攻推迟了一个小时。如果天一亮，两支英军新兵部队就会涌向达尔马提亚公爵尼古拉·让·德迪厄·弗尔特元帅的左侧，而遭到失败的朱利安·奥古斯丁·约瑟夫·梅尔梅将军的队伍也会轻松撤退。只有一个法军步兵纵队仍未投入战斗。约翰·霍普将军的大批精锐部队迅速穿过帕拉维奥向埃尔布尔戈挺进，很可能阻止法军通过梅洛河，混乱局面即将完全结束。在这种情况下，大卫·贝尔德爵士只率少数兵团参战。法军本来可以留在战场继续与科鲁尼亚保持联系。

战斗结束了，伴随胜利而来的兴奋却丝毫没有。没有乘胜追击，没有战利品，也没有战俘可以证明英军的胜利。各个兵团的士兵们与前一天晚上一样，

朱利安·奥古斯丁·约瑟夫·梅尔梅将军

黑暗使人无法觉察任何行动的踪迹，就这样寂静持续了好几个小时。1808年1月16日午夜时分，除了哨兵，所有人向港口进军。

法军不知道英军已经离开，仍按兵不动。直到天亮，空无一人的阵地才暴露出来。随后，法军越过了原本是英军的阵地，毫不迟疑地在约翰·霍普将军部队扎营的高地北部设置了一个炮兵连。排列的炮兵一直越过埃里斯村，渐渐向下延伸到港口的最南端——圣迭戈港。法军炮兵开炮之前，英军大部分步兵已经上了船。由于离船很远，炮兵连对英军构不成什么威胁。唯一可能发生严重事故的是一些运输船的船长，他们不善于与法军接触，急于尽快离开此地，便割断缆绳，扬起船帆。许多运输船上一片混乱。而军舰在锚地依然坚如磐石，船员们对炮弹从甲板上飞过或穿过索具视而不见。最后，装有七十四门大炮的"诺尔格"号军舰停在离圣迭戈港最近的地方，启动了炮台，仿佛要使法军相信，法军能参加这场炮击战纯属幸运。

此时，有四五艘运输舰搁浅了，其中几艘由于互相碰撞都已报废，有一艘运输舰撞上了堡垒附近的岩石，差点当场倾覆——英军费了很大的力气才最终脱离礁石撤走。渐渐地，船一艘艘开走，港口变得不那么拥挤了。风向有利，海军部署得当，武器装备从西班牙海岸的一处内陆封闭港口出发，没有造成太多人员伤亡。法军射击造成的唯一后果只是摧毁了港口里的几艘运输船而已。

1809年1月17日天亮后不久，詹姆斯·利思将军率领的旅接到命令，迅速完成登船任务。不知疲倦的海军纪律严明，以最快的速度登上船，比法军炮兵开火早了许多。否则，挤满人的船和遍布整个水面的舰队会遭受更大的损失。

英军经过科鲁尼亚要塞，向"狂热者"号军舰行进。这时，英军看到在最近的要塞里，格雷厄姆上校和另一个军官正在主持一个仪式，这应该就是勇敢的指挥官约翰·摩尔爵士的葬礼。在即将开始的航程中，周围的一切本应是充满活力的，现在却死气沉沉，让人毫无兴奋的感觉。英军正准备撤离的这片土地，前一天还是一片宁静，但现在命运似乎正准备对那些士兵做一番最后的奚落，即使他们刚刚取得了一场胜利。

英军把约翰·摩尔爵士的遗骸奉献给了大地。他的朋友、政治评论家及追随者，以及其他与他有利害关系的人，都曾对他进行过不公正的评价。有人把他的最后一场战斗作为无可匹敌的军事策略典范。然而，也有人为了政治目的，竭力把别人犯的错误，包括一切由不利局面和无法控制的情况引起的不幸，都归罪于他。有些人认为，他背叛了西班牙人，也没有得到英国政府的支持，全凭一己之力才拯救了军队。约翰·摩尔爵士坚毅的品质将永载史册。建立在事实和理性的结论之上的历史会证明他的杰出贡献，历史不会受同时代人或战友的错误观点影响。

关于西班牙人饱受诟病的行为，我必须毫不畏惧地指出，西班牙人自始至终都以信义著称。但与此同时，西班牙人确实疏忽大意，缺乏活力。他们因为缺乏一种从自由的制度和开明的贵族阶层中独立出来的道德力量，所以有些行为显得模棱两可。

西班牙人没有在运输工具方面给予热情协助，从而造成了英军的重重困难，这在很大程度上可归于两个原因：第一，西班牙人不懂得开发国家资源，也尚未学会如何适当地向友邻求助；第二，西班牙当局完全没有做出任何合理安排。西班牙政府幻想了一种并非自发的友好感情，希望西班牙农民宁肯带家人在隆冬的大山中挨饿，也要为士兵们腾出房子，并提供仅有的食物。就像拿破仑·波拿巴入侵英国时一样，英国政府希望英国普通民众恳请英军士兵接受慷慨帮助，甚至献上他们用尽一切办法为孩子们弄到的最后一点面包，这简直是异想天开。约翰·摩尔爵士军队的不幸，是缺乏作战经验、军粮供应不足、糟糕的道路和恶劣的天气造成的，但绝不是法军造成的。

1809年1月18日早晨，舰队已在科鲁尼亚港集结完毕。这时，海军上将发出了起航的信号，十一艘军舰带领全部运输船向英格兰海岸驶去。

第 2 章

英军重返葡萄牙

1809年7月2日晚,亨德森船长的"冠军"号战舰停泊在了塔古斯河。

在加入第二十九团的路上,我曾和亨德森船长一起从朴次茅斯乘船前往根西岛。在根西岛,亨德森船长率领一支运输船队,船上满载着第三十四团、第三十九团和第五十八团预备部队。直到亲眼看到船队安全到达目的地后,我

根西岛

和亨德森船长才离开。当船驶入内河时，夜色已晚，一片漆黑使英军无法欣赏美景。黎明时分，里斯本城在壮丽景色之中显得庄严雄伟。此时，宽阔的水面上停着许多艘各国的船，紧挨着英军船的是"巴夫勒尔"号。"巴尔勒夫"号上有九十八门火炮，上面挂着海军上将乔治·克兰菲尔德·伯克利的旗帜，壮丽的塔古斯河上的每艘船都服从他的指挥。

各种战舰和小船随处可见。英国海军轻巧实用又十分优雅的索具与其他各种船上杂乱松散的装载绳索形成了鲜明对比。在里斯本会议期间被扣押的俄罗斯战舰正停靠在里斯本城边，看上去就是一个十足的庞然大物。与此同

乔治·克兰菲尔德·伯克利

里斯本城

时,一艘外形美观的大型葡萄牙战舰也停泊在阿尔马达河边,似乎正处于随时待命状态。一旦法军再次占领里斯本,它可以从本国海岸转移人员。从四面八方驶来的J型船也在此停泊,组成了一支庞大的运输队伍。往来的船进进出出,为生动有趣、多姿多彩的场面又平添了几分生机与活力。

从远处看,可以清晰地看到里斯本的地理位置及流淌其间的璀璨河流。正因如此,里斯本才算得上一座伟大又美丽的城市。与其他大城市不同,除了埃斯特雷利亚修道院,里斯本的建筑没有任何塔尖或圆顶装饰,外观都千篇一律。但有所不同的是,建筑所处位置的地势很不平坦,从塔古斯河岸起逐渐升高,而绝大多数的建筑又都用浅色石头作为材料,从而使整座城市及周边地区连成一大片蔚为壮观的华丽景象。里斯本城之所以无与伦比,或许也是因为它拥有这种壮观的景象。

在此期间,所有法军士兵都被赶出了葡萄牙——法军对葡萄牙的第二次入

威灵顿公爵阿瑟·韦尔斯利

侵已被击退。达尔马提亚公爵尼古拉·让·德迪厄·苏尔特元帅在波尔图被驱逐出境后,威灵顿公爵阿瑟·韦尔斯利的军队便开始在西班牙埃斯特雷马杜拉展开进攻行动。这开创了半岛战争光明前景的新纪元。西班牙军队虽然战败,但并未气馁。在某种程度上,装备的提升更加激发了西班牙士兵的作战积极性。英军刚刚结束了一场短暂而辉煌的战役,反法联军也占据了边境要塞。然而,由于帝国卫队和其他部队前往德意志,以及不得人心、人人自危的战争造成的惨重伤亡,法军兵力锐减,士气不振。与此同时,英军的十个营则刚刚抵达塔古斯。趁此绝佳良机,来自英国和美国的供给正源源不断地涌入。英国、美国和葡萄牙政府似乎下定决心,要满怀热忱、慷慨激昂地斗争到底。

皇帝拿破仑·波拿巴回到了维也纳。他的哥哥约瑟夫·波拿巴在西班牙担任法军总司令，让-巴普蒂斯特·茹尔当元帅担任参谋长。在半岛委任的其他元帅对约瑟夫·波拿巴与让-巴普蒂斯·茹尔当元帅的军事决断没有信心，甚至还互相嫉妒，自以为是。在这种情况下，1809年7月8日，威灵顿公爵阿瑟·韦尔斯利将自己的大本营设在了普拉森西亚。

让－巴普蒂斯特·茹尔当元帅

罗伯特·克劳福德将军率领由第四十三团、第六十二团和第九十五团组成的旅离开里斯本,前去与主力军会合。这三支装备极其精良的部队虽然还从来未上过战场,却真真切切地体现了法军严明的纪律、强健的体魄及卓越的军事作风。

从我到达葡萄牙的那一刻起,人们就对加入我的部队很感兴趣。正巧,我在里斯本遇到了第二十九团的塔克上尉,他也有同感,同意采用最快速的方式组织人们参军。为了加快进度,我和塔克上尉决定坐船前往比利亚达,并设法获得了一张委任状。1809年7月14日上午,我们出发,一路沿塔古斯河而行。

塔古斯河右岸长满了橄榄树,地势很高,风景如画。比利亚达距离里斯本三十六英里,是一个非常小的村子,周围一马平川,毫无生趣。我和塔克上尉下了船,开始陆地行程。到达圣塔伦时已经很晚了,我们很难找到地方借宿一宿。不出所料,对深更半夜前来叨扰家人的不速之客,当地居民显得并不是那么热情。他们丝毫没有兴高采烈地迎接我们的意思,表现出来的只有冷漠、倦怠和猜疑。不管是什么动机引起了他们的这种反应,我和塔克上尉都只能猜测,他们之所以冷漠,是因为从我们这里得不到任何补偿。翻过富饶肥沃的古勒冈山谷,1809年7月15日早上,我和塔克上尉到达了阿布兰特什。阿布兰特什是葡萄牙最美丽的城镇之一,坐落在塔古斯河旁的一片高地上。

阿布兰特什城规模很大,位于其北部的圣安东尼奥修道院格外引人注目,在很远的地方就可以看到。到了1809年7月15日晚上,我们又继续前行,渐渐地远离了美丽的景色,转而前往一个荒凉而沉寂的地方。1809年7月15日深夜,我们到达了佩尼亚斯科萨。从佩尼亚斯科萨到新文达什的道路非常难走,周围无比荒凉。经过贫穷的佩尔迪冈之后,我们来到了布朗库堡。从布朗库堡到西班牙边境,引人注目、值得一提的地方便没有了。这条路横穿新伊达尼亚和萨尔瓦特拉。萨尔瓦特拉建在海拔极高的高地上,俯瞰着王国边界的埃尔哈斯河。而就在萨尔瓦特拉的正对面,也是在陡峭的高地上,废弃的佩尼亚菲耶尔城堡堡矗立着,似乎被当成了西班牙边境的一座瞭望塔。

大萨尔萨坐落在山谷中。无论从哪个方面来看，这座城都与英军最近在葡萄牙看到的城镇形成鲜明的对比。城内建筑鳞次栉比，房屋看起来整洁、舒适。位于阿拉贡河右岸的科里亚是主教的居住地。科里亚四周都是古老的城墙，里面的大教堂是我在西班牙见过的最矮小、最不起眼的一座了。

科里亚的阿拉贡河又大又深，流经平坦的乡村地区，其间树林茂密，遍布着许多精耕细作的农田。一座由七个拱门组成的大桥从城镇一直通到河岸边，但河面上没有桥。正如一句西班牙谚语所说：科里亚是一个"桥没有河、河没有桥"的小镇。

经过一天长达十四里格的奔劳，1809年7月17日深夜，我和塔克上尉到达了普拉森西亚。普拉森西亚是位于肥沃平原中心地带的大城，周围群山环抱。普拉森西亚是个幸运之地，因为查理五世选择在这里颐养天年。查理五世把自己精彩人生的最后几年都献给了这个地方。在整个西班牙领土范围内，条件比这里更好的地方似乎再也找不出来了。无论是气候、美景、地理位置，还是与世隔绝的僻静程度，普拉森西亚都是独一无二的选择。普拉森西亚莫的大教堂虽然不够雄伟壮丽，但建造得非常精妙。

英军已向马德里方向前进，只有老弱病残留在了普拉森西亚。1809年7月20日早上，我和塔克上尉启程，翻过普拉森西亚前面的群山，来到了铁塔尔河谷，从铁塔尔河谷经过马哈达斯村，一路在巨大的橡树林中穿行，经常可以靠近浪漫而美丽的铁塔尔河岸边。我和塔克上尉从临时搭建的巴扎戈纳桥渡过了铁塔尔河。中午，我们到达拉斯洛马城堡附近。美丽的拉斯洛马城堡坐落在森林中央的一座山峰上。河流蜿蜒穿过宽阔的山谷，河岸上满是枝繁叶茂的参天大树，在炎炎烈日下平添了几份树荫，带来丝丝凉爽。河岸左侧远处是高耸的格雷多斯山，将埃斯特雷马杜拉和萨拉曼卡隔开。格雷多斯山顶上常年积雪覆盖，景象异常壮观。陡峭的岩壁轮廓优美，落下的倒影正好笼罩着山下延绵不绝的树林，看上去十分壮丽。

在奥罗佩萨，英军发现反法联军没有驻扎在这里。但有消息称，法军后方发生了一点小状况。事不宜迟，1809年7月23日2时，我和塔克上尉在塔拉韦拉-德拉雷纳附近的营地与第二十九团会合。我和塔克上尉从奥罗佩萨骑来的马被牵走之后，甘特莱特上尉让我们住在他的帐篷。我和塔克上尉披着斗篷休息，直到1809年7月23日3时30分，部队开始全副武装。

法军就在附近，如果英军再往前一点，两军就很有可能短兵相接。由于担心交战随时会发生，我和随行人员都将被卷入战火之中，因此，没有过多的时间去考虑我所在这支部队的处境了，简而言之，除了继续前进，我们别无选择。有意思的是，在这种充满戏剧性而匆忙的情况下，英军没时间按规矩接受命令，很快就被打散了，而这也是没有立即前进的必然结果。

塔拉韦拉位于塔古斯河右岸，当时是威灵顿公爵阿瑟·韦尔斯利和格雷戈里奥·奎斯塔将军的大本营所在地。五万多名英国和西班牙士兵组成的军队在附近安营。前线贝卢诺公爵克洛德·维克托-佩兰元帅的法军部队驻扎在阿尔贝切河左岸的高地上。

在理查德·斯图尔特准将的率领下，由第二十九团和第四十八团组成的旅及特遣队第一营共同组成了一个师，由罗兰·希尔爵士担任师长。直到1809年7月27日晚上，罗兰·希尔爵士的师才占领了塔拉韦拉前面的橄榄园。橄榄园位于通往圣奥拉利亚和马德里道路的左侧。

1809年7月23日在风平浪静中度过了。反法联军继续留在塔拉韦拉，同时，法军也没有撤出前线阵地。面对力量如此薄弱的法军，英军却迟迟没有发动进攻，似乎有些令人费解。英军对一切都毫无把握，除非亲眼看见或亲耳听到军队的命令，其他一切都是夸张的谣言或错误的猜测。英军士兵被告知，上了年纪的格雷戈里奥·奎斯塔将军否定了战斗主张。他如果真的为此找了个理由，就只有被挖苦和嘲笑的份儿了。但无论出于什么动机，反法联军都让贝卢诺公爵克洛德·维克托-佩兰元帅在夜间毫发无损地撤走了他的部队。1809年7月24日一早，开始进攻法军阵地时，反法联军这时才发现法军早已离去。在确认过局势以后，威灵顿公爵阿瑟·韦尔斯利下令部队停止前进。但西班牙将军格雷戈里奥·奎斯塔，带着特有的傲慢，独自冲上前去追赶法军。格雷戈里奥·奎斯塔将军的士兵接连不断地渡过阿尔贝切河，仿佛只有比利牛斯山脉才能像铁栅栏一样拦住他们。罗兰·希尔爵士的师向后撤了一段距离，占领了从前驻扎过的地方。连不知内情的旁观者都能看出异常——军队从前是协同行动的，现在被分开了，由最弱的那部分去追击法军。一部分英军也渡过了阿尔贝切河，抵达塔拉韦拉前方十英里处，而剩下的人仍然无动于衷地在塔古斯河岸边静静体会半饥半饱的滋味。

自从来到半岛，怀特上校指挥的第二十九团就历尽了苦难。虽然人数减少了，但士兵们仍然坚守着英勇无畏的本色和严明的纪律。一套成熟、卓越的制度，应该能够未雨绸缪地应对损兵折将的局面，即使是偶尔更换指挥官，全团士兵也能坚守旗帜屹立不倒。每次但凡消耗兵力过多，部队都能有效地恢复其原有的纪律和作战水平，做出最明智的判断，消除影响制度的致命风险，确保部队长期得以存续，不管是人员所剩无几，还是在哪里重整旗鼓，部队都能够犹如野火一样坚忍顽强。

1809年7月25日，我们没有听到西班牙军队的消息。1809年7月26日，虽然炮兵发信号宣布了西班牙士兵的归来，却只是空手而归。隆隆的信号炮声越来越近了。掉队的士兵陆续回到了后方，整片天空都放晴了。我们在圣奥拉利亚道路附近尽情欢乐。身着各式服装的人成群结队，到处都是。

1809年7月27日上午，我们了解到，格雷戈里奥·奎斯塔将军麾下的一部分士兵已经转移到后方，一列列队伍正朝着同一方向行进。透过飞扬的尘土，一些军容不整的人偶尔可见。他们聚在一起七嘴八舌。堪称绝佳时机的行军又开始了：骑兵、参谋官、乐队、羊群与牛犊，以及大炮、小车、四轮马车与大篷车。当注视着这个稀奇古怪、杂乱无章的场景时，我们甚至忘记了眼前这一切关乎大家的生死存亡。西班牙军队的士兵即使行军条件稍好，场面也跟我们现在看到的差不多。他们在丝毫没有受到法军压力的情况下，撤退时却仍然如此混乱。虽然行军的命令恰逢其时，但当时西班牙军队仍然是指挥不当、执行不力、纪律不严，并且在大多数方面都效率低下。在行军队伍里，我发现了一队比利亚维西奥萨轻骑兵。与其中一名士兵攀谈时得知，这名士兵曾和詹姆斯·利思将军一起参加过1808年的战役。他还告诉我，阿尔门达雷斯男爵前一天在圣奥拉利亚的战斗中受伤了。

西班牙军队终于在我们附近行军了。我们所在的橄榄树林重返宁静，虽然枪炮声偶尔传来，但转移的命令仍未下达。第二十九团的几个军官凑在一起。这时，西班牙将军胡安·德奥多诺格·奥利安骑着马从阿尔贝切的方向过来。他显得非常激动，说我们可能没有意识到法军已经在渡河了，并让我们立即发

胡安·德奥多诺格·奥利安

起进攻。我们收到这个消息的反应与他当时的感受明显不太相符。我们只是感谢他，并补充说，当有必要拿起武器时，将军们自然会下达这样的命令。又过了一个小时，枪声越来越近，响个不停。我们也开始感到奇怪，怎么还不下令进攻？然而，最终，这支全副武装的法军开始向左行进，从西班牙军队和英军中间穿了过去，占领了此前由西班牙军队和英军守卫的阵地。而英军往左行进，向前线推进，主力部队第二十九团跟在打头阵的第四十八团后面，然后一直保持队形，继续向前推进到大概位于塔拉韦拉和无人高地中间的位置。但很显然，从地理位置和重要性来看，无人高地是必然的选择，毕竟这儿也是附近最有利的制高点。

法军的一个旅在亚历山大·坎贝尔准将率领的旅附近短暂停留，后面有一座未完工的西班牙要塞。趁天色尚早，我们再次向山上进发。越向阿尔贝切方向靠近，枪声就越密集。亚历山大·麦肯齐将军的一个步兵团退下来了，正好与我们相遇。天渐渐黑了，快接近山脚时，猛烈的炮火在前方燃起，阻拦了去路，但我们仍旧坚持继续前进。

第二十九团在离无人高地不远处开始排列队形。在关系到军队生死存亡的千钧一发之际，第四十八团和特遣营遭到了顽强的抵抗，被打了回来。第二十九团接到命令全速前进，先头部队率先到达山顶，却遭遇了法军的炮火。此时，山坡上堆满了法军的尸体，但法军的士兵还是越来越多，并且随着鼓声，不断地发起冲锋。喊声不时传来，有人喊道，他们是英王直辖德意志团，其他人不要开枪。天太黑了，只有趁着枪响时那一道火光，才能看到一闪而过的进攻者的形象。第二十九团的先锋连居高临下地扫射近在咫尺的法军。伴随着英国步兵自豪的欢呼声，突袭取得了成功。其余人纷纷陆续到达，许多人密密麻麻地集结在山顶上，迅速横扫了眼前的一切。法军被击退到山脚下，山顶上则尸横遍野，哀号满地。此处地势极其有利，绝不容任何闪失。于是，第二十九团原地驻守，枪不离手地躺在倒下的法军士兵中间。一个阵亡法军士兵的步兵筒状皮军帽成了我过夜的枕头。

塔拉菲拉战役

英军在塔拉韦拉战场发起冲锋

黑暗的夜色下，强大的火力昭示着山顶争夺战异常激烈，胜负难定，这让指挥部的军官们感到焦虑不安。威灵顿公爵阿瑟·韦尔斯利亲自骑马到达战场，下令立即开炮。1809年7月27日晚，大炮被拉上了高地。大炮架起后，英军一时间占了上风，随后便是一阵寂静。午夜时分，寂静突然被塔拉韦拉的枪炮声打破，情报称，开火不是那种散乱无序的，而是对整条西班牙战线连续进行的。这虽然只是一次反攻，但规模大得出人意料。后来，似乎既没有人还击，也没有二次进攻。一切又归于沉寂。虽然我们对此极其担忧，但距离实在太遥远了，也就无法确定是什么引发了激烈的冲突，也不知道英军中有多少人会丢盔弃甲地逃走，毕竟这次攻击的火力猛得足以撼动最优秀的军队。

几个小时过去了，似乎再也没有任何东西去打扰夜晚的宁静。直到英军前面的炮车咯吱作响，黎明时分新一轮的战斗开始了准备工作。听声音可以清楚地判断，大炮已在不远处就位，就在英军所占领的高地对面。这次行动的喧嚣

威灵顿公爵阿瑟·韦尔斯利骑马来到前线

到底是英军侦察人员引起的，还是巡逻的骑兵接近英军岗哨引起的，都无法确定。一些散乱的枪声引起了短暂的警戒，但因为没有法军露面，所以大家很快就对这次警报释然淡忘了。

1809年7月28日拂晓。当第一缕亮光出现时，大家的注意力自然都集中在了对面法军的阵地上，以便确定他们的大炮设在了哪里，以及我们会受到何种程度的袭击。二十二门大炮架设在法军高高的阵地上，对准了我们，但肯定没有我们所处的位置高。尽管如此，我们据守的整座山头和山顶都恰好在其射程范围内。在法军大炮右侧，我们还可以看到一列列步兵。一场争夺山头的激战在所难免。

1809年7月27日晚上，攻下山顶的第二十九团在随后的整个战斗过程中，除了追击法军，一直寸步不离地守在上面。于是，英军阵形发生了改变。整个英国步兵阵线的最左侧是特遣队，而右侧一直延伸到斜坡上的是第四十八团。在覆盖了三分之二阵地的橄榄树林中，第四十八团士兵逐渐淡出视野。

天色大亮，随着一声信号枪响，法军大部队开始行动。与此同时，法军的炮兵也开火了。在持续不断、猛烈的炮火压制下，英国步兵无法阻拦法军前进。刚开始进攻时，法军毫发无损，以坚定而迅速的步伐前进。而第二十九团受命埋伏在山脊后的不远处，士兵们随时准备出击。正是这种明智的安排，该团几乎没有受到炮火的影响，每一次炮弹不是打在士兵前面不远处的地上，就是从他们的头顶掠过。

巨大的炮声连续不断，震耳欲聋，让人不寒而栗。英军在这里一边听着震天的轰响声，一边时刻关注着周围的动向，丝毫没有将个人的生死安危放在心上，也没有考虑过想要立刻解脱。当时的场面令人记忆犹新。一位离我很近的老中士微微抬起头，说："上帝保佑，这真是太可怕了！"我没有跟他讨论处境的好坏，只是劝他低下头。他马上欣然接受了我的提醒，并且在这场战斗结束时，我高兴地发现，他的脑袋仍在肩膀上扛着。此时此刻，没有其他军队参与，英军只能完全靠自己作战。

法军越登越高，当距离火炮打击的危险区域很近时，壮观的场面展现在面前。这座看上去空无一人的山顶，如今居然出现了一支正规军。威灵顿公爵阿瑟·韦尔斯利站在第二十九团的军旗下，指挥部队迎击。

弗朗索瓦·阿马布勒·吕芬一路长驱直入，此时却因遭遇英军突袭而停止前进。威灵顿公爵阿瑟·韦尔斯利下令冲锋后，第二十九团的右路和整个第四十八团的士兵们齐声高喊，整齐划一地冲了下去。短兵相接过后，英军将法军赶到了一条不知名的小河边，两军前后正好隔着一道河谷的距离。追击途中，一切秩序都被抛诸脑后。为了消灭落荒而逃的法军，英国士兵们分成小分队前进。一时间，整个河谷里到处都是士兵。在一片穷追猛打的混乱中，英军右侧出现了一支法军，直奔乱军而来。这时，追击法军的英国士兵应该立刻集结起来，组织力量，向凭空出现的法军发起冲锋。这是一次难能可贵的伟大胜利，英军尽管已经支离破碎，但仍势不可挡。之前冲上来的法军就是英军冲锋的目标。英军在河谷悄然集结，然后向高处行进，形成势如破竹的反击，易如反掌地击溃了法军的第一军，把冲到前线的轻装部队都赶了回去。炮兵还在不时地开火，但接下来的时间里，就再没有什么像样儿的战斗能与早上击败贝卢诺公爵克洛德·维克托–佩兰元帅一役相提并论了。

塔拉韦拉的英军左侧是一片宽约一英里的平坦地带，北面有一座高高的岩石山峰，视野非常开阔。在这片平地上，法军部署了一些轻装部队。白天，这些轻装部队由格雷戈里奥·奎斯塔将军麾下的一个师牵制住了。双方偶尔有小冲突本来构不成多大的威胁，却收到了出乎意料的效果，这片区域的战斗进程并没有引起足够的戒备。在英军左边的山谷里，步兵后面是乔治·安森率领的轻骑兵旅。该轻骑兵旅由英王直辖德意志团第一轻骑兵团和第二十三龙骑兵团组成，骑兵们都下马列队排好。紧跟其后的是亨利·费恩将军率领队列齐整的重装旅，后面跟着的还有阿尔布开克公爵何塞·马利亚·德拉·奎瓦率领的西班牙骑兵。

击退法军的第一军之后，英军各部队并未乘胜追击，而是在原地停留了

乔治·安森

几个小时。其间,罗兰·希尔爵士率领的师为了补充水,下行来到英军前面的河边。其实,河里并没有多少水。如果不是情况特殊,肯定没有人在意这点水,但是炎热似火的天气,再加上已拼尽了全力,实在让人口渴难耐,便只好想方设法解燃眉之急了。短暂的平静过后,更加激烈的冲突开始了。刚过中午,一部分法军便开始蠢蠢欲动,试图再次发动进攻。整条战线上的士兵都已全副武装。法军开始向英军的中路和右路推进,一时间尘土飞扬。与此同时,在一大批骑兵的支援下,法军第一军形成了另一股力量,沿左路扑来。

夜晚,法军部署了炮兵。在炮兵右侧与之成一条直线的地方,有一座小型建筑。在小型建筑右侧法军部署了欧仁-卡西米尔·维拉特率领的师。在河谷上游,弗朗索瓦·阿马布勒·吕芬及支援欧仁-卡西米尔·维拉特将军率领的第三师散开了阵型,遍布整个高地后方。一些西班牙炮兵也已到达了高地,不断向法军开炮，弹无虚发。这些士兵在军队里总能赢得所有人的钦佩，同时证明了西班牙人只要有人做榜样，树立信心，就能够在法军面前发挥自己的实力。

山上激战正酣，法军的长枪短炮一齐射向英军的整个中路和左路，并且火力极其猛烈。英军居高临下，对法军的每一步行动都洞若观火。整场战役最焦灼的时刻就在此刻。大批法军步兵接踵而至，似乎正向英军整条防线最薄弱的部分成功推进，即使是英军中路也很有可能无法成功击退具有压倒性优势的法军。

亚历山大·坎贝尔将军处在英军最右边，凭借一处要塞巩固了防御，守住了这一侧，这一点至关重要。他的军队坚定不移地与最强大的法军英勇作战，击退了奥拉斯·塞巴斯蒂亚尼，缴获了十门加农炮。战斗到目前为止仍没有丝毫逆转。

奥拉斯·塞巴斯蒂亚尼

约翰·科普·舍布鲁克

眼下,约翰·科普·舍布鲁克将军的师的正面和左翼遭受了猛烈的攻击。法军一拥而上,跟英国近卫军展开了白刃战,但在混战中很快无功而返。在这种情况下,英国近卫军像世界各地其他军队一样,开始穷追猛打。开始变得散乱——还没见过哪只部队能亮出刺刀冲锋后仍能保持阵线完好无缺的。随着不断向前行进,英国近卫军距离法军的炮火越来越近,这就更要命了。前去追击的英军遭遇了新兵与老兵混编的法军,被赶了回来。如果英军再这样乱哄哄地向前进,恐怕就很难再恢复队列阵型了。英国近卫军被赶过了之前占据的地盘,防线似乎已被突破。法军左侧的英王直辖德意志团虽然也拼尽全力地作战,但由于遭受了加农炮的严重打击,也开始败退。失去后备部队后,英王直辖德意志团是英军生死攸关的唯一屏障。现在,这个屏障也没了,真叫人惊恐万

英王直辖德意志团的士兵

分。好在威灵顿公爵阿瑟·韦尔斯利当机立断,下令拯救了英军,同时,多亏了贝卢诺公爵克洛德·维克托-佩兰元帅行动非常迟缓。

  从高处观察了战况后,威灵顿公爵阿瑟·韦尔斯利命令第二十九团下去应战。考虑到人数上的劣势,在出动第二十九团的同时,他又命令第四十八团开始行进,以牵制中路法军。第四十八团急速前进,迫使法军放弃了追击。英国近卫军得以重新集结,准备一鼓作气,再次奋力向前,同时,英王直辖德意志团也恢复了阵型。战斗重新打响。

在这次伟大的战斗中,山上的英军受到的压制相对较少,法军的炮火和轻装部队只对山顶上的英军产生了轻微的影响。中路的战斗顺利结束后,众人激动不已。欢呼声在高处一遍遍地回响,但不久就消失了。这时,威灵顿公爵阿瑟·韦尔斯利准备再次登场,这又是一个令人振奋的好消息。

在之前的对抗中,弗朗索瓦·阿马布勒·吕芬和欧仁-卡西米尔·维拉特的部队一直犹豫不决,行动迟缓。面对现在这种局面,法军决定向高地发动一次进攻,甚至为此已经离开己方阵地,向前推进了不少。法军的轻型部队前哨战打得热火朝天,但像早上那样的进攻再也没有了。尽管如此,法军的右路还是给英军施加了很大的压力。法军在大批骑兵的支援下策动进攻,激战一触即发。威灵顿公爵阿瑟·韦尔斯利从第二十九团右边飞快地跃上山头,直直地俯视着乔治·安森将军的骑兵旅,他们正准备起身上马。一看便知,法军马上开始冲锋了。

乔治·安森将军的骑兵旅在一块平地上列队,与对面的法军之间没有任何明显的障碍物。地上的草又深又干,犹如滚滚波浪,掩盖了极其危险的沟壑。欧仁-卡西米尔·维拉特将军的部队就在前面提到的那座建筑物的右边。乔治·安森将军的骑兵旅与欧仁-卡西米尔·维拉特将军的部队都在第二十三龙骑兵团的正前方。其余部队则在后面布阵,并且大多数处在左翼,面对的是法属德意志团的轻骑兵,很快将成为法军冲锋的直接目标。

过了一会儿,乔治·安森将军的骑兵旅开始迅速前进,一路畅通无阻。骑兵们高呼呐喊,回声响彻峡谷,再没有比这更壮观、更令人兴奋的了。前方不远处,埃利上校骑在一匹灰色的马上,非常引人注目,他也是因为参战才第一次来到这条峡谷的。峡谷的各处宽窄不一,越往前越宽。他当时没有别的选择,只能稍稍减速继续前进。当他的马被峡谷拦住时,想要立刻发出警告却根本来不及。他费尽全力才跃了过去。刚到对岸,他就使劲向第二十三龙骑兵团的人打手势发出警告,提醒他们必须离开危险地带。然而,紧随其后的大队人马速度也很快,还没弄明白状况,甚至还没有注意到他的手势时,就已经来到了峡谷边上。这种情况对骑兵冲锋的影响非常严重，但一想到四五百名龙骑兵向两个严阵以待的步兵师发起连续进攻后的无上荣光，于是，这支骑兵旅只顾坚持到底。

这时，法军组成了方阵，猛烈开火，使形势立即发生了变化。英军骑兵旅的马匹有的倒在地上来回翻滚，有的则拖着落马的骑兵们来回飞奔。尽管法属德意志团的骑兵冷静地收缰勒马，但第二十三龙骑兵团的阵线已被冲散。骑兵们仍在向前疾驰。虽然场面变得更加混乱，但在这个英勇的部队里，每个人都奋不顾身。趁着攻势稍缓，幸存者们尽可能快速向前冲去，穿过战火纷飞的阵地和左面的建筑物。

埃利上校和弗雷德里克·庞森比少校在前面率领着冲过来的一部分人马——看来军官们并不容易受困，并且他们好像还因为没能在法军步兵身上挥几刀而感到怒不可遏——朝着后面的骑兵冲了过去。至于法兰西骑兵们，有些被英军这次非比寻常的进攻吓呆了，有些可能是因为一些莫名其妙的原因退却了。

现在，第二十三龙骑兵团的情况非常危急，直接原路返回已绝无可能。如果直接原路返回，幸存的士兵就必须再经受来自法军方阵近距离炮火的致命打击，并且尽管猎骑兵已经撤退，但还有一支骑兵队仍在他们前面。他们的右边是整个法军，左边则是法军步兵的后方——这是唯一可能的逃跑路线。下定了决心，他们便三三两两或单枪匹马地各自重返峡谷，在亨利·费恩将军所率旅的后方重新集结。第一次冲锋彻底失败后，亨利·费恩将军的旅已经停止前进。幸运的是，法军第一军没有进一步采取抢夺山头的行动。再次尝试也可能会面临同样的失败，因为法军六千名骑兵就在不远处，完全可以瞬间击溃这支支离破碎的队伍。

法军八十门大炮现在又开始朝战场发射，不断摧毁着战场上的一切。傍晚时分，英军左边的峡谷里，又深又干的草着火了。就在高地的正前方，大火猛烈地燃烧着，迅速蔓延开来。第二十三龙骑兵团之前经过的整片平地和早晨弗朗索瓦·阿马布勒·吕芬的师进攻的山峰都成了一片火海，弥漫着滚滚浓烟。法军炮兵和狙击兵仍向高地射击；贝卢诺公爵克洛德·维克托-佩兰元帅的步兵也没有撤走，当务之急就是要确定会不会再遭到法军更猛烈的突袭。因此，我奉巴瑟斯特上校的指示，登上山顶，站在大炮旁边，负责报告法军的动向。枪声已经渐渐消失，第二十九团稍向后撤，脱离了法军的火力范围。

草非常干燥，燃烧速度快得惊人——大火迅速蔓延整个战场，死伤者的尸体到处都是。这条战线上的激战纷纷结束了，轻型步兵们早已躲得远远的。威灵顿公爵阿瑟·韦尔斯利及其手下的一些军官坐在东南方的山脊上，观察着即将撤退的法军。这时，一发火枪子弹击中了他的胸膛，子弹虽然没有刺穿，却像一记猛拳，让威灵顿公爵阿瑟·韦尔斯利痛苦不堪。然而，他无暇顾及这枚子弹造成的伤害，只有听天由命。

由于长时间的劳累，将士们早已疲惫不堪。再加上饥渴难耐和大火炙烤，这场没完没了的战斗着实让人精疲力竭。大家都期盼着夜幕的降临。各处的法军都被击退，但英军毫无力气再去追赶。法军也被夜色笼罩，第二天是否还会卷土重来尚不可知。炮火一直持续到黎明时分才渐渐停止，隔了好久才听到远处传来了微弱而缓慢的炮声，似乎为这场血淋淋又跌宕起伏的战斗奏响了尾声。

第二十九团在原地宿营，经过清点，共损失了一百八十六名将士。凭借顽强的斗争精神、战胜逆境的自制力、随机应变的决断力和英勇无畏的士兵，以及幸运地遇到了优柔寡断的法军极其不明智地反击，威灵顿公爵阿瑟·韦尔斯利在塔拉韦拉一战成名。

没有哪位将军能像让-巴普蒂斯特·茹尔当元帅和贝卢诺公爵克洛德·维克托-佩兰元帅一样，在一天之内犯如此多的错误。他们采用的计划中，哪部分是错误的或是考虑不周的很难指出。何况，这并不仅仅是一个错误的战术安排，而是一个接一个的错误事实。证明他们的主要战术安排毫无胜算时，他们非但没有调整兵力部署，反倒孤注一掷地全线出击。

1809年7月27日晚上，贝卢诺公爵克洛德·维克托-佩兰元帅未能占领山顶。据了解，他其实对那里的地形十分熟悉，本可以毫无阻碍地率领法军穿过英军左侧的山谷，从而将威灵顿公爵阿瑟·韦尔斯利的三万人围困在前线。此外，在没有任何支援的情况下，在白天对英军左翼发动单方面进攻是欠考虑的。如果这时英国骑兵来到山谷，那么法军的纵队由于遭受了严重的损失，很可能已经被全部歼灭。

法兰西帝国的元帅们如果不是进攻英军的侧翼，而是把大部分兵力集中在中路，略显军威，就足以拿下其余阵地——法军有十足的把握。然而，这些指挥五万人的将军们刚愎自用，把胜利拱手让给了一个营。而这个营又在英军团结作战的威胁之下，在同一位置消耗了另外五个营的有生力量。对法军来说，一切相互协作的部署似乎都到此为止了。1809年7月28日早晨，贝卢诺公爵克洛德·维克托-佩兰元帅被打败了，其他将军都在一旁观望。晚上，奥拉斯·塞巴斯蒂亚尼将军也遭遇了同样的命运，而贝卢诺公爵克洛德·维克托-佩兰元帅也同样不动一兵一卒。

驻塔拉韦拉法军将领确实指挥不力，但法军的步兵从来没有像这次战斗那样坚决而无畏地向英军发动进攻。这次胜利来之不易，充分证明了英军将士的英明神武。

酷热和劳累的一天过后，接下来就是寒冷而潮湿的夜晚。部队留在原地，既没有任何遮蔽，也没有食物。从来没有一支英国军队如此废寝忘食，连续作战。战役接二连三地发生，整个场面让人记忆犹新，其他一切似乎都被遗忘了。在过去的三十六小时里，在塔拉韦拉山上，一小片面包加上一些干净的水，就算是奢侈的食物了。

1809年7月29日天亮时，法军的主力部队已从视野中消失，只剩一支约一万人的部队仍占领着阿尔贝切左岸的萨利纳斯高地。但是因此，英军已经没有必要再把部队驻扎在原地了。1809年7月29日9时，第二十九团从高地出发，在山脚下的橄榄林中扎营。当英军慢慢地从两天前法军驻扎的高地上走下来时，飘扬的军旗上有一种高贵的色彩。无论遭受多么猛烈的进攻，他们都没有丝毫动摇，现在留给他们的是遗体、断臂、破损的推车及炮弹碎片。他们下山时，每走

塔拉韦拉战役结束后,英军收集阵亡者的遗物

一步,都能看到发生激烈冲突的痕迹。不过,与法属德意志团交战的地方才是最可怕的。在那里,大炮和步枪大肆屠杀的场景似乎仍然历历在目。

战斗结束后的第二天早晨,罗伯特·克劳福德将军率领的旅到了。士兵们经过战场,在阿尔贝切河岸充当前哨部队。塔拉韦拉镇挤满了伤兵,其中许多人处境很糟糕。在随军外科医生格斯里先生的积极努力下,第二十九团的伤员都住得比较好。他的医院显得井然有序,有条不紊。在1809年7月28日上午,甘特莱特上尉被一颗子弹击中右太阳穴,伤得很重。1809年7月30日,甘特莱特上尉与世长辞。全团护送着他的遗体一直走到他倒下的高地。在1809年7月28日参战的西班牙军队中,有一小部分士兵表现得非常英勇,尤其是在亚历山大·坎贝尔将军击退第四团的进攻后冲锋陷阵的德雷骑兵团。然而,格雷戈里奥·奎斯塔将军率领的大部分士兵在战斗中都是无动于衷的旁观者。阿尔布开克公爵何塞·马利亚·德拉·奎瓦将军没有机会与庞大的法军骑兵部队交战,但其部队驻扎在山谷里非常有必要,势必对贝卢诺公爵克洛德·维克托-佩兰元帅的行动产生相当大的影响。

行动期间,弗朗西斯科·哈维尔·贝内加斯将军率二万五千人驻扎在托莱多附近,其消极缓慢着实令人费解。他只要迅速、果断地参与协作,就一定有显著的助攻效果。他本可以把塔拉韦拉的击退战转变成一场实质性的胜利,却按兵不动,把战局变得更加严峻,再没有比这更令人费解的了。

弗朗西斯科·哈维尔·贝内加斯将军

让-约瑟夫·德索勒将军

与格雷戈里奥·奎斯塔将军一样,弗朗西斯科·哈维尔·贝内加斯将军固执、昏庸、嫉妒心强,谁也不能指望他率领军队。在他面前的是由贝卢诺公爵克洛德·维克托-佩兰元帅、奥拉斯·塞巴斯蒂亚尼将军和让-约瑟夫·德索勒将军组成的部队,虽然战败过但仍坚不可摧。弗朗西斯科·哈维尔·贝内加斯将军既没有合作的条件,也不愿合作。在他的后方,塔古斯河以北,有达尔马提亚公爵尼古拉·让·德迪厄·苏尔特元帅、埃尔欣根公爵米歇尔·奈伊元帅和特雷维索公爵阿道夫·爱德华·卡齐米尔·约瑟夫·莫尔捷元帅率领的法军。法军在普拉森西亚切断了弗朗西斯科·哈维尔·贝内加斯将军的退路,指挥军队沿阿尔马雷斯、庞特·卡德纳尔和阿尔坎塔拉穿过塔古斯河,迅速向奥罗佩萨挺

第 2 章 英军重返葡萄牙 | 141

进。弗朗西斯科·哈维尔·贝内加斯将军的军队没有获得补给，根本找不到足够的牲口来运输塔拉韦拉医院里的五千名伤员。

如果西班牙军队在纪律作风和战术水平上与法军相差无几，并且能友好地接受盟友指挥，随时准备支持英国将军的意见，那么在极端困难的情况下，立即向马德里挺进并与弗朗西斯科·哈维尔·贝内加斯会合，也许是最明智的做法。否则，这么做就是疯狂之举。西班牙军队不可能留在塔拉韦拉，否则将极有可能被法军玩弄于股掌之间。

在1809年7月28日的战斗中，弗朗西斯科·哈维尔·贝内加斯将军和罗伯特·威尔逊爵士的部队击退法军主力。至于其他法军，也不能立即返回塔拉韦

罗伯特·威尔逊爵士

拉。如果法军这样做了，那么格雷戈里奥·奎斯塔将军的军队就足以牵制住法军。要想拯救塔拉韦拉医院里的五千名伤员，英国将领或许只能从普拉森西亚原路返回，率领全部英军去跟达尔马提亚公爵尼古拉·让·德迪厄·苏尔特元帅作战。因此，1809年8月3日早上，在塔拉韦拉与格雷戈里奥·奎斯塔将军告别后，威灵顿公爵阿瑟·韦尔斯利就率军向奥洛佩扎进发。英国人刚从他的视线中消失，格雷戈里奥·奎斯塔将军就开始怀疑自己的住处是否安全。没过多久，法军给了他理由，使他认为越早接近盟友越好。毫无疑问，达尔马提亚公爵尼古拉·让·德迪厄·苏尔特元帅将强力推进，力求阻止威灵顿公爵阿瑟·韦尔斯利继续实施他的作战计划。然而，西班牙军队全面撤退，使英军不得不立即采取行动。

现在，塔古斯河右岸已经没有安全的行动路线。幸运的是，位于蓬特-德尔阿索维斯波的一座桥是畅通的。1809年8月4日，英军通过这座桥渡过塔古斯河，在左岸的树林里扎营。1809年8月5日，天一亮，英军就向梅萨德伊沃尔走去，在离阿尔索比斯波桥六里格远的一个山谷里停下来过夜。1809年8月6日，英军继续前进，经过一条崎岖险峻的山路。按照常规方法，大炮根本无法通过很长一段山路。于是，步兵们也被派来帮忙。法军费了九牛二虎之力才能沿着山路继续前进。在这天行军时，第一次听到士兵们对缺乏食物的抱怨。士兵们拖着大炮艰难跋涉，再加上炎热的天气，使他们遭了大罪。尽管如此，一个鼓励的表情已足以让士兵们略感慰藉，抚慰他们因战斗而负伤的痛楚。

罗伯特·克劳福德将军率领的旅先于军队向阿尔马拉斯进发，以便看守渡河要道。幸运的是，迄今为止，法军只在塔古斯河右岸活动。如果法军在英国人到来之前就让部分兵力越过阿尔马拉斯——这完全有可能，那么威灵顿公爵阿瑟·韦尔斯利的处境必然会变得更加尴尬。然而，当威灵顿公爵阿瑟·韦尔斯利到达德莱托萨的那一刻，他的军队毫无疑问就安全了，退路将不再受阻。1809年8月3日上午，威灵顿公爵阿瑟·韦尔斯利在塔拉韦拉的处境比约翰·摩尔爵士在萨阿贡的处境更加危险。但如前所述，英军能够脱身完全得益于威灵顿公爵阿瑟·韦尔斯利伟大的军事才能、坚定的决心、对战况的洞察力以及过人的智慧和谋略。不过，如果威灵顿公爵阿瑟·韦尔斯利遭遇的对手是拥有伟大军事才能的将军们，这一切也许都是徒劳的。塔拉韦拉战役证明了贝卢诺公爵克洛德·维克托-佩兰元帅只是自命不凡，达尔马提亚公爵尼古拉·让·德迪厄·苏尔特元帅也只有在拿破仑·波拿巴的直接指挥下才算得上伟大。

显然，威灵顿公爵阿瑟·韦尔斯利如果当时能够对西班牙的配合程度或能力做出正确的估计，或者能够获得有关达尔马提亚公爵尼古拉·让·德迪厄·苏尔特元帅军队的真实底细的情报，就绝不可能在塔拉韦拉与法军交战。当然，可以肯定的是，行动开始后，他终于掌握了真实的情报。于是，这位英国将军审时度势的战术调整在很大程度上弥补了之前犯下的错误。获胜后的第四天，即1809年8月4日，威灵顿公爵阿瑟·韦尔斯利面临的处境更加危险，甚至比圣奥拉利亚战役后贝卢诺公爵克洛德·维克托-佩兰元帅再次出现在阿尔贝切时还要严重。威灵顿公爵阿瑟·韦尔斯利的后方有五万大军，其中包括五千多名骑兵，一百门大炮。第一军、皇家卫队和让-约瑟夫·德索勒将军率领的团来势汹汹，势不可挡。截至目前，法兰西帝国元帅们的计划看来是成功的，但他们不知道如何实施计划，放跑了更大的敌人。幸运的是，天才军事领袖拿破仑·波拿巴还远在千里之外！

1809年8月8日，英军将大本营设在了小村庄德莱托萨。德莱托萨村位于一处高地，在直通特鲁希略的途中。1809年8月9日早晨，西班牙骑兵和步兵再次跟随威灵顿公爵阿瑟·韦尔斯利的足迹而出现。阿尔索比斯波桥已被攻占，格雷戈里奥·奎斯塔将军的军队全面败退。

现在，英军正在接近埃斯特雷马杜拉的耕作平原，尽管这时季节尚早，西班牙军队和法军又接连打了几个月的仗，使这片耕地饱受摧残，但仍有希望获得一些粮食供应，毕竟最近来自英国的补给完全不能保证准时到达。

从阿尔索比斯波撤退开始，漫长而疲惫的行军直到现在才结束。1809年8

月8日到1809年8月10日，我跟随英军在道路还算平坦的乡间前进，稍感轻松。1809年8月10日晚上，英军在距哈赖塞霍不远的德尔蒙特河右岸扎营。1809年8月11日，军队渡过德尔蒙特河，在河左岸集结。这个营地所处的位置比河岸高出许多，所以视野毫不受无数参天大树的遮挡，风景绝佳。营地到河岸的斜坡虽然坡度很大，但并不险峻。这条缓缓流淌的河流水面很宽，水位很深。营地后面是大片的栗树或橡树林。从德莱托萨到特鲁希略的道路与连成一线的营地几乎成直角相交。英军在这个美丽的地方按兵不动待了几天。西班牙军队离开后，英军没有听到法军的任何消息，待在哈赖塞霍营的日子真是单调乏味。

1809年8月13日，在第二十九团盖尔上尉的陪同下，我骑马前往特鲁希略。此行的目的一是购买粮食，二是想换个环境，参观一下弗朗西斯科·皮萨罗[①]的诞生地。

特鲁希略是个大城镇，海拔很高，在平原上一枝独秀，从这里可以看到广阔、宏伟、多样的景色。英军一到特鲁希略，居民们就逃走了，但当知道英国人买什么东西都会付钱时，他们又回来了。人们恢复了信心，并建立了一种利己利人的物物交换制度。当然，每种东西都价格不菲。葡萄酒卖得最好，储藏的库存所剩无几，但当地居民想了个办法来应付供不应求的局面。他们认为盟友们都是离不了酒的人，而且也不会特别在意酒的品质。埃斯特雷马杜拉的葡萄酒并非优质葡萄酒。西班牙人又把这种劣质的葡萄酒进行稀释和混合，加工出的酒简直烂到无法形容，只是喝不死人罢了。不出所料，营地各支部队都派人去寻找食物，成群结队地涌向特鲁希略的大市场。于是，市场上不断上演着一幕幕荒唐可笑的剧情。商店里到处都是消费者，人们为了买到想要的东西大打出手，尤其是那些已经得偿所愿买到东西的人更是极大地吸引了人们的注意力。在这个特殊的市场里，人们毫无身份差别，不由自主地产生了一种强烈的冲动，要去购买生活必需品。军士长、团级军官、军医、士兵的妻

[①] 弗朗西斯科·皮萨罗是西班牙著名的征服者，他远征印加帝国，俘获并杀死了印加帝国的皇帝阿塔瓦尔帕，并宣称这些土地归西班牙所有。——译者注

子,甚至近卫军军官,都在庸俗地抢购肉类、蔬菜、巧克力、食品杂货,甚至是面包。

在广场的一处,有位贵族后裔,极不情愿做这种有辱身份的事,只好派他的仆人代劳。而另一处,一个更卑贱的中尉信使把最后一笔钱都花在了一只猥琐的四足动物身上,以至于在树林里美餐时,信使差点丢了性命——那玩意儿的毒性足以毒死整个团。

来到市场的人焦急地询问着还有没有自己想买的东西;而已经得偿心愿、准备离开的人则一心想让自己的牲口速度再快点。买到东西的人不耐烦地粗鲁回答着没买到东西的可怜人,让备受折磨的可怜人更加心寒。

皮萨罗家族在特鲁希略的房子宽敞而漂亮,外部装饰华丽,看上去富丽堂皇。特鲁希略荒废的教堂里矗立着一座纪念弗朗西斯科·皮萨罗的纪念碑,法军捣毁了教堂,但在这场亵渎神明的浩劫中,刻有该镇最杰出公民名字的大理石纪念碑幸存了下来。圣胡安公爵是埃斯特雷马杜拉家族的一员,在特鲁希略也有住所。

我们返程时已经很晚了。接近哈赖塞霍时,我们看见了远处的亮光。树林里起了火,烟雾弥漫,但究竟是粗心还是意外,我们无从得知。直到离营地不到半里格时,我才弄清楚这一切是怎么回事。黑暗中,森林的四面八方都被照亮,树枝的噼啪声和包裹着冬青或栗树枝干的火苗呈现出一种灿烂的景象。这些树木庄严肃穆,树干外部并没有火焰,红红的火舌似乎在吞噬着树心,像极了无数光柱。要从最近的小路进入营地是行不通了,于是,我们继续沿着大路,过了桥,回到了第二十九团的营地。幸运的是,火势并没有蔓延到第二十九团营地附近,被风吹向了别处。

1809年8月19日,英军的两个师从哈赖塞霍分头出发,向后方行进。1809年8月20日,罗伯特·克劳福德将军从阿尔马拉斯赶来。1809年8月21日拂晓,罗兰·希尔爵士的师离开德尔蒙特河,晚上在特鲁希略城的南边扎营。

1809年8月22日,英军向圣克鲁斯-德拉谢拉进发。圣克鲁斯-德拉谢拉是一个坐落在山脚下的美丽村庄。山顶覆盖着桃金娘、藤蔓、桑树和无花果树。靠近圣克鲁斯-德拉谢拉有一座修道院，是奥古斯丁修士团的住所。英军在距离修道院约一英里外的树林里扎营。上午，一起事故发生了，这是在军队行进途中经常在所难免的失误。山脚下的灌木丛被点燃了，势不可挡的野火很快在极度干燥的大地上蔓延，穿过葡萄园，一直延伸到山上。透过烟雾，不时可以看到不幸的农民，他们正竭力控制这场灾难，但他们的努力是徒劳的。很快，这座美丽的山地花园就变成了满目疮痍、遍地焦炭的荒野。

在米亚哈达斯附近度过了1809年8月23日的夜晚之后，英军赶往麦德林。1809年8月24日，英军在麦德林附近扎营。麦德林位于瓜迪亚纳河南岸，河上有一座二十个拱门的桥。麦德林城本身平淡无奇，在陡峭崎岖的岩石上，有一座摩尔人建造的城堡。这座城堡看似与西班牙其他城堡一样，但由于所处的海拔很高，所以成了麦德林城最重要的建筑。周围的乡村没有树木点缀，未经开垦的土地显得荒凉。城南的平原遍布战场的痕迹，历经四个月也未能抹去溃败和屠杀的痕迹。破碎的军装、帽子及遗骸遍地都是，死去的马匹及子弹壳、炮弹碎片散落四周。

1809年8月24日，天气酷热，我随英军的一个师从麦德林行军到梅里达。梅里达既是古罗马的埃梅里塔·奥古斯都城，也是古卢西塔尼亚的首都，坐落在瓜迪亚纳河右岸。河上有一座桥，桥有五十四个桥洞，由古罗马皇帝图拉真建造。这座城镇四周都是古老的围墙，河岸附近的高地上有许多方形塔楼，很多地方的房屋已经破旧不堪，摇摇欲坠。古罗马引水渠的废墟看上去非常精巧，和现代建造拙劣的饮水设施形成强烈对比。马尔斯神殿的许多装饰和雕刻部分保存完好，巨大的圆形结构建筑密涅瓦神殿只剩下地基还保存至今，没有其他东西可以证明它的建筑价值了。在摧毁这座巨大建筑的过程中，人类的野蛮行为起到极大的推波助澜的作用，更加速了这一进程，使它成为梅里达迄今为止最破旧的罗马建筑。

有一座被西班牙人称为"圣杰哥"的拱门，规模宏大，结构优美，历经沧桑后仍保存完好，值得一看。这座拱门没有铭文，无法确定建造日期，但从建筑风格上看，它和瓜迪亚纳河上的那座桥是同一时代的建筑。拱门的设计者慷慨地把巧思妙想留给西班牙最高贵的艺术建筑。

黛安娜神殿的废墟位于城中一处高地上，从桥上就可以看到。神殿的石柱是石英石，当然比同年代的大理石遗迹更容易损坏。西面的柱廊保存最完好，在这里，精妙的科林斯式柱头虽已破败腐朽，但装饰图案仍依稀可见。用现代砖石修补过的圆形剧场已被改造成了斗牛场。梅里达也曾人口众多，这对一个内陆城镇而言非常有利。虽然现在人口减少了，但拥有这么多古罗马文物的地方也会是一个有趣而重要的地方。

从梅里达到巴达霍斯是一片平原。1809年9月3日，英军穿过这片平原，到达部队大本营，蒂尔森将军率领的旅正在攻占蒙蒂霍。往西一英里，拉普埃夫拉·德拉卡尔萨达村坐落在瓜迪亚纳河附近。这是第二十九团第一次驻扎在拉普埃夫拉·德拉卡尔萨达村。拉普埃夫拉·德拉卡尔萨达村里都是农民，几乎所有的房屋都干净整洁，并且建造得很好，可供人们遮阳和避暑，使其免受炎热季节的影响。没有什么比拉普埃夫拉·德拉卡尔萨达村附近的乡村更令人扫兴了。那里完全是平地，没有树木，毫无生机可言。在这个季节，瓜迪亚纳河是一条不起眼的小溪，悄悄地穿过一条相当深的峡谷，除非走近河边，否则在远处根本看不见。

洛翁正对着高地边缘，悬崖高耸却平淡无奇，景致既不多姿多彩，也不引人注目。

此时，威灵顿公爵阿瑟·韦尔斯利的大本营设在巴达霍斯，约翰·科普·舍布鲁克将军率领的师则驻扎在瓜迪亚纳河左岸的小镇塔拉韦拉-拉雷亚尔附近。1809年9月6日清晨，罗兰·希尔爵士所在师的伤员从蒙蒂霍和拉普埃夫拉·德拉卡尔萨达村向巴达霍斯方向移动，前往埃尔瓦什。现在埃尔瓦什已成为军队总医院所在地。我跟随一个隶属于第二十九团的小分队一起行动。沿着通往拉普埃夫拉·德拉卡尔萨达村的道路，我们前进了两里格的路程，渡过了瓜迪亚纳河。经过塔拉韦拉-拉雷亚尔，穿过一片绵延十二英里的平原，我们最后到达了埃斯特雷马杜拉首府的城墙下。

巴达霍斯城非常引人注目，从塔拉韦拉公路上一眼就能看到。城堡坐落在高处，紧临瓜迪亚纳河。河水从北面冲刷着城堡底部的岩石。防御工事随地势逐渐下降，一直到城东南的低洼地带。远处渐渐露出一些尖塔和公共建筑，前面有一座橄榄种植园，给人一种翠绿如画的感觉。

夏天，巴达霍斯城墙下的瓜迪亚纳河景色优美。它似乎是强行从城堡岩石和圣克里斯托瓦尔堡之间陡峭的河岸中穿过，中间的空隙很窄，看上去刚好能让河水畅通无阻地流过。瓜迪亚纳河上罗马时代的桥也是巴达霍斯城的一处点缀，附近便是阿拉米达公共步道。在气候宜人的九月，在巴达霍斯的阿拉米达路上，黄昏时分的宁静与和煦的阳光，令人心旷神怡。这里的大教堂算不上是最壮观的，巨大的方型高塔是它唯一的外部装饰，里面则是低矮的屋顶，显得不够优雅。

要想通往葡萄牙的路线需穿过巴达霍斯的帕尔玛城门，再经过一座六百码长的桥。桥头堡和圣克里斯托瓦尔堡的炮火构成了防御力量。

到达瓜迪亚纳河右岸时，埃尔瓦什的城堡翘首可见。穿过平原，路的尽头是一片被橄榄树覆盖的高地。埃尔瓦什位于临近的两个高地之间，地势不占优势。于是，埃尔瓦什也建起了要塞。1766年由斯科姆贝格·利佩伯爵建造，并以其名字命名的城堡位于城市的东部，坐落在比这座城市或圣卢西亚堡都高的高地上。斯科姆贝格利佩堡位于一座圆锥形山顶上，蕴含着强大的力量。很显然，从地理位置和建筑工艺上看，斯科姆贝格利佩堡都坚不可摧。

位于巴达霍斯和埃尔瓦什之间的卡亚河成了两地的边界。从前葡萄牙边境上的大部分地方都有防御工事，而现在从瓜迪亚纳河到阿尔梅达的整条战线上，只有埃尔瓦什还能继续体现军事上的重要性。这是个奇特的现象：在半岛战争期间，两个相距仅三里格的重镇都与入侵的法军处于敌对状态，但命运如此不同——巴达霍斯至少遭受了四次围攻，埃尔瓦什则毫发未损。

埃尔瓦什是一个人口众多的大城市,但由于建在山脊上,所以街道显得陡峭不平。广场通常是半岛城镇中最引人注目、布局最好的部分,但在埃尔瓦什显得无足轻重,因为这里的建筑水平不高,面积也非常有限。

从西班牙边境进入葡萄牙,不可能不为葡萄牙居民在外貌、习惯和举止上的差异感到震撼。与西班牙人相比,葡萄牙人的这种差异并不好。除了外表其貌不扬,与讲话者矮小的身材匹配的还有他们的语言——高贵、响亮的卡斯蒂尔语正在变成一种夹杂着虚情假意的语言。虽然经历了多年的暴政,但西班牙人的高贵品质远非他们的卢西塔尼亚邻居可比。卡斯蒂尔人和摩尔人的血液仍在西班牙人的血脉里流淌,使他们经常流露出扬扬得意的表情,以此来掩盖他们性格中的专制和无知。

英军在埃斯特雷马杜拉平原的滞留很快造成了严重的损失。疾病在军队中迅速蔓延,伤寒使伤员的情况雪上加霜,医院里挤满了人,埃尔瓦什成了一个巨大的疾病收容所。在没有任何过度劳累的情况下,这支部队就平添了一万名病人。接下来的每一天,病人名单都在增加,军队医院的病人多到来不及转移。1809年9月过去了。这个月着实单调而乏味,没有部队行军,没有法军逼近。英军没有离开这沙质平原的希望,似乎只能眼睁睁地看着最优秀、最勇敢的士兵们悄然死去。对于历史学家而言,他们应该能详细说明这种浪费生命的原因,并做出公正合理的判断。而对于一个事件亲历者和卑微的叙述者而言,我在冷静地考虑了这件事之后能断言:我目睹的一切事实和状况都足以说明,威灵顿公爵阿瑟·韦尔斯利显然没有足够的理由使他的军队蒙受不必要的致命打击。

1809年10月4日,威灵顿公爵阿瑟·韦尔斯利视察了罗兰·希尔爵士在蒙蒂霍平原的师。蒂尔森将军、理查德·斯图尔特将军和卡特林·克劳福德将军所辖十个营组成的步兵团一起列队。这支部队包括第二十九团、第三团一营、第四十八团一营、第五十七团一营、第二十八团二营、第三十一团二营、第三十四团二营、第三十九团二营、第四十八团二营和第六十六团二营。

接下来的几个月，军队情况没有发生变化，既没有征召新兵也没有选择撤兵，由于时间较短，所以没有受到埃斯特雷马杜拉营区染上致命疾病的影响。总医院继续设在埃尔瓦什。病症越发严重，死亡率越来越高，从拥挤的团级医疗机构中出来的死者每天都在增加。这实在令人沮丧，似乎只能盼望着季节更替和温度变化来消除灾难了。

我也没能逃过伤寒的侵袭，一时半会儿不能重返军队复职。医学委员会建议把我调到里斯本去休假。1809年11月18日，在病友塔克上尉的陪同下，我启程前往葡萄牙首都里斯本。

从埃尔瓦什到埃斯特雷莫什的六里格内，树木繁茂，物产丰富。半岛上很少有地区能与之相提并论。埃斯特雷莫什是一个相当大的城镇，周围是广阔的橄榄种植园。

埃斯特雷莫什的大广场十分宽敞，但没有进行铺砌，算不上讲究。这里有几所修道院，其中有一所住的都是修女。她们的隐居生活非常严格，除了侍从，谁也不能进去。这座城市的周围环绕着石山，从山上坐落的城堡可以俯瞰山谷最广阔、最美丽的景色。乡村房屋的墙壁被刷成白色，让广袤的大地多了些令人愉悦的舒适感。随着地势起伏，远处的瞭望塔、修道院高低错落，又给景色增添了多姿多彩的兴味。

随着我们继续前行，农田和树木越来越少，出现了许多更加粗犷、更加鬼斧神工的山峦，更显风景如画。蒙特莫尔附近的农田一半种植，一半荒废。从新文达什到加尔勒加村，要穿过一大片沼泽地，其间的森林景色各不相同。不在于树木的多少、品种名贵与否、或是具有怎样的价值，反正就是在某些特定的地方出现特定的树，并且连绵不断，仿佛看不到尽头。堤道、泥沼、贫瘠的荒野与软木、橡树那粗犷、雄壮而又繁茂的景致形成了鲜明的对比。

从加尔勒加村乘坐渡船，远远眺望，里斯本的景色格外引人注目。整座城市地形多样，毗邻美丽的乡村，再加上河流和船，勾勒出一幅宏伟壮丽的画卷。我们乘一艘小船，顺风行驶，穿过塔古斯河大盆地。里斯本就在塔古斯河的正对面，被陡峭的阿尔马达河岸隔开，看来是要迫使英军离开这高贵的河口，以此来证明它的与众不同。

里斯本展现了当时作为英国殖民地的首都面貌，英国大使馆、海军和葡萄牙当地军队和平共处。在英国军官的指挥和训练下，葡萄牙士兵看起来更像是他们强大盟友的游击队员，而不是他们所属国家的正规军。很明显，这个国家受到了强大力量的控制，因为只有强大力量的帮助才能阻止法军占领这片土地，并压制住当地居民充满仇恨和骚动的情绪。人们甚至收起嫉妒的天性，刻意隐藏尊敬、仇恨和恐惧交织的复杂情感。1809年下半年，葡萄牙各团的军官们被派去组织和训练各自的部队，这是一项不受法军干扰的任务，葡萄牙军官们勤奋能干，成功地完成了任务。

由于英军在西班牙埃斯特雷马杜拉没有采取任何行动，法军就把力量转向西班牙军队，鲁莽地逼近里斯本，在空旷的战场上与训练有素的部队交战。弗朗西斯科·贝内加斯将军的军队在阿尔莫纳西完败于奥拉斯·塞巴斯蒂亚尼将军。与此同时，阿雷萨加将军集结了战争期间规模最大的一支西班牙军队，但他同样无能、专横、鲁莽，最终在奥卡尼亚被彻底击溃。

第3章

布萨库战役

1809年12月月底,罗兰·希尔爵士将大本营迁到阿布兰特什,同时威灵顿公爵阿瑟·韦尔斯利率领主力部队向杜罗进军。亨利·费恩将军率领的重骑兵旅和第二师仍驻扎在塔古斯河岸边。

阿布兰特什周围都是残垣断壁,形成了坚固的天然壁垒。这些围墙曾被英国工程师加固。作为一处非常重要的前哨,阿布兰特什在塔古斯河上建造了一座船桥,以便能够控制塔古斯河的航运。阿布兰特什是一个人口稠密的大城市,却没有几所像样的房屋,建筑物杂乱无章,街道又陡又窄,很不整齐。阿布兰特什坐落在山顶上,四面八方都有风吹来,冬天极度严寒。

1810年1月5日,理查德·斯图尔特将军率领的部队向蓬赫特进发。蓬赫特是一个美丽的小镇,位于泽济里河和塔古斯河交汇处,景色狂野而浪漫,周围的乡村被树木覆盖。

蓬赫特建在一个半岛上,虽然与阿布兰特什相隔仅两里格,却有一个远眺风景的绝佳位置:塔古斯河威风凛凛地穿过山谷;巨大的白色船帆透过树林时隐时现,一起一伏地疾驰而过,给景色增添了生机和乐趣。

在离蓬赫特一里格远的地方是坦科思村。在坦科思村附近,塔古斯河中心的一块岩石上矗立着被毁坏的阿尔米洛城堡。从河岸上圣安东尼奥修道院的花园里看去，城堡的景象如画般引人入胜。法军抓住季节变化带来的第一个有利时机，向埃斯特雷马杜拉平原挺进，现在已经在梅里达集结兵力。蒙蒂霍、拉普埃夫拉和邻近的村庄都驻扎了军队，对巴达霍斯和葡萄牙边境构成威胁。罗兰·希尔爵士接到命令，将要渡过塔古斯河，占领波塔莱格雷。1810年1月15日，蒂尔森将军率领的旅从阿布兰特什出发，渡过船桥。第二天，理查德·斯图尔特将军和卡特林·克劳福德将军率领的旅也出发了。1810年1月18日，整个师都集结在了波塔莱格雷。

1810年1月19日上午，罗兰·希尔爵士命令我到西班牙军队通报前线法军的动向。当我到达阿龙希什时，已经是1810年1月19日傍晚。阿龙希什位于通往阿尔布开克的路上，当时驻扎着拉罗马纳侯爵佩德罗·卡罗率领的第二师。从阿龙希什出发，我穿过一片尚未开垦的荒野。荒野上长满了岩蔷薇，无数小径交错着向四面八方延伸。由于准备得不够充分，加上事先没有请人带路，我很快就迷路了。即使原野中有非常醒目而雄伟的阿尔布开克城堡，我也无法找到正确的道路，因为通向城堡的路经常突然转向，并且分开的岔路又深入茂密的灌木丛。在灌木丛里，高处的视线被完全遮挡。等到能看见路时，我才发现自己一直在背道而驰。

整整两个小时都没看见一个人影，也没发现一所房屋，我似乎没希望从这片荒野中脱身了。幸运的是，树丛中闪过一丝亮光——从一所牧羊人的住处传来的。在人迹罕至的地方看到一个陌生人时，牧民们感到很惊讶，甚至有些害怕，一时间变得沉默寡言。然而，最后，其中一个牧民收了些好处，同意带我去阿尔布开克。

卡洛斯·奥唐奈将军率领由四千五百名步兵、七百名骑兵和几门大炮组成的师占领了卡塞雷斯及其周边，将前线阵地设在了距离卡塞雷斯三里格的途中，并且在梅里达的雷伊村部署了防线。

1810年1月20日，我陪同卡洛斯·奥唐奈将军沿阿利塞达路前进。当时，卡斯蒂尔来复枪散兵团上校卡洛斯·德·埃斯帕尼亚驻守在阿利塞达。

卡洛斯·德·埃斯帕尼亚

卡洛斯·德·埃斯帕尼亚在法兰西出生，是古老的富瓦家族的后代。为了便于领导西班牙的武装，他把姓氏改成了埃斯帕尼亚，因为在西班牙，凡是当时与法军有密切关系的事情，都会招致敌意和憎恶。他积极、聪明、勇敢，在一个品质优秀的军队里，积极、聪明、勇敢的卡洛斯·德·埃斯帕尼亚毫不费力地脱颖而出（当然也有其他非常勇敢的人）。还在罗伯特·威尔逊爵士麾下的一个团里效力时，卡洛斯·德·埃斯帕尼亚已经在一次战役中受到领导青睐。

1810年1月23日，卡洛斯·奥唐奈将军和我骑马前往雷伊村，在雷伊村进行了一番调度指挥。返程途中，走了约两里格时，一个龙骑兵赶了过来，向卡洛斯·奥唐奈将军报告：他离开没多久，法军就赶走了西班牙人，攻占了雷伊村。

为了获取补给，法军经常以战养战。通常，法兰西将领会根据驻军规模或城镇大小派距离最近、实力相当的军队去掠夺物资。目前，由于得知西班牙的一个师占领了雷伊村,所以法军派往雷伊村的军队实力不凡——包括一个步兵师,还有皮埃尔·伯努瓦·苏尔特将军的轻骑兵旅和五门大炮。

法军似乎并没有打算攻击卡洛斯·奥唐奈将军的军队,也不想迫使他离开阿尔布开克的指挥部。一整晚,法军在雷伊村巧取豪夺。1810年1月24日早晨,法军撤退了,七百名西班牙步兵和一个龙骑兵中队重获对雷伊村无可争议的控制权。与此同时,第二军在蒙蒂霍、拉普埃夫拉·德拉卡尔萨达村、科尔多村、洛翁和拉罗卡都有驻军,而拉罗卡距雷伊村仅有两里格。

拉罗马纳侯爵佩德罗·卡罗率领几个师从弗朗西亚山出发,越过了塔古斯河,正在一路占领沿线地区并不断向前线推进。他将大本营设在了阿尔布开克右侧的坎普马约尔。

一段时间以来,拉罗马纳侯爵佩德罗·卡罗始终采取防守策略。经验告诉他,要想发挥部队的真正实力,无论是平民还是士兵,山地作战都是西班牙人同仇敌忾,削弱法军的最合适的战法。在加利西亚,拉罗马纳侯爵佩德罗·卡罗坚持实施防守策略。虽然遭到强攻时,他从来都守不住阵地,经常被迫逃亡,但他设法打游击战。对法军来说,游击战是前所未有的致命打击。被召回政府任职时,拉罗马纳侯爵佩德罗·卡罗离开了战场。其间,军队的指挥权移交给了位于左翼的德尔帕尔克公爵。德尔帕尔克公爵虽然控制欲很强,但并不具备确保胜利的必要能力。

战争期间,塔马梅斯战役是西班牙军队通过独立作战,打败实力相当的法军的唯一例子。短暂的辉煌使西班牙军队士气大振。然而,好景不长。在阿尔瓦发生的一场大规模战斗中,西班牙军队各部在奔流不息的托尔梅斯河畔大败。

卡洛斯·奥唐奈将军每天都会收到关于法军动向的情报,情报中只是详细说明了法军位置的变化,并没有值得特别关注的内容。原因是为了方便征收粮饷,这是法军在整个半岛战争期间的一贯做法。军需供应少量弹药,其余只能按照自行征讨的原则进行,因此,行军和获得给养就成了作战的一部分,当然,这并不是说要洗劫城镇和村庄，因为这样做会立刻摧毁法军赖以生存的资源，法军尽可能多地向当地居民索取物资，但不强迫他们搬走，因为这样会断绝将来二次造访的机会。这种做法很有效。

1810年2月5日，天气骤变，气温下降，一连下了好几天雨。瓜迪亚纳河河水泛滥，无论如何都无法通行。于是，法军立即从阿尔布开克撤离，转移了阵地。

1810年2月9日到1810年2月10日，天气转晴，洪水退了，河道也通了。一支千人部队跨过阿尔胡森河，朝卡塞雷斯进军，打算向西班牙埃斯特雷马杜拉省最富裕的城镇征收物资。

卡洛斯·奥唐奈将军得到消息称，法军的千人部队已经在卡塞雷斯驻扎了下来——卡塞雷斯方圆几法里[①]内的地方没有其他法军部队。于是他决定出兵，把法军赶出卡塞雷斯。1810年2月12日上午，他率领两千五百名步兵和三百名骑兵在阿利塞达附近安营过夜。1810年2月13日，他们到达阿罗约德尔普埃科，然后继续前进。1810年2月14日1时，他们在距离卡塞雷斯六英里以内的地方驻扎。驻西班牙的法军令人非常惊讶，像马克西米利安·塞巴斯蒂安·福伊这种聪明的军官，竟然对一支军队的逼近一无所知。四十八小时内，卡洛斯·奥唐奈将军行进了十一里格，并且在距马克西米利安·塞巴斯蒂安·福伊住处不到一里格半的地方待了一个晚上。只要行动顺利，卡洛斯·奥唐奈将军就完全可以切断马克西米利安·塞巴斯蒂安·福伊的退路。

黎明时分，西班牙军队继续展开行动。卡洛斯·奥唐奈将军亲率骑兵和卡斯蒂尔来复枪散兵在前，率领大队人马直接向卡塞雷斯进军。卡塞雷斯位于同名的卡塞雷斯山脉最东端，是通向卡诺村的必经之路。这里道路狭窄，易守难攻。一些士兵从右边的岔路通过，占领了山里的各个隘口。

当接近卡塞雷斯时，西班牙骑兵发现了法军的前哨。不一会儿，法军骑兵和步兵就登上了通往卡诺村道路附近的高地。卡洛斯·德·埃斯帕尼亚尽可能

---

① 一法里约合四千米。——译者注

马克西米利安·塞巴斯蒂安·福伊

迅速地向前推进，他的轻装部队正在右边的丘陵地带设伏。一场战斗即将打响。卡洛斯·奥唐奈将军从卡诺村左面向法军的侧翼开火，希望被派遣到山脉西端的步兵能及时到达，有效阻击撤退的法军。

马克西米利安·塞巴斯蒂安·福伊将军意识到了自己的危险，一心只想着安全撤离，便全速前进。他在右翼高地上部署了许多猎击兵，他们不断地进行精准的定向射击，有效地阻止了西班牙步兵的接近。从山上下来时，卡洛斯·德·埃斯帕尼亚懊恼地发现，法军并没有像预想的那样选择从山上的艰难险阻间逃窜，而是沿着平原有条不紊地前进。

由于西班牙人设置了一道拦截网，所以虽然法军顺利通过了这一致命关口,但远不能确保全身而退。马克西米利安·塞巴斯蒂安·福伊将军必须要走好几里格路的平原地带。地面上没有一点起伏,既没有一棵树,也没有任何的建筑物来掩护部队或者有效地阻挡追击。此外,萨洛尔河横断平原,只有一座狭窄的桥上可供渡河。而马克西米利安·塞巴斯蒂安·福伊将军必须改变过桥的队形,否则将很可能在桥上受到优势火力的攻击。

卡洛斯·德·埃斯帕尼亚指挥得不差,反倒救了马克西米利安·塞巴斯蒂安·福伊将军。直到战鼓敲响,呐喊声回荡,卡洛斯·德·埃斯帕尼亚做的所有努力和说的所有鼓舞人心的话才开始促使西班牙人向法军逼近。实际上,西班牙军队确实在不停地追击,但火力往往过远,效果不好,某种程度上还促使马克西米利安·塞巴斯蒂安·福伊将军的轻装部队和猎击兵部队的后方和侧翼扩展到了更远的地方。马克西米利安·塞巴斯蒂安·福伊将军终于到达了萨洛尔河。卡洛斯·德·埃斯帕尼亚意识到时机已经到了,他可以在背后奋力一击,给法军造成极大损失。因此,他重新开始加速追击,命令西班牙骑兵在法军骑兵列队过桥时发起冲锋。西班牙骑兵向前走了一小段路,但法军的猎兵很快就出现了,正面迎击西班牙骑兵。

马克西米利安·塞巴斯蒂安·福伊将军已经渡河。尽管卡斯蒂尔来复枪散兵还在不停地开火,法军还是恢复了原来的阵形。坚持追击了三里格后,卡洛斯·德·埃斯帕尼亚要求我回到卡洛斯·奥唐奈将军的主力部队,向他报告发生的事情,并接受他有关今后行动的指示。马克西米利安·塞巴斯蒂安·福伊将军停止了对法军的追击。法军很快消失得无影无踪。

马克西米利安·塞巴斯蒂安·福伊将军的撤退是非常明智的。他的部队始终保持紧凑的阵型,士兵们一看就是职业军人。马克西米利安·塞巴斯蒂安·福伊将军的目标非常明确,就是要离开那个曾遭到猛攻、孤立无援、危机四伏的地方。西班牙军队唯一遭受损失的是卡斯蒂尔来复枪散兵团,约伤亡三十人,这样看来倒像是法军的伤亡人数更多。

傍晚,卡洛斯·德·埃斯帕尼亚和我进入了卡塞雷斯,他的团和骑兵团进城驻扎。卡洛斯·奥唐奈将军于晚间回到阿罗约德尔普埃科。作为客人,我住在圣马尔塔侯爵家。

安顿好军队的住宿后,下一步就是看看卡塞雷斯军政府如何感谢英军把他们从与法军焦灼的战斗中解救出来。卡洛斯·德·埃斯帕尼亚指示召开会议。按照他的要求,我陪他出席了会议。会议开幕时,军事当局发表了讲话,并且向爱国的劳苦大众表达了感激之情:如果没有各城镇,特别是卡塞雷斯等城镇的支持,西班牙军队就无法坚持抗战,也就无法保卫他们现实中的安逸和精神上的幸福。接下来,军事当局提出了对鞋子、装备和金钱的需求。我本以为大家会对此感到震惊,但大部分民众的反应却十分冷漠,这说明他们已经习惯了,即使是最不受欢迎的请求,习惯了也就大都能够被接受。为了表示有心无力,政府官员介绍了当前的困窘局面:没有鞋子,没有装备,经费寥寥。经过一番热烈讨论,大家找到了一些办法。然而,与鞋子、装备、经费相比,对民众征税的范围更令人难以接受。最终,一个公众能够接受的措施形成了。种种迹象表明,恐惧产生的影响无比巨大。最后,西班牙民众决定第二天上午从卡塞雷斯的保险柜里拿出三万雷亚尔。如果上面的情况不像我想象的那么严重,那么为了让大家了解一下西班牙城镇居民在战争期间不断被迫妥协的情况,我必须补充说明,这种谈判是在朋友和同胞之间进行的。大家可以自己去判断,如果换作饥饿的法军来到这里,情况不见得会好到哪里去。法军很可能会对广大居民更加残酷,因为西班牙人最近对不幸落单及受伤的法兰西士兵采取了简单粗暴的报复行为。

1810年2月15日早晨,我离开了卡塞雷斯,在阿利塞达附近赶上了西班牙部队。卡洛斯·奥唐奈将军已前往阿尔布开克。1810年2月16日,他的部队也在阿尔布开克集结。英军的到访给卡塞雷斯居民带来了短暂的安宁。直到1810年3月22日,八百名法军骑兵抵达卡塞雷斯,洗劫了整座城市,傍晚又撤回特鲁希略。

从阿尔布开克到波塔莱格雷的距离不远,因此,我可以与罗兰·希尔爵士频繁会晤,接受他的指示。1810年3月29日,我从卡洛斯·奥唐奈将军那里得到

本书的作者安德鲁·利思·海伊

了法军向卡塞雷斯、阿罗约德尔普埃科和马尔帕蒂达挺进的情报。与此同时，罗兰·希尔爵士接到消息，称法军第六军已经通过巴尼奥斯港进入埃斯特雷马杜拉的阿尔塔。我立即返回阿尔布开克。在阿尔布开克我得知已被任命为准将的卡洛斯·德·埃斯帕尼亚现在正率领三个步兵团向阿利塞达挺进，而来自马尔帕蒂达和阿罗约的法军则在萨洛尔河对岸扎营，所处位置距阿尔布开克仅半里格远。双方的前哨都在不断试探接触。

1810年3月30日，我到了卡洛斯·德·埃斯帕尼亚将军在阿利塞达后方高地的营中。法军退守到法军的营地，没有发动任何进攻。1810年3月31日拂晓，英军骑马去侦察,除了遇到个别巡逻的骑兵,没有其他发现。巡逻的骑兵也在遭到射击后撤退了。1810年3月31日9时,几个农民带来了法兰西骑兵离开阿罗约的消息。中午时分,法军第二军已从卡塞雷斯向梅里达进军的消息才最终确定。

法军一从前线消失,卡洛斯·德·埃斯帕尼亚将军就从阿利塞达寒冷荒凉的高地上撤离。待军队返回营地后,我们又继续前进,以确定法军行动的真正方向。在一队骑兵的陪同下,我们进入了卡塞雷斯。圣马尔塔侯爵不论在什么时候都是和蔼可亲、热情好客的,他虽然遭受了严苛的对待,但仍然非常热情地接待了我们。碰巧,让·路易·埃伯纳泽·雷尼耶将军也住在他的房子里。

让·路易·埃伯纳泽·雷尼耶将军

艾蒂安·厄德莱·德比埃伯爵

第二军的所有人,包括皮埃尔·梅尔将军、艾蒂安·厄德莱·德比埃伯爵率领的师和皮埃尔·伯努瓦·苏尔特将军率领的轻骑兵旅,都驻扎在卡塞雷斯及其周边城镇。

很明显,让·路易·埃伯纳泽·雷尼耶将军现在行动迅速,除了换住处,还有更重要的目的——与消灭弗朗西斯科·巴列斯特罗斯将军的联合行动有关,这给在安达卢西亚的法军带来了相当大的麻烦。1810年3月31日晚,让·路易·埃伯纳泽·雷尼耶将军率领的部队到达科尔多村。他命步兵驻扎在卡诺村。1810年4月1日,让·路易·埃伯纳泽·雷尼耶将军率领的一部分部队在梅里达渡过瓜迪亚纳河,向阿尔门德拉莱霍进发,直奔圣奥拉利亚和塞维利亚。

1810年4月3日,卡洛斯·奥唐奈将军收到一封急件,命令拉罗马纳侯爵佩德罗·卡罗任命卡洛斯·德·埃斯帕尼亚将军率领一支部队向梅里达进发，目的是分散法军的注意力，支援弗朗西斯科·巴列斯特罗斯将军。一千名轻装步兵和二百名骑兵已被派往拉罗卡整装待发。另外，卡洛斯·德·埃斯帕尼亚将军领兵行动越快，效果就越好。傍晚时分，英军沿着赞加纳的路线向拉罗卡前进。

没有任何可靠消息能够证明第二军已从瓜迪亚纳河右岸全部撤离。然而，军令如山。根据上级提供的情报，英军奉命搜寻法军的行踪，随行的有一支骑兵队，不过，如果只依靠他们，那就太愚蠢了。夜又黑又冷，英军偶尔向沿途的农民询问法军的情况，但没有听到附近有什么军队的消息，即使有，在卡斯蒂尔骑兵的勇气面前也毫无威胁。1810年4月4日3时，英军到达了赞加纳。1810年4月4日黎明时分，英军又骑上了马，在拉罗卡找到了卡洛斯·奥唐奈将军。他正率领三个步兵团及四门大炮向拉拉米亚渡口挺进，支援蒙蒂霍的行动。

在毫无阻力的情况下，西班牙军队向埃斯特雷马杜拉平原挺进，从召回的其他分散的小股队伍那里得知，瓜迪亚纳河以北的国家仍被法军占领，并且其兵力足以阻止西班牙人的大举进攻——他们随时可以发起大规模进攻。卡洛斯·德·埃斯帕尼亚将军的部队刚走出不远，一个龙骑兵追了上去，命令队伍停下来，等待卡洛斯·奥唐奈将军到来。

待卡洛斯·德·埃斯帕尼亚将军离开后，卡洛斯·奥唐奈将军得知法军在梅里达集结兵力：1810年4月4日清晨，蒙蒂霍附近发生了一场小规模的骑兵战，而法军先遣队离城仅两里格远。

在这种情况下，先前派遣步兵远赴平原腹地的提议已不可取了。而与此同时，确定新增法军的实际位置和兵力变得极其重要。因此，卡洛斯·德·埃斯帕尼亚将军增派了二百五十名骑兵，跟随英军前往蒙蒂霍。

蒙蒂霍城内一片安宁，但由于法军上午刚来过，居民们表现得既焦虑又惊慌。他们原本以为不会再有类似的事情发生了。英军骑兵在蒙蒂霍城后面布防，沿路巡查，使人们度过了一个安静而不受打扰的夜晚。

清晨的小规模骑兵战是西班牙人好战的典型表现。然而，当大白天遇到法军时,他们总是退却。法军离他们不远,在这种情况下,他们完全应该有理由对法军严阵以待。正当他们处于一种冷漠、毫不关心的状态,波兰人的长矛刺破了他们的美梦。显然,他们可以同最优秀和经验丰富的士兵一样英勇,也一定知道危险就在眼前,却没有采取任何预防措施来避免危险。西班牙人并没有逃到看不见的地方,而是安安静静地、心满意足地睡在平原上,直到被法军的骑兵践踏!他们虽然曾表现出奋不顾身、不计安危的精神,但如果遭到法军的正面进攻,很可能会转身逃跑。或许,睡眠可以消除人们对敌人的恐惧。

我和卡洛斯·奥唐奈将军在蒙蒂霍停留了几天。为确保及时发现法军,我采取了一些预防措施,在天亮前一小时便骑上马,依次朝各个方向巡逻。我终于获得了情报:达尔马提亚公爵尼古拉·让·德迪厄·苏尔特元帅从巴尔韦德和阿尔瓦罗出发,率领骑兵从梅里达穿过瓜迪亚纳河行进了两里格,他的步兵则沿着河右岸向麦德林移动。后来,他从麦德林撤退,把大本营从唐贝尼托搬到塞雷纳新镇。麦德林和巴达霍斯之间的瓜迪亚纳河右岸已没有他的部队或任何其他法军部队再继续驻扎。

达尔马提亚公爵尼古拉·让·德迪厄·苏尔特元帅撤走后,瓜迪亚纳河以北肥沃的埃斯特雷马杜拉省被西班牙军队占领,巴达霍斯成为拉罗马纳侯爵佩德罗·卡罗的大本营。与此同时,我离开西班牙军队,回到罗兰·希尔爵士的司令部,后又前往里斯本,再次成为詹姆斯·利思将军的副官。彼时,詹姆斯·利思将军刚从英国回来担任军职。

当前各方的局势证明,法军优柔寡断,而西班牙政府慵懒迟缓、缺乏决断、偶尔沮丧又频繁鲁莽。首先,驻西班牙法军指挥官约瑟夫·波拿巴软弱无能,没有弟弟拿破仑·波拿巴的才能,完全不懂得指挥。作为西班牙国王,他不得民心;作为统帅,既没人尊敬他,也没人听命于他,这一点众所周知。最明显的莫过于法兰西帝国的元帅们了,他们藐视军令,不相信约瑟夫·波拿巴的军事判断,甚至很有可能是在故意逃避命令。他们居功自傲,各行其是。因此,当一个军队正在按照马德里发出的命令行动时,另一个本该合作的军队却因指挥官的反复无常和固执己见而采取了截然不同的行动。除了这个过程本身足以使军队陷入困境，我们还可以认为，法兰西帝国元帅们彼此之间的嫉妒心也在持续暴涨。但人们通常都认为，皇帝拿破仑·波拿巴就是通过这些元帅们的努力，在其他国家取得了空前的成功。

其次，要考虑实际情况及威灵顿公爵阿瑟·韦尔斯利的大军如何援助西班牙。西班牙是否做好接受援助的准备，似乎取决于一个无可争议的事实：经过长时间的专业训练，无论是作战经验和方法还是装备和纪律，西班牙的军队都得到了完善，却仍然没有一支像样的军队。威灵顿公爵阿瑟·韦尔斯利很快确信，西班牙军队确实无力履行正规军的职责。西班牙政府无力改善部队的质量，但如果它能为之稍作努力，西班牙军队就有可能守住阵地。事实上，西班牙军队没能守住阵地。面对即将撤军的局面，西班牙军政府像从前一样效率低下，极不可靠。

威灵顿公爵阿瑟·韦尔斯利的军队就要断粮了，而西班牙军队的支援仍遥遥无期。英军度过了迫在眉睫的难关，却被迫受制于一支西班牙友军。这支部队非但没有提供援助，反倒继续消耗粮食，以至后来自身都难保了。以上就是威灵顿公爵阿瑟·韦尔斯利面临的情况，迄今为止参战各方都已从西班牙撤离。由于疾病困扰，威灵顿公爵阿瑟·韦尔斯利也不得不离开西班牙，前去保卫葡萄牙的边境，留下西班牙本土的军队和游击队员继续与法军战斗。

必须承认，在援助西班牙抗击法军方面，英国政府做出了巨大的努力。英国政府派出的军队展现了英军优秀的素质，这从他们取得的成就足以见得。英军打了胜仗，令人十分钦佩，尤其是在不利条件下赢得的胜利。然而，胜利并未改善英军在西班牙人心中的印象，也没有给英军带来任何好处。即使威灵顿公爵阿瑟·韦尔斯利凭着杰出的才能及军队的胜利最终形成了一股强大的力量，也似乎无济于事。在战争紧要关头，作为受人爱戴的将军，威灵顿公爵阿瑟·韦尔斯利指挥着一支伟大的英军，却在某种程度上遭到西班牙政府的反对。西班牙政府嫉妒英军的大有作为，同时自私地实施暴政，并且毫无作为。威灵顿公爵阿瑟·韦尔斯利虽然建立了卓著的军功，却并未受到嘉奖。雪上加霜的是，英国外交部善意而无知的行为使他受尽折磨。不过，他取得了一系列胜利，令善于玩弄手段的人坐卧不宁，使英军一直保持卓越的执行力，开创了坚持独立战争保家卫国的光辉局面，得到了后世的传颂。西班牙民众普遍支持两种观点，一个是威灵顿公爵阿瑟·韦尔斯利和英军不比西班牙将军和士兵差；另一个是在各方面，威灵顿公爵阿瑟·韦尔斯利和英军比西班牙将士更优秀。前者源于卡斯蒂尔杰出而坚定的支持者，后者则体现在英军实实在在的一系列战斗中。我虽然表述得不够完美，但随后会继续尽量予以详述。

瓦格拉姆战役的结果再次稳定了德意志方面的局势。十万兵力充实了法兰西帝国在西班牙的军队，因此，皇帝拿破仑·波拿巴目前可以决定伊比利亚

拿破仑·波拿巴在瓦格拉姆战场

第 3 章 布萨库战役 | 167

半岛战争发展的走向。他亲自指挥法军入侵葡萄牙，不像前两次那样只派一个军，而是率领一支可以随时供他调遣的大军，指挥官也是在法兰西革命中名声显赫的人物。人们通常认为，该指挥官的名声仅次于拿破仑·波拿巴本人。此外，拿破仑·波拿巴这次入侵还有一个动机，那就是迫使英国军队撤出伊比利亚半岛。拿破仑·波拿巴很快意识到，他可以用强大的力量去征服一支实力较差的军队，从而控制西班牙和葡萄牙，但同时预见到威灵顿公爵阿瑟·韦尔斯利的军队将在欧洲大陆将对他的处境和声望造成威胁。在维米埃鲁、科鲁尼亚、波尔图和塔拉韦拉，法军已经确定了岛上对手的实力。拿破仑·波拿巴一定会在人数较少时击溃这些反法联军的部队，而不会给其得到增援的机会，让曾身经百战的优秀英军加入反法联军。最重要的是，英国军队给西班牙人民带来了信心，拖延了战争进程，形成了对抗拿破仑·波拿巴的核心力量，而拿破仑·波拿巴特别想摧毁的正是这种力量。

里沃利公爵安德烈·马塞纳元帅被任命为法兰西帝国驻葡萄牙陆军总司令，下辖埃尔欣根公爵米歇尔·奈伊元帅指挥的第六军、阿布兰特什公爵让-安多什·朱诺将军指挥的第八军、让·路易·埃伯纳泽·雷尼耶将军指挥的第二军和路易-皮埃尔·蒙布兰将军指挥的骑兵部队。第一次进攻行动开始后，里沃利公爵安德烈·马塞纳元帅才意识到，让·路易·埃伯纳泽·雷尼耶将军应该从塔古斯河附近的边界撤回。第一次进攻行动包括对罗德里戈城和阿尔梅达的围攻，都是由第六军单独进行的。

围攻和掠夺罗德里戈城是里沃利公爵安德烈·马塞纳元帅最重要的一次行动。1810年6月月初，里沃利公爵安德烈·马塞纳元帅进攻罗德里戈城。1810年7月10日，西班牙守军投降。起初，西班牙人以异常坚决和坚韧不拔的意志守卫罗德里戈城。直到埃尔欣根公爵米歇尔·奈伊元帅下令强攻城墙缺口时，罗德里戈城总督才投降。当时，强攻城墙缺口是埃尔欣根公爵米歇尔·奈伊元帅最行之有效的安排。法军一向反对强攻，因为进攻方将承受非常大的损失。此外，法军认为夷平一个地方绝非上策，因为花费的时间、精力与结果不成正比。

里沃利公爵安德烈·马塞纳元帅

威灵顿公爵阿瑟·韦尔斯利的大本营曾一度设在维塞乌。在他率领的第一师、第二师、第三师驻扎在维塞乌附近,其中大部分是骑兵。科阿河岸上的轻装师由一些葡萄牙步兵、英国骑兵分队和休·罗斯上尉指挥的骑炮兵团组成。罗兰·希尔爵士的部队驻扎在波塔莱格雷,詹姆斯·利思少将的部队则驻扎在托马尔。

休·罗斯上尉

1809年到1810年，经过训练的葡萄牙军队装备有所改善，各步兵团的面貌也焕然一新，其中有不少都已并入了英国步兵师。不过，葡萄牙士兵在战场上会表现如何，他们的军事行动能力如何，是否能展现真正的军人风范，现在都还有待实战的检验。

1810年7月14日，詹姆斯·利思将军在托马尔指挥一万名步兵和骑兵。作为罗兰·希尔爵士的支援，这支部队的首要任务是侦察泽济里河的防线。在很大程度上，这支部队的行动取决于仍在西班牙埃斯特雷马杜拉的让·路易·埃伯纳泽·雷尼耶将军的行动，因为越是靠近边境的部队就越应密切注视其动向。

1810年7月20日前后，法军第二军越过塔古斯河，占领了普拉森西亚、加利斯特奥和科里亚。由于难以获得补给，法军第二军便再次拔营，向葡萄牙边境进发，或将再次穿过格雷多斯山的营地。等到达科阿河时，整个军队再进行集结，向里斯本挺进。

曾有一段时间，法军频繁更换营地，罗兰·希尔爵士也随之改变营地。无论让·路易·埃伯纳泽·雷尼耶将军出现在哪里，罗兰·希尔爵士都抢先一步，积极抵御法军入侵。然而，事实最终证明，法军将领从未想过要越界进入葡萄牙领土。此时，法军第二军离西葡边境最近的举动也不过是派一个步兵团和两个骑兵中队向萨尔瓦铁拉挺进。掠夺了萨尔瓦铁拉以后，法军又退回到大萨尔萨去了。

让·路易·埃伯纳泽·雷尼耶将军的行动似乎指向北方，罗兰·希尔爵士率领所有部队从维拉韦利亚渡过塔古斯河，向布朗库堡进发。从布朗库堡，他深入山里的瓜达，占领了阿塔拉亚和阿尔佩德里尼亚。

与此同时，詹姆斯·利思将军仍留在托马尔。托马尔是葡萄牙埃斯特雷马杜拉省一个美丽的城镇，位于纳瓦西河右岸。纳瓦西河离庞赫特不远，涓涓细流汇入泽济里河。在靠近托马尔的一个高地上，向西耸立着一座基督教堂。教堂气势恢宏，周围植被丰茂。教堂规模宏大，装饰华丽。摩尔式的城堡废墟和非常宽阔的渡槽，为教堂增添了风景如画的效果。

1145年，圣殿骑士团团长瓜尔迪姆·佩斯兴建托马尔。纳瓦西河的左岸是852年建立的罗马城镇纳瓦西的遗址。据说，位于纳瓦西的圣玛丽亚多奥利瓦尔教堂是葡萄牙同类建筑中最古老的。圣玛丽亚多奥利瓦尔教堂里有一座非常漂亮的纪念碑。该纪念碑是1525年为了纪念丰沙尔第一主教迪奥戈·皮涅罗而建造的。由基督骑士团建造的女修道院规模宏大，可以俯瞰四周景色。整座建筑显然是经过不同时期的修建，添加了不同种类的建筑风格，才形成了目前独特的形态。这座巨大的女修道院建成于腓力三世统治时期。葡萄牙国王曼努埃尔一世在位期间，其外部装饰和内部装饰同样引人注目，整体呈圆形，中央有一个祭坛。祭坛对面是一个高大的拱门，供唱诗班出入，墙上挂满了取材于《新约》中的主题版画。在一个私人的礼拜堂里，有一幅拉斐尔·桑西的画。除此之外，圣本笃会的修道士们接受圣本笃教规和两幅从摩尔人手中夺取圣塔伦和最终夺取坎普德欧里基的作品，都是礼拜堂里引人注目的装饰品。从前，这里曾容纳超过一百名的修道士，但现在修道士的人数已减至二十五人。修道士们拥有方圆半里格的土地及十五万银币。阿布兰特什公爵让-安多什·朱诺将军第一次入侵葡萄牙时，法军向教堂征收两万银币。这座富丽堂皇的教堂在一天之内就付了款。托马尔有一家大型棉纺厂，最早由著名的庞巴尔侯爵塞巴斯蒂安·若泽·德·卡瓦略创立。

让·路易·埃伯纳泽·雷尼耶将军的大本营设在大萨尔萨。一天早晨，一支六十人的法军骑兵队穿过拉杜埃鲁，向萨尔瓦铁拉进发。怀特上尉率领的第十三轻龙骑兵队及一支葡萄牙骑兵队发现了法军骑兵，并取得大胜。法军非死即俘，而反法联军毫发无损。第三十八团的维古勒少校是詹姆斯·利思将军事先派来获取情报的，与怀特上尉联手打得法军狼狈不堪。

1810年7月23日，威灵顿公爵阿瑟·韦尔斯利的大本营在阿尔韦卡。1810年7月24日上午，法军越过边境，开始入侵葡萄牙。1810年7月24日，西班牙领土上仅有的一支英军轻装师与法军激烈交战。参战的法军第六团有三千名骑兵掩护。英军轻装师在最危急的情况下参战，武器火力不足，身后是山涧湍急得不可逾

科阿河战役

越的科阿河，唯一的退路就是一座窄得仅可勉强通过的桥。罗伯特·克劳福德将军受到的猛烈攻击足以将他的部队彻底消灭。这是让法军"低头tete baissie"的最有利时机，法军总是这样说，但这并不能解释英军做出的伟大的贡献。在战场上，法军总能展现出强大的攻势，很少容许其他部队介入其中，因为无论如何，法军的速度、精神和决心都是协调一致的。随着山势越来越陡峭，进攻的法军也面临着很大危险。法军保持火力压制继续前进，克服了重重阻碍，一定要战胜对手，这让法军士兵看起来似乎无人能及。然而，正当法军以绝对优势想要成功地结束进攻时，却遇到了同样拥有坚定意志的对手。他们对法军毫无畏惧，使法军有些手足无措。法军士气高涨，不顾一切，结果却出乎意料。这只能用一种观点来解释：一鼓作气，再而衰，三而竭。人的狂热是不能持久的，尤其是在经历了某种程度的努力之后，如果不加以抑制，也许还会继续高涨，可一旦被猛然制止，就会立刻变得沮丧和绝望。

　　阿尔梅达被围，弹药库不幸爆炸，整个城镇落入了法军手中。战争局势一目了然。阿尔梅达防御充分，驻军众多，从各方面看，都能进行长期抵抗，却早早陷落了，这对法军来说是一件幸事。在一年中最好的季节，反法联军错误地认为已经做好了万全的防御准备，便没有派遣增援部队，这一切关键性的失误造成了阿尔梅达失守。一般情况下，如果像之前罗德里戈城遭到入侵时一样，阿尔梅达也一定能坚持一个月或六个星期。

　　与此同时，詹姆斯·利思将军率领的师继续占领托马尔及其邻近的村庄。1810年9月4日，一份急件宣布撤销塞洛里库指挥部。与此同时，威灵顿公爵阿瑟·韦尔斯利称法军正在接近，阿尔韦卡和弗雷谢达什的几支反法联军部队前来协助。反法联军的指挥部设在了戈韦亚。

　　由于埃尔欣根公爵米歇尔·奈伊元帅的部队进行大本营迁移，所以正处于法军行动路线上的阿尔韦卡和弗雷谢达什的哨所遭到了攻击，但这并不意味着法军要立即展开进攻。里沃利公爵安德烈·马塞纳元帅似乎没有料到能够意外地夺取阿尔梅达，也没做好利用这个意外获胜的准备。夺取阿尔梅达后近三个星期，他才开始认真地继续推进。不得不承认，这是里沃利公爵安德烈·马塞纳元帅的失误。他应该把花在占领罗德里戈城的时间用在战略部署上。阿尔梅达陷落时，让·路易·埃伯纳泽·雷尼耶将军的部队不在那里，否则法军很可能会抵抗得更久一些。他只是在等待命令加入守军行列，但这并不能成为借口，因为即使他不等命令前去守城，也没人会阻拦。他似乎也没有充分的理由推迟守城行动，因为解围之后再向里斯本推进也是完全可以的。从军事角度看，除非能立刻在战场上获得优势，否则等待幸运的降临有什么用？在我看来，阿尔梅达战役中反映了威灵顿公爵阿瑟·韦尔斯利和里沃利公爵安德烈·马塞纳元帅截然不同的军事作风。法军气势汹汹，直逼葡萄牙，先是攻陷了一座城池，后又围困了另一座城市。出人意料的是，里沃利公爵安德烈·马塞纳元帅很快因为一件事失败了。不过，威灵顿公爵阿瑟·韦尔斯利未雨绸缪，虽然过早地丢了阿尔梅达，却没有泄气，反倒占据了优势。至于里沃利公爵安德烈·马塞纳元帅，他并没有做好准备，没能把握住机会。

为了减轻军队的负担，里沃利公爵安德烈·马塞纳元帅抛弃了许多随行至今的笨重担架车，并让查尔斯·加尔达纳将军率一支部队留在阿尔梅达附近。第二团和第六团向瓜达和塞洛里库进发，第八团向皮涅尔前进。里沃利公爵安德烈·马塞纳元帅的军队不仅走了一天的路程，跟随的车队便遭到了民兵的攻击。

葡萄牙军队的前进路线已经非常明确。威灵顿公爵阿瑟·韦尔斯利命令罗兰·希尔爵士和詹姆斯·利思将军向蒙德古河进军，尽可能不拖延时间。1810年9月18日，两位将军率领部队从托马尔挺进到卡巴索斯，1810年9月19日到达埃斯皮纳尔，1810年9月20日抵达福斯·达罗萨。

威灵顿公爵阿瑟·韦尔斯利已经把军队从蒙德古河左岸撤退，准备要么争夺埃斯特雷拉山的坚固阵地，要么过河占领阿尔科巴山，建立阵地，形成威胁之势。里沃利公爵安德烈·马塞纳元帅没有抢占这些地方，前往科英布拉，却路线受阻。

托马斯·皮克顿将军

英军各支部队会和的时机恰到好处。1810年9月20日，在托马斯·皮克顿将军的指挥下，威灵顿公爵阿瑟·韦尔斯利率领的第三师占领了福列拉的大本营。1810年9月21日，从托马尔赶来的詹姆斯·利思将军率领的部队在福列拉安营扎寨。所有人都向同一方向进发，互不干扰，没有丝毫混乱，也没有片刻耽搁。1810年9月22日，詹姆斯·利思将军率领的部队进驻索布雷拉和卡萨诺瓦。1810年9月23日早晨，詹姆斯·利思将军从巴尔卡德孔塞略渡过蒙德古河，在佩纳科瓦过夜。1810年9月24日，詹姆斯·利思将军在蒙特阿尔托圣母教堂附近扎营，1810年9月25日早晨进入布萨库阵地，占据山脊的最右边，侧翼在蒙迪戈山，对面是罗兰·希尔爵士的军队，一直延伸到蓬特德马尔塞拉。

威灵顿公爵阿瑟·韦尔斯利率领的军队和托马尔来率领的军队沿着山脊展开，但布萨库山脉并没有被完全占领。因此，威灵顿公爵阿瑟·韦尔斯利命令罗兰·希尔爵士渡过蒙德古河，向阵地的最右边集结。为了给阵型变动留出空间，也为了缩短队列，詹姆斯·利思将军奉命向左移动——这里是阵地中最不容易受到攻击的地方。最后，军队主力从圣安东尼奥德坎托拉大道一直延伸到与卡拉穆拉山的交界处。

要想知道布萨库的阵地有多大，只需设想一下，有五万名士兵安置在那里。从左边的詹姆斯·利思将军率领的部队到右边的第三师，大约两英里的距离。托马斯·皮克顿将军守卫圣安东尼奥德坎托拉公路，罗兰·希尔爵士居其右侧，左边的区域也已被完全占据。詹姆斯·利思将军率领的部队是任意机动部队，既可以应对突发状况，又可以兼顾现有局面。无论哪边的军队受到攻击，詹姆斯·利思将军都能够就近提供支援。如果圣安东尼奥公路成为进攻的前线，詹姆斯·利思也同样随时准备好向托马斯·皮克顿将军处进军。而詹姆斯·利思自己的阵地因为地处陡坡上，不易受到攻击，也没有任何道路能容法军通过。

1810年9月26日，天气晴朗，阳光明媚，比布萨库高地景色宜人。从东面望去，可以清楚地看到法军的行动。法军想藏起来，不被漫山遍野驻扎的部队发现是不可能的。当然，法军似乎并没有刻意隐蔽。地面上布满了军队、大炮和装备。一时间，广阔无垠的国土变成了茫茫人海。英军所处的巨大的天然屏障阻挡了法军前进的步伐，并且英军也必须让法军在这里停下来。从人数上看，布萨库是我在此期间见过人数最多的地方——在英军面前扎营的不只是一支部队。俯视这宏大场面时，威灵顿公爵阿瑟·韦尔斯利能够看到下面挤满了骑兵、步兵、炮兵、辎重、马匹、骡子及侍卫、车夫等随从。

一些写过这段历史的法军军官承认，法军一直在试图制造一种法军强大无比的错觉,并指责里沃利公爵安德烈·马塞纳元帅后来在布萨库让散漫的非战斗人员暴露了法军的真正实力,这也直接证明了法军的盲目自大,颠覆了法军以无法阻挡的压倒性力量去征服葡萄牙的高大形象。

1810年9月26日傍晚,反法联军终于各就各位。随着夜幕降临,法军的炮火照亮了眼前整片区域。法军第六军和第八军沿卡塞尔德玛丽亚—莫尔塔瓜路线抵达了阵地前面,第二军从圣安东尼奥德坎托拉出发。1810年9月26日上午,我奉命率领一支葡萄牙骑兵队向前行进,以报告法军在蒙德古河右岸附近道路上的动向——这条路直接与拉兰热拉斯山谷相通。为了完成任务,我们一连行进了两里格,并且没有遇见法军。我们朝法军右边的道路进发,一直走到山前,才向左转。正当我们策马前行时,圣科帕多方向传来了一声炮响,紧接着便是步枪的射击声。埃尔欣根公爵米歇尔·奈伊元帅和让·路易·埃伯纳泽·雷尼耶将军正在圣科帕多逼退反法联军。

在短暂的侦察中,沿途景象相映成趣,非常值得一提。穿行在这个风景如画的美丽国家,我们有时下到蒙德古河岸,有时登上高地——从那里可以看到右侧法军的行军路线,有时又被尘土和烟雾笼罩。我们身后是反法联军占领的雄伟山峦。郁郁葱葱的树林和肥沃的山谷令人兴奋不已,也增添了一触即发的紧张气氛。

到达布萨库山脚时,埃尔欣根公爵米歇尔·奈伊元帅发觉这片土地易守难攻,但里沃利公爵安德烈·马塞纳元帅在侦察过后,决定一探虚实。1810年9月27日拂晓,炮声从布萨库修道院方向传来,一开始很密集,随后变得时有时无,不一会儿又变得很密集,并且伴有猛烈的枪声。从我们所处的位置看,山的轮廓很不规则,沟壑纵横,高低错落,形成了一个圆的凸坡,正好可以阻挡进攻,根本对英军毫无威胁。

然而,很快就能从枪声中明显地分辨出托马斯·皮克顿将军也参与了战斗。他的部队尽管在战线上离英军最近,但与攻打第三师的人一样,都隐藏在英军的视线之外。

詹姆斯·利思将军的部队前方没有出现任何敌对行动。因此，在罗兰·希尔爵士的授意下，詹姆斯·利思将军开始出动部队，由左侧沿山脊的顶部前进，这座山脊正好位于他前一天晚上的扎营地和圣安东尼奥德坎托拉大道之间。

接近托马斯·皮克顿将军阵地的右侧时，成群的轻装部队出现了，大批英法步兵遍布整座山峰，一场异常激烈的战斗正在全面打响。此时，法军已经抵达山顶。托马斯·皮克顿将军的轻装步兵寡不敌众，节节败退。笼罩着整座山峰的烟雾偶尔飘散开时，法军猎击兵的身影在高处若隐若现。在最高处，有一个军官特别引人注目。他欢呼着，挥舞着筒状军帽，催促着同伴们赶紧登上山顶。

现在，法军有一支队伍似乎已经爬上山顶，正对反法联军的阵地。不过，法军暴露了——英军右翼部队发现了法军左翼。

法军登上布萨库山，与英军交战

爱德华·巴恩斯上校

　　爱德华·巴恩斯上校率领的旅隶属于詹姆斯·利思将军的军队，由皇家近卫团、第九团和第三十八团组成，因为处在队伍最前列，所以最先接触法军。作为先锋，由菲利普·卡梅伦上校指挥的第九团在距法军大约一百码远的地方排成一行进行连射，收效甚佳。死伤的法兰西士兵遍地都是，他们不是新征的士兵或雇佣兵，而是法军的精英。毁灭性的射击之后，爱德华·巴恩斯上校紧

英军将法军赶下布萨库山

接着发起了冲锋。在极度混乱中，法军顺着陡峭的山峰迅速撤离了，这是法军最失败、最惨痛的一次出兵。直到铩羽而归，法军都未曾试图再次集结。

类似布萨库山这种地方，能将第二军彻底击溃的情况并不多见。

在此之前，让·路易·埃伯纳泽·雷尼耶将军也遭遇了如出一辙的经历。他的一个师也曾在一次同样英勇但毫无把握的进攻之后，被英军第三师以类似的方式从山上赶了下来。

轻装师和丹尼斯·帕克将军率领的旅在修道院左边进行战斗。最后，反法联军取得了辉煌的胜利。

路易·亨利·卢瓦宗将军率领埃尔欣根公爵米歇尔·奈伊元帅的一个师和一个旅，向反法联军发起了进攻。而让·马尔尚将军率领的另一个旅及朱利安·奥古斯丁·约瑟夫·梅尔梅将军率领的整个师在山脚下集结以备支援第一次进攻。作为后备部队，第八军也在接到预警后即刻进发。

丹尼斯·帕克将军

路易·亨利·卢瓦宗将军

让·马尔尚将军

1810年9月26日晚，法军骑兵驻扎在让·路易·埃伯纳泽·雷尼耶将军宿营地右边的一个村庄附近，正好在大部队后方。

爱德华·西蒙将军率领的旅虽然遇到种种困难，但仍以极大的决心向前推进。面对险峻的上坡路、猛烈的炮火和强大的法军等种种不利条件时，他们仍向前推进了很远，这种部队也应予以赞扬。然而，他们遭到了另外两个旅的进攻，损失巨大，最后还是被迫撤退了，爱德华·西蒙将军则受伤被俘。

正如前面所述，沿圣安东尼奥德坎托拉大道行进的法军被右边的第三师和爱德华·巴恩斯上校率领的旅击退了，英军真可谓背水一战，绝路逢生。第三师和爱德华·巴恩斯上校率领的旅开始登山时，从山顶上看不见英军左翼。随着法军不断进攻，他们敏捷的身手和坚定的意志渐渐地转移了英军的注意力，使英军忘记了真正的危险即将来临。在法军行进过程中，没有被连续不断的炮火所挡时，英军可以看到，法军虽然艰难地拖着武器，但仍未停止前进的脚步。其间，法军侧翼至少有五千人暴露在视野中，于是，爱德华·巴恩斯上校率领的旅从容不迫地伺机开火。虽然，很难想象，但结果证明，步枪确实有如此巨大的杀伤力。

在布萨库的一整天里，我们无时不感到兴奋。在阳光照耀下，威灵顿公爵阿瑟·韦尔斯利率领的大军采取防守战术，并大获全胜。凭借坚固的阵地和坚定的决心，反法联军以相对较小的损失击退了来势汹汹的法军。英军翻过山脊，站在堆满法军尸体的斜坡上——前一天看到的不计其数的法军被英军消灭了。勇敢而老练的士兵好不容易爬上了山脊，却被击退，垂头丧气地回来。马克西米利安·塞巴斯蒂安·福伊将军在这次战斗中多处受伤。

指挥第二军一个旅的让·弗朗索瓦·格兰多热将军和许多高级军官都被击毙。师长皮埃尔·梅尔将军受了重伤。爱德华·巴恩斯上校率旅进攻，法军遭受损失最大的是第二轻步兵团、第四轻步兵团、第十五线列步兵团、第十七线列步兵团、第三十六线列步兵团和第七十线列步兵团。

此次行动证明，在炮火下，葡萄牙军队也能表现得很好。对抗法军时，葡萄牙士兵的行为与他们显著改进的军容军貌极其相符。毫无疑问，葡萄牙将士们的意志非常坚定。其间，无论在哪里遇到法军，葡萄牙士兵的表现都得到了葡萄牙军官和英国军官的赞扬。在英国军官们执行这次艰巨任务时，虽然令人不快的事时有发生，但英国军官凭借着坚韧不拔的毅力、丰富的军事知识和竭尽所能的付出，将从前散漫、毫无纪律的葡萄牙军队变成了现在的英勇之师。

在葡萄牙军队的历史上，在威灵顿公爵阿瑟·韦尔斯利麾下服役的士兵们的表现充分证明了纪律的力量。葡萄牙军队变得优秀，能够和法军步兵一较高下，并且大部分情况下都像英军盟友那样意气风发地英勇作战。对于葡萄牙军队的进步，我们必须给予公正的评价。

由道格拉斯上校指挥的葡萄牙军队第八团特别出色。它与英军第四十五团和第八十八团联合，击退了1810年9月27日那天最具威胁的进攻。反法联军占据了阵地制高点，其遭受的损失几乎等于陆军所有其他部队的损失之和，这也为其在战斗中争得应有的荣誉提供了绝佳的证明。

葡萄牙军队继续期待法军会在白天再次发动进攻，但很明显，已经付出高昂代价的法军并不打算重蹈覆辙。在山脚下，葡萄牙军队的轻装部队只是应付了几次小规模的冲突。而在山顶上，葡萄牙军队为反法联军树立了信心。显然，反法联军已占据了上风。

天黑之前，詹姆斯·利思将军的部队从山脊东侧撤退，在山势开始下降的地方扎营。营地离山顶不远，所以可以看到科英布拉。山下约一百码[①]的地方聚集了许多法军伤员。他们虽然已经离开战场，但尚未被转移到后方。寒冷的夜晚过后，阳光明媚的白天终于来临。法军伤员躺在毫无遮蔽的荒地上一边大声抱怨，一边恳求离开，离开雾气笼罩、寒风刺骨的大山，令人十分同情。

1810年9月28日拂晓前一小时，英葡联军的部队已列队就绪。山上仍雾气缭绕，整个阵地一片寂静。阳光显现时，法军仍然没有进军的迹象。

---

① 一码约合0.9144米。——译者注

法军成功的希望渺茫,只能从侧翼采取行动。由于情报依然不明,所以强行进军是不可能成功的。里沃利公爵安德烈·马塞纳元帅甚至不确定反法联军是否已经占领这条道路,但农民们的情报诱使他相信这条路依然畅通无阻。圣克鲁瓦将军率领两个龙骑兵团去侦察情报。他们沿阿维兰多西马到萨尔多的路线登上山顶,一路没有遇到法军,顺利带回了情报。根据情报,里沃利公爵安德烈·马塞纳元帅立刻率兵采取行动。整个军队排成一列,由圣克鲁瓦将军的骑兵团带路,继续前进。

1810年9月29日10时,翻山越岭后,法军顺利进入科英布拉山另一侧的平原。

事实上,里沃利公爵安德烈·马塞纳元帅选择的路线势必会极大延长法军到达到科英布拉的时间。而反法联军沿着比较笔直的道路穿过山脉,毫无困难地顺着大路行进,在法军逼近之前到达了里斯本。

1810年9月29日上午,罗兰·希尔爵士向埃斯皮纳尔和托马尔方向行进,主力部队下行至蒙德古河右岸。詹姆斯·利思将军的部队在迪安图拉附近扎营。迪安图拉是一个离科英布拉一里格的村庄。1810年9月30日,詹姆斯·利思将军从迪安图拉出发,前往圣克鲁兹的修士们在科英布拉乡间的金塔德圣豪尔赫修道院。该修道院坐落在蒙德古河左岸,四周环绕着柑橘林和葡萄园。我顿时觉得科英布拉的蒙德古河谷是葡萄牙最富饶最美丽的地方。

在金塔德圣豪尔赫修道院,特威代尔勋爵乔治·海伊将军也加入了英军,在爱德华·巴恩斯上校麾下指挥一个旅。

法军发现科英布拉和从前的维塞乌一样:街上空无一人,紧闭的房门让法军四处碰壁,居民们都陆续地前往里斯本了。这次移民很大程度上是因为威灵顿公爵阿瑟·韦尔斯利的指令。对于弹尽粮绝的法军来说,势必会面临极大困扰。毕竟,法军的生存依赖于其侵略的地区。法军没有看到大批惊恐万分的人,也没有发现他们储藏的物资,只看到空荡荡的屋子和光秃秃的墙壁,费尽力气也没找到几个储存谷物或其他粮食的粮仓。

1810年10月1日,反法联军行进的队伍呈现出一派不同寻常的景象。其特别之处，难以细说。如果我说这支队伍连续不断、完完全全地覆盖整条线路、整片区域，那么读者可能会对它的特殊性有一个大致的概念。它已经不是一支由各种武装组成的军队了，而是一支负担累累的队伍：既不像农民拖家带口地迁移，也不像上层阶级惬意地旅行。与从一个车站到另一个车站宽阔的乡村路线不同，沿途堆满了家具、谷物、牲口等。所有东西搅和在一起向前涌动，使场面混乱不堪，似乎永无休止。

1810年10月2日，英军驻扎在莱里亚。1810年10月3日早晨，詹姆斯·利思将军的部队在博阿维斯塔停了下来，然后继续向卡瓦略和卡瓦蓝村进发。

由于人口减少，巴塔利亚大修道院的修士们已纷纷离去。詹姆斯·利思将军率部下到达时，发现只有一个人孤零零地看守这座建筑，修道院的墙壁内仍旧保留着昔日辉煌的痕迹。

巴塔利亚大修道院是为了纪念1386年葡萄牙国王若昂一世在阿尔茹巴罗塔取得胜利而建造的，坐落在山谷里，四周都是树木繁茂的山峰。这些山峰普遍海拔不高，却阻挡了从远处眺望修道院的视线。只有走近时，才能看见整座建筑从茂密的橘树林中拔地而起，显露无遗。一眼望去，修道院内建筑参差不齐，但仍呈现出宏伟的外观，令人印象深刻。

巴塔利亚大修道院的回廊又长又宽，在此时此刻特殊的背景下，看起来阴暗而荒凉，给人一种凄美的感觉。四周寂静无声，平添了阴郁和孤寂的气氛。出于好奇，英国的军官们正在探索这座建筑物的各个角落。远处的说话声不时打破这里的寂静。游荡在空无一人的修道院，只需几个小时的工夫，就能体会到这里翻天覆地的变化。几个世纪以来的许多习惯和做法，连同那些已经离开的修士，显然已被与之没有直接联系的战事越推越远。数百年来，修士们一直深居高墙之内，不受外界干扰，过着平静的生活。除了死神，没有什么能迫使他们离开修道院。然而，法军的进攻，以及高级文官和军事当局的命令，一度瓦解了这种体制，虽然看起来只是天主教会和国家的一场革命，但完全有可能危及到这种体制。战争使人们在混乱和痛苦中背井离乡，巴塔利亚大修道院内也鲜有人再来举行宗教仪式，这就恰好说明，在法军入侵的国家中，任何局势都难以稳定。

之前，居民们像往常一样待在巴塔利亚大修道院，却突然忙着准备离开，并且不知道什么时候才能回来。至于那座建筑物的命运，可以说，除了礼拜堂里存放着的国王的遗骸及其刀剑盔甲，一切有价值的或者可以带走的东西都被法军想方设法地搬走了。法军假仁假义，严重亵渎了神灵。

教堂内部圣洁、美观，陈列着葡萄牙国王若昂二世的遗体。棺木开着，做过防腐处理的尸体接受了在场陌生人的检视和触摸。多年以后，遗体呈现出奇特的外观：面部肌肉被手压着，牙齿和指甲完美无缺。除了脸颊没有腐烂，头部和脸部其他部位的皮肤和肉都消失了。历时多年，遗体身着的衣物也没有损坏。总之，从某种程度上说，这具遗体更像是最近刚死去的人，而不像是沉寂了四百年的尸体。作为修道院最初的遗物，若昂一世、若昂二世的剑和头盔最后也展示出来。后来，这些遗物由詹姆斯·利思将军转交给了里斯本的圣多明戈斯修道院。许多逃难的巴塔利亚大修道院的修士已将圣多明戈斯修道院作为临时住所。詹姆斯·利思将军在修道院度过了1810年10月3日的夜晚。1810年10月4日早晨，詹姆斯·利思将军调集部队开始向弗鲁古利村进军，直到1810年10月5日才停了下来。

由于缺乏给养，以及需要在科英布拉设立医院，法军一直耽搁到1810年10月5日，才从孔代沙和科英布拉撤出，向莱里亚推进。法军拖延期间，反法联军一路撤离，既不用考虑行军的距离，也没有法军追击的压力，只遭遇了零星骑兵的骚扰。直到里沃利公爵安德烈·马塞纳元帅的大部队到达阿伦克尔，大规模的战斗才打响。第二军和路易-皮埃尔·蒙布兰将军率领的骑兵从阿伦克尔向比利亚弗兰卡挺进，第八军则向索布拉尔进发。威灵顿公爵阿瑟·韦尔斯利沿着阿尔科巴萨和卡尔达斯的道路行进，尽管途中有一小部分掉队，但绝大多数都通过这两条道路到达首都里斯本。

1810年10月6日，詹姆斯·利思将军的部队向昆塔德托雷斯进军，1810年10

路易-皮埃尔·蒙布兰将军

月7日转向里巴德拉。刚出发不久,一大清早,英军第一次看到了不伦瑞克奥尔斯团,这支部队前去加入反法联军,在昆塔德托雷斯前面不远处扎营。浓雾笼罩着大地,又有在每隔一段时间消散一次时,远处的物体才得以显现。不伦瑞克奥尔斯团在偶尔消失的浓雾中出现,显得极其新颖和独特。他们身着黑色长袍,头戴象征永生的筒状军帽。战马的鬃毛随风飘动。士兵们瘦削的身影透过萦绕的雾气若隐若现。

1810年10月10日拂晓,英军向恩沙拉多斯卡瓦雷罗斯进发。持续大雨伴随大风的天气十分罕见,使整个地区看起来十分凄凉。道路积水很深,士兵们被困在原地不愿前进,因为当士兵们不得不面对暴风雨时,一想到浑身湿透、愁容满面的跟随者的样子,就又想回到拥挤不堪的帐篷中。

1810年10月12日晚,第八军在索布拉尔袭击了布伦特·斯宾塞爵士的师。后来,反法联军撤出了索布拉尔,把第一师的前沿阵地建在索布拉尔后方。法军大本营则设在阿伦克尔。

1810年10月14日,天气好转。清晨,万里无云,接着便是阳光明媚的一天。我被眼前的景象吸引,满怀好奇想去观察法军的位置。在乔治·格伦维尔爵士的陪同下,我们骑着马向前沿阵地出发。后来,我们把马留在了山谷。山谷把反法联军的阵地和高地隔开。高地上筑起了一道护墙,以保护第七十一团的大本营。离山谷约一百五十码远的地方有一处法军用索布拉尔运来的木桶、木门和木板砌成的要塞。要塞后面,法军步兵都按兵不动。我们继续观察对面的法军。护城河和法军的临时要塞之间有一片平地,既没有树,也没有任何障碍物。有人看到法军士兵从弹桶后张望,但没有任何一方开枪。

不久,从阿伦克尔到索布拉尔的道路吸引了我们的注意力。路上有一群骑着马的军官、一队队骑兵及牵着马的龙骑兵。整支部队连同法军总司令都在这条路上。随着战鼓隆隆作响,索布拉尔的法军全副武装,我们虽然反应迅速,但仍然看不出法军有什么动静。然而,显而易见的是,法军打算侦察一番。如此看来,法军不可能再长期按兵不动了。

里沃利公爵安德烈·马塞纳元帅和阿布兰特什公爵让-安多什·朱诺将军登上阿伦克尔不远处的一个高地,在一架风车附近下马,坐了下来,显然是在侦察对面的阵地。他们刚坐下,一发炮弹就从法军要塞射出。随后,几架轻型火炮接二连三地向第七十一团的战壕开火。

英军分遣队之前一直跪在战壕中观察,炮火击中了战壕的边缘。英军分遣队继续隐蔽,直到法军第一次开枪射击,这一交火,英军分遣队就立即起身,进行了一次致命的回击。在一段"开场白"后,法军步兵像往常一样急不可耐地向前冲锋,漫无目的地冲上了山坡。这时,第七十一团的雷纳尔上校率兵从防

英军与法军在索布拉尔交战

御工事里跳了出来，不仅用刺刀把法军逼回了阵地，还把法军从交战的阵地赶回了阿伦克尔。战斗中，亨利·卡多根上校所在团的一个分遣队加入战斗，他也受了伤。

　　法军继续坚守在要塞左右两侧。天然形成的峡谷一直延伸到法军要塞的后方。不得不说，在树木掩蔽下，法军是有可能迫使反法联军撤退的，因为他们似乎正考虑转移阵地。右侧的英王直辖德意志团和左侧艾伦·卡梅伦将军的

艾伦·卡梅伦将军

轻骑兵旅有效阻止了法军的行动。索布拉尔附近轻骑兵部队的炮火持续了几个小时，直到傍晚才逐渐消停。1810年10月15日早晨，布伦特·斯宾塞爵士的师从前线撤退，只留下巡逻兵和哨兵。

与此同时，一些英国海军驾驶炮艇，在弗雷德里克·伯克利中尉的指挥下，沿塔古斯河而上，停泊在阿良德拉对面。法军一出现，他们就向周围开火，扰乱法军的侦察队伍及试图占领塔古斯河右岸村庄的队伍。一颗子弹意外射中了圣克鲁瓦将军。他坠马落地，虽然倒下的地方并未受到炮火袭击，但他很快被一颗反冲而来的炮弹几乎劈成了两半。由于圣克鲁瓦将军曾多次奋勇杀敌，并且多次发表为人称道的演讲，所以法军对他战死沙场深感惋惜。

法军在最前线建立的阵地是这样的：第二军在比利亚弗兰卡后面不远处，左翼位于塔古斯河岸，右翼向阿鲁达延伸。一队轻骑兵前去驻守蓬蒂德穆根，与圣塔伦保持联系。路易-皮埃尔·蒙布兰将军和大部分骑兵都在泽济里河岸，监视着阿布兰特什守军的行动，保卫着军队的后方。法军大本营继续设在阿伦克尔。除了路易·亨利·卢瓦宗率领的师，第六团都驻扎在奥塔。路易·亨利·卢瓦宗率领的师驻守阿伦克尔和索布拉尔之间的道路，保持着让·路易·埃伯纳泽·雷尼耶将军和阿布兰特什公爵让-安多什·朱诺将军之间的联系。隶属于第八军的龙骑兵旅被安置在卡西埃拉右侧，监视从阿伦克尔到托里什韦德拉什，再到比利亚弗兰卡及索布拉尔与阿鲁达之间的多条道路。让-巴普蒂斯特·索利尼亚克将军率领的师更偏向左翼，目的是控制阿鲁达山谷。从索布拉尔到塔古斯的整个阵地上，法军都设立了烽火台。1810年10月7日，即里沃利公爵安德烈·马塞纳元帅离开科英布拉两天后，特朗特上校率领葡萄牙民兵部队进入科英布拉，占领了法军医院——医院里还有五千名伤病员。

大量法军前来入侵葡萄牙，必然会削弱法军在西班牙摇摇欲坠的统治。在与支援他的让·路易·埃伯纳泽·雷尼耶将军沟通后，特雷维索公爵阿道夫·爱德华·卡齐米尔·约瑟夫·莫尔捷元帅认为，继续待在西班牙并非安全之举。因此，特雷维索公爵阿道夫·爱德华·卡齐米尔·约瑟夫·莫尔捷元帅从萨夫拉和洛斯桑托斯撤退，越过莫雷纳山，与南方军会合，由达尔马提亚公爵尼古拉·让·德迪厄·苏尔特元帅指挥，继续控制安达卢西亚王国。在这次行动中，弗朗西斯科·巴列斯特罗斯将军跟在特雷维索公爵阿道夫·爱德华·卡齐米尔·约瑟夫·莫尔捷元帅后面，向拉斯瓜迪亚斯堡附近进军。与此同时，拉罗马纳侯爵佩德罗·卡罗从西班牙的埃斯特雷马杜拉出发，经过阿连特茹，向威灵顿公爵阿瑟·韦尔斯利所在的方向前进。1810年10月14日清晨，在卡洛斯·奥唐奈将军的率领下，拉罗马纳侯爵佩德罗·卡罗的军队渡过塔古斯河，并于当天抵达卡贝萨德蒙塔希克。

英国增援部队到达后，威灵顿公爵阿瑟·韦尔斯利调整了军队阵容，增加了两个步兵师。至此，由詹姆斯·利思将军指挥的以葡萄牙人为主的部队改组：由特威代尔勋爵乔治·海伊将军、邓洛普将军组成的旅及威廉·斯普里将军率领的葡萄牙军队组成的第五师听命于詹姆斯·利思将军。

英军由皇家卫队、第四团、第九团、第三十团、第三十八团和第四十四团组成。

威廉·斯普里将军率领的旅由第三线列步兵团和葡萄牙第十五线列步兵团及第八猎击兵团组成。这个师的每支英军旅都包含不伦瑞克奥尔斯团的一个连。

从1809年秋开始，堡垒逐渐遍布整个里斯本，必要时可以保护军队登船。该计划最初由威灵顿公爵阿瑟·韦尔斯利提出，由理查德·弗莱彻上校及当时在葡萄牙的英国工程师们负责执行。

在战争中，以托里什韦德拉什命名的防御工事具有相当大的影响力，有效提高了军队指挥官的军事声望，完美证明军官们丰富的科学知识和深厚的实践功底，堪称堡垒的完美典范，必将被视为人类艺术的标杆。当遭受突袭或围攻时，在堡垒的完美表现面前，从前质疑这种地面工事防御能力的观点和经验之谈便会不攻自破。

在简要叙述里斯本的防御工事时，我必须指出，谈论这些细节并非完全来自个人粗浅的观察，而是来自一名对里斯本各种防御工事了如指掌的资深官员的讲解。

这里有必要解释一下里斯本的天然屏障和交通情况。里斯本位于伊比利亚半岛东南角。其间两座大山横贯而过，高低错落，延伸开来，但中部被流向大西洋的塔古斯河断开。穿过这些山脉的隘口及塔古斯河沿岸的洼地，从内陆到首都共有四条路，分别经马夫拉、蒙塔希克、布塞拉什和靠近阿良德拉的地方。这两座大山几乎平行而至，相距六英里到九英里。距离里斯本最近的防御工事在瓦隆加和金特拉之间，靠近塔古斯河。这些防线固若金汤，无法从侧翼进攻。这些防御工事连成一片，使法军极难靠近，尤其是最接近首都的第二道防线。从靠近洛伦索河口的里巴马尔一直延伸到马夫拉隘口，再延伸到卡韦萨蒙塔契克，然后是陡峭险峻的布塞拉什隘口。在隘口的右边，塞维斯山陡然下降至平原，离塔古斯河2.5英里。对于这个坚不可摧的阵地而言，后方的空间似乎是唯一易受到攻击的地方。军队指挥官们都特别注意这一点，采用一切可能的手段来巩固每条防线，其实只要稍作防守，就足以对法军的前进构成很大阻碍。

在瓦隆加前面，离河不远的平原上有一片高地，上面建造了六座堡垒。由于高地几乎是圆形的，所以能够指挥大炮向射程内的各个方向射击。其中，三座堡垒能够控制从阿良德拉到里斯本的大道。在右边的波瓦的一个小山丘上，有一座堡垒连通了金特拉方向。在塔古斯河岸边，有一座堡垒配备四门十二磅重炮，阻断了战线的最东端。这些前沿阵地连绵占据二十二英里，其间，有五十九座堡垒，包括二百三十二门大炮，预计将有一万七千五百人驻守，用以保护薄弱地段或扫平通往山顶的坡路。

布萨库战役后，反法联军本打算在前线建立一个能够长期驻防的独立驻地，一是因为威灵顿公爵阿瑟·韦尔斯利预计法军会进攻那里，二是不断巩固前沿主力驻地，可以防止其他驻地在主力驻地遭到攻击之前就被占据。这条防御链的左侧紧邻大西洋，离锡藏德鲁河的入海口不远，与托里什韦德拉什通向大海的路线平行。从距离托里什韦德拉什七英里的鲁纳峡谷后面到阿格拉萨山，是这条战线上最薄弱的一段。于是，英国工程师们不断努力地改造天然壁垒，使葡萄牙在各个方向都能抵御外敌入侵。

在索布拉尔后方的阿格拉萨山，一座巨大的要塞，配备了二十五门大炮，可以容纳一千名驻军。由于需要处于指挥中心的枢纽位置，所以威灵顿公爵阿瑟·韦尔斯利每天都会前去视察，每天早晨都到要塞确认是否发生冲突。等到天光大亮能够观察到对面驻扎的法军情况时，他才离开。从阿格拉萨山要塞出发，威灵顿公爵阿瑟·韦尔斯利率军继续前进，穿过阿鲁达山谷和卡尔汉德里兹山谷，最后停在塔古斯河畔的阿良德拉。

自然条件及人工修筑，使从卡尔汉德里兹到河岸的阵地固若金汤，但为了使要塞更加坚固并能在中间形成屏障，后方又修筑了一些堡垒，几乎和前线阵地形成直角。法军即使荡平山谷周围的全部区域，成功地进入山谷，想要穿过山谷也只能排成一列纵队。六十九个不同类型的堡垒巩固了这条防线。在这些堡垒中，三百一九门大炮蓄势待发，驻守军队的人数超过一万八千人，从一端到另一端的直线距离达二十五英里。

建造数量众多、种类繁多、错综复杂的堡垒时，总工程师理查德·弗莱彻上校被调到了前线大本营，因为那里更需要他。1810年7月6日，指挥部将全部防线的指挥权转交给约翰·托马斯·琼斯上尉。约翰·托马斯·琼斯上尉功不可没，不仅完善了先前的设计方案，还指导完成了防线上的许多极其科学、实用又难以建造的堡垒。例如，其中一项巨大工程就是在阿良德拉附近劈山开路，连接起约两英里长的战壕。战壕密不透风，形成了一堵十五英尺到十八英尺高的天然屏障，任何人都无法攻破。

面对反法联军的这条防线，法军已经知道取胜无望。满怀热情的约翰·托马斯·琼斯上尉则继续在这片广阔天地中不知疲倦地劳作，用科学的方法建造堡垒。如上所述，在先前的设计中，约翰·托马斯·琼斯上尉负责的位置既不像马夫拉和布塞拉什那样紧密相连，也没有得到巩固。当军队从布萨库抵达

约翰·托马斯·琼斯上尉

时,虽然堡垒还不是十全十美,但已经初具规模。工程师们不辞劳苦,士兵们也在辛勤劳作,他们每天都在齐心协力地增强防御力量。

有人错误地认为,通常情况下,军队一旦遇袭,就会立刻占据要塞和其他防线上的堡垒,并且很大一部分部队必然会死守这些临时堡垒。但实际上,除了炮兵，没有英国士兵会躲在高墙壁垒中固步自封。一些葡萄牙步兵，连同民兵和治安队肯定会据守要塞。而整个反法联军人数众多，装备精良，士气高涨，对其伟大的指挥官充满信心，随时准备向四面八方进军。他们将越过高山，冲下山谷，势不可挡。

布萨库战役拯救了法军。这个说法既不荒诞，也并非违背现实。如果没有这场战役，里沃利公爵安德烈·马塞纳元帅一定会进攻反法联军的防线，这一点毋庸置疑。我当时就说，如果不是在阿尔科巴山吸取了有益的教训，那么一旦在里斯本以同样的精力、信心和勇气执行类似在布萨库时的进攻，就必然会无功而返，甚至遭受更加严重的损失。

交通要道上修筑的堡垒把河流从中阻断，使河水涌向山谷。整个区域变成一片湖泽，无法通行。由于战壕相互分隔，多数步兵得到充分保护，可以向法军前进的纵队开火。法军纵队的两侧还有大炮，可以朝四面八方扫射。之前提到过，此处山峰非常陡峭。更要命的还在后面——反法联军可以封闭峡谷的入口，阻挡通往工事的道路，也可以深挖壕沟，使通往前线的道路无法通行。其他部队既可以重组或联合以便于通讯，并且采用火炮优先策略，也可以缩短部队移动距离，集中兵力进行防御——就连桥上也埋好了地雷，准备随时爆破。

阿良德拉、阿格拉萨山、索科尔拉、托里什韦德拉什及蓬蒂德罗尔的后方都设有电台，能够实现从防线的一端到另一端的快速通信。信号站由"巴夫勒尔"号上的利思中尉指挥塔古斯舰队的水手们负责搭建。1810年10月7日后的三个月里，为了完成通信工程的屏障、栅栏、平台和板桥等的建设，工程部门调集了五万棵树木。

堡垒中的大炮是由葡萄牙政府提供的。这些十二磅重炮之前没有安装轮子，是用牛车运过来的。全国有三千多名军官和炮兵负责镇守这些堡垒，他们同时在防线各处兼任各种职务。有一段时间，除了英国工程师、技工和步兵，还有七千名农民以劳工身份参与其中。不过，给劳工们分配的任务地点都是条件相对较好的地方。邻近的军械库和塔古斯河上的英国舰队与里斯本一直保持联系，定期向劳工支付报酬。军官们满怀热情，竭力完成任务。最重要的是，他们的聪明才智和指挥才能能够在这种军民组合中发挥最大作用。只要劳工们稍有松懈，军官们就会及时敦促。

抵达前线后，反法联军部署如下：

丹尼斯·帕克将军及其葡萄牙步兵旅驻扎在阿格拉萨山的主堡垒里。詹姆斯·利思将军指挥第五师驻扎在高地正后方。罗兰·希尔爵士的部队驻守在阿良德拉阵地。从阿鲁达到阿格拉萨山一线由克劳福德将军指挥的轻装师负责。布伦特·斯宾塞爵士、劳里·科尔爵士和亚历山大·坎贝尔将军分别指挥第

劳里·科尔爵士

一师、第四师和第六师，分别各自驻扎在济布雷拉、里巴德拉和鲁纳，与右侧的詹姆斯·利思将军和左侧的托马斯·皮克顿将军呼应。托马斯·皮克顿将军的第三师则占据托里什韦德拉什，守卫齐赞德拉防线。

骑兵驻扎在第二道防线最左边的村庄里，因为只有在那里或中部的空地上，骑兵才能在进攻时派上用场。拉罗马纳侯爵佩德罗·卡罗则率军驻扎在恩沙拉多斯卡瓦雷罗斯。

每个堡垒里都挤满了驻军，堆满了粮草和弹药；每条战壕都由专门的工程师负责；每个师都配有向导。一切都处于最佳战备状态，随时准备迎接法军。日复一日，人们焦急地等待法军发动进攻。当然，这种期待注定不会实现了——里沃利公爵安德烈·马塞纳元帅没有来。与战争期间做出的任何其他决定相比，面对固若金汤的堡垒，里沃利公爵安德烈·马塞纳元帅知难而退，不仅证明了他丰富的军事知识和正确的决断，而且无愧于他作为将军的英名。

据约翰·托马斯·琼斯上校描述，当时的人们都知道，阿布兰特什公爵让-安多什·朱诺将军曾要求总司令允许他率领第五师在天亮前攻打索布拉尔大堡垒。他如果这样做了，那么首先遇到的将会是勇敢、坚毅的丹尼斯·帕克将军。第五师一旦登上山脊，只消等片刻，就会被打得狼狈不堪，甚至很可能全军覆没。

法军在前线持续作战的期间，反法联军始终全副武装。前十天，经常浓雾弥漫。雾散之前，无论远近，任何东西都看不清，只有等到日出后，雾才会逐渐消散。在这种情况下，威灵顿公爵阿瑟·韦尔斯利留在阿格拉萨山的堡垒中，仅凭声音就能判断法军是否靠近。有时，法军前哨会从雾中试探着发出几声枪响，让反法联军焦虑起来，想弄清楚枪声是否会继续或是更猛。不过，反法联军的担忧从未成真，没有人试图进攻任何一处堡垒，也没有人胆敢尝试穿过这条宽广的防线。

每天都有逃兵从法军阵地叛逃而来，报告那里物资匮乏、困难重重。显然，里沃利公爵安德烈·马塞纳元帅不会进攻反法联军，但什么时候离开还不确定。1810年11月14日早晨，法军终于放弃了所有营地，从反法联军前线撤离了。在那些窝棚里，法军受够了等待、失望、疾病、恶劣的天气和各种物资短缺的煎熬。里沃利公爵安德烈·马塞纳元帅结束了他的军旅生涯，被迫退休。在漫长的一段时间里，他既没有找到丝毫机会扭转局面，也根本找不到任何借口为失败的防御战术辩护。

来到葡萄牙之前，里沃利公爵安德烈·马塞纳元帅可能完全不了解这些天然或人为的要塞有多厉害。可当身临其境时，他必然会很快了解威灵顿公爵阿瑟·韦尔斯利的防御意图及把这些意图付诸实施的漂亮手段。在1810年10月到1810年11月，当里沃利公爵安德烈·马塞纳元帅明白了这一点后，就再也找不到令人满意的理由把营地扎在反法联军营地附近，因为他完全没有勇气进攻这支威武之师。

谈到里沃利公爵安德烈·马塞纳元帅的行为时，人们也许会说，他一直期望有援兵来增强其军队实力，这样就可以尝试对反法联军阵地采取强硬的手段。但后来的事件证明，这是不可能的。

可能还有人会问，是否能换个地方绕开反法联军的坚固的营地或者是转向更具威胁性的位置，但这也不能成为拖延的理由。法军没有做任何类似的尝试，一直处于麻木、无动于衷的状态。撤掉了前哨后，没有其他军事行动的迹象，也没有任何形式的小规模进攻，一个分队毫无生气，另一个分队也并无作为。军事史册记载，虽然与反法联军的兵力相差无几，但里沃利公爵安德烈·马塞纳元帅不愿交战，比在里斯本的表现更加明显。

反法联军在各方面都得到了充足的供应：给养、衣物和资金从里斯本运来；每天都有新征入伍的士兵前来增援；伤员也能够得到医疗部门的救治。一方面，面对有力的保障，反法联军满怀信心，精神抖擞。另一方面，里沃利公爵安德烈·马塞纳元帅率领的是一支不讲战术原则的军队，一意孤行向前推进，在第一次交锋中就被击败，但仍自以为是地认为反法联军只是因为阵地的特殊性侥幸胜利，而不是因为保卫阵地的人英勇无畏。虽然对科英布拉和索布拉尔之间地形的印象可能成为聊以自慰的借口，但当一条更加可怕的防线出现时，这种印象一定会消失，因为法军一定会在这条战线上遇到同样强大的几个营。里沃利公爵安德烈·马塞纳元帅的部队后来选择撤退的原因主要包括：在敌国境内缺少弹药，以及艰难地暴露在寒冷、潮湿、多雨的天气中引发的疾病蔓延等，但最重要的是，士兵们不再渴望荣誉，对掠夺失去热情。于是，逃兵越来越多。与1810年3月开始向阿尔梅达进军时相比，里斯本距离法军更加遥远，不太可能通过强攻来夺取。

在查明1810年11月14日法军撤离行动的虚实后，威灵顿公爵阿瑟·韦尔斯利便率领部队向法军方向前进。1810年11月15日，第一师威廉·厄斯金爵士率领的旅通过索布拉尔镇。索布拉尔镇剩下的唯一一个人是英国第七十一团的一名伤兵。1810年11月16日，第五师向前挺进。第一师丹尼斯·帕克将军的葡萄牙旅和轻装师都已经在前往圣塔伦的路上。不幸的是，雨不停地下，天气变得比平时更加恶劣。已经被法军践踏损坏了的道路也变得坑坑洼洼，几乎无法通行。

1810年11月18日，第五师向阿伦克尔进军。抵达阿伦克尔时，英军发现，法军毫无疑问完全是为了泄愤才把它摧毁的。不可思议的是，英军发现里沃利公爵安德烈·马塞纳元帅的司令部驻地和一个月前的竟然是同一个地方。詹姆斯·利思将军住的地方曾经是总司令的住处，现在已满目疮痍。法军十分厌恶英军，因为法军对葡萄牙当地人口的减少感到非常不适应。然而，可悲的发泄怨气是毫无理由的，只会遭到反对者的蔑视。当然，对于士兵而言，这种发泄方式也是对他们所属军队纪律的侮辱。

1810年11月19日，英军穿过阿赞布雅。法军留下的废墟和沿途其他不幸的城镇一样惨不忍睹。阿赞布雅的大多数房子都没了屋顶，门窗也被烧毁，屋内的情况更糟，根本无法居住。晚上，部队抵达卡尔塔舒。就在这一天，英军遇到了几百名被英军先导团俘获的法军俘虏。俘虏们的样子十分悲惨。疾病和缺衣少食已经使他们虚弱不堪，无法忍受长途跋涉的艰辛。他们甚至连再迈一步的气力都没有了。

威灵顿公爵阿瑟·韦尔斯利打算在1810年11月19日把法军赶出圣塔伦。但由于计划前来支援的丹尼斯·帕克将军的炮兵部队来迟了些，威灵顿公爵阿瑟·韦尔斯利未能达成所愿，整个行动推迟到第二天。直到1810年11月20日上午，第五师才接到参加战斗的命令。

详述威灵顿公爵阿瑟·韦尔斯利设想的进攻行动之前，有必要说明一下法军当时的位置变化情况。

决定退到圣塔伦，驻防泽济里河和托马尔一线时，里沃利公爵安德烈·马塞纳元帅命令第六军从奥塔撤退。埃尔欣根公爵米歇尔·奈伊元帅将指挥部设在了托马尔，其军队驻扎在左侧的泽济里河附近。埃尔欣根公爵米歇尔·奈伊元帅的右侧紧邻欧伦的后方。路易·亨利·卢瓦宗将军率领他的师和一支龙骑兵队占领了古勒冈。路易-皮埃尔·蒙布兰将军率领大部分骑兵向莱里亚附近进发，把大本营设在了托雷斯诺瓦斯。军队医院和民政部门则迁至圣塔伦。

1810年11月14日晚，天黑后不久，第八军就出发了。1810年11月14日19时，贝特朗·克劳塞尔将军撤到前线岗哨，把他率领的师集结在索布拉尔，从索布拉尔踏上了通往阿伦克尔的道路。

与此同时，让-巴普蒂斯特·索利尼亚克将军也调集部队，在高地上严阵以待，控制着阿鲁达山谷。克洛德·弗朗索瓦·弗雷将军率领的旅接到命令，在阿布兰特什公爵让-安多什·朱诺将军的部队全部通过阿伦克尔的道路之前，不得撤退，并派一个骑兵旅封锁了行军路线。

1810年11月17日，第八军向佩尔内什进发，让·路易·埃伯纳泽·雷尼耶将军则继续留守圣塔伦的险要高地。

圣塔伦的城镇四周环绕平原。马约尔河及其他小河流通过平原流入塔古斯河。在这座城镇的南面，塔古斯河岸陡然升起，高出地面许多。要想从其他方向接近，都必须通过沼泽地。再加上交汇处河水上涨，想要通过更是难上加难。

从卡尔塔舒穿过马约尔河到达圣塔伦附近的道路，两边各有一条带围墙的堤道通往大桥。堤道穿过河岸上的沼泽地带，高出平原几英尺，全长四百英尺。路对面有一座坚固而巨大的树木搭建的鹿砦。鹿砦后面是第二军的前沿阵地。在圣塔伦一侧，靠近堤道尽头的高地上配备了大炮，可以控制整个地区。为了进一步加强防御，法军在通往阵地的道路上设置了壕沟，砍倒了树木，使通行极其困难。让·路易·埃伯纳泽·雷尼耶将军认为自己有天险可据，摧毁马约尔桥与否并不重要。

尽管障碍重重，威灵顿公爵阿瑟·韦尔斯利还是决定在1810年11月20日清晨攻打第二军。特威代尔勋爵乔治·海伊将军所属团的第五旅和丹尼斯·帕克将军的葡萄牙旅奉命穿过马约尔河，向法军右侧迂回，待到达位置后再向前推进，直到在高地上建立据点后，再等待下一步命令。布兰特·斯宾塞爵士指挥的第一师和詹姆斯·利思将军指挥的第五师的两个旅将沿着堤道成纵队前进，到达河对岸，然后离开大路，越过左边的围墙，在平地上列队直接逼近法军。轻装师则需要强行渡过马约尔河，与一支轻装骑兵队，靠近马约尔河与塔古斯河的交界处，在法军的左翼负责机动。

黎明时分，英军各部去执行任务。雨下了一整夜，道路变得坑坑洼洼。当部队接近马约尔河右岸的高地时，大雨骤停，天气开始好转。部队到达堤道西端的高地上停了下来，从高地上可以清楚地看到法军的一切防御准备。

尽管让·路易·埃伯纳泽·雷尼耶将军之前对自己所处地理位置很有信心，但反法联军的集结行动让他非常震惊。特威代尔勋爵乔治·海伊将军和丹尼斯·帕克将军率领部队，似乎要向右翼发起进攻，这正是让·路易·埃伯纳泽·雷尼耶将军最担心的。让·路易·埃伯纳泽·雷尼耶将军没有考虑过英国军官能用什么办法越过马约尔河，以为河水上涨能让法军高枕无忧，尤其是对于没有浮桥或造桥设备的英军来说，泛滥的河水足以形成有效阻碍。让·路易·埃伯纳泽·雷尼耶将军面前的这支英军部队势不可挡。与此同时，轻装师包围了塔古斯河岸。贝特朗·克劳塞尔将军的第八军，距离他能联络到的最近的步兵团有四里格远。于是，让·路易·埃伯纳泽·雷尼耶将军准备撤退——伤

贝特朗·克劳塞尔将军

病员和装备都被运送至古勒冈,同时向总司令阿布兰特什公爵让-安多什·朱诺将军报告了自己目前的情况及危险的处境。

　　反法联军第一师和第五师登上了高地,但仍焦虑不安,时刻期待着左侧军队交战的消息。法军似乎也同样关注事态的进展。然而,这看似是一场重大战役的前奏,结果却并非如此。如果不付出巨大的代价,这条堤道是不可能被攻破的;威灵顿公爵阿瑟·韦尔斯利也不可能立即确定其余法军的确切位置,从而做出判断;仅靠侧翼进攻,并不能把第二军赶出多远。不过,最终双方在相互揣测中放弃了一切进攻的打算。特威代尔勋爵乔治·海伊将军率领的旅重新加入并随团撤退到卡尔塔舒。艾伦·卡梅伦将军率领的旅和英王直辖德意志团也在卡尔塔舒驻扎了一夜。

特威代尔勋爵乔治·海伊将军

在此次行动中，法军重新在庞赫特附近的泽济里河上架起了一座桥，于是，罗兰·希尔爵士率领部队在比利亚达搭乘里斯本舰队的船渡过了塔古斯河进行堵截。这样一来，法军就不可能从阿连特茹获得补给了。

1810年11月23日上午，英军第五师从卡尔塔舒出发，经过通往里斯本大路右边的一条小路，在阿韦罗德巴克斯村和德西马村驻扎了一晚。英军住在阿韦罗公爵的庄园里。庄园坐落在山谷中，规模很大，周围美景环绕。由于法军对这座不幸的庄园采取了异乎寻常的暴力手段，所以宽敞的大楼里没有一扇窗户是完整的。为了破坏时少费些力气和时间，法军故意砸开了窗扇。

1810年11月24日，英军第五师将大本营迁到阿尔科恩特雷。法军现在的据点最能满足军队需要：古勒冈山谷、托马尔山谷和泽济里河右岸不仅是葡萄牙最肥沃的地区，而且人烟稀少，不像在布萨库战役后法军进攻的沿海地区那样倾城而出。

里沃利公爵安德烈·马塞纳元帅从肥沃的地区获得给养。法军靠自发搜寻粮食得以维系生存，建立了一套非常细致的觅粮制度——不仅在营地附近实行此制度，而且推行至全国范围。由于营地附近的谷物和牲畜都已消耗殆尽，各支部队每天的行军路程也随之变得更加漫长，更加令人烦恼。由于长期疲劳，以及遭受季节性疾病的折磨，法军的有效兵力迅速减少，也没有任何及时的增援或救济。法军将领与西班牙和法兰西帝国的通信被阻断，无法得知事态的发展，也不了解皇帝拿破仑·波拿巴对未来战局的部署情况。这场战役的前景与里沃利公爵安德烈·马塞纳元帅的预期完全不同。

1810年12月月初，由三千名步兵和三个骑兵中队护送，查尔斯·加尔达纳将军率领一支运送给养的大车队进入葡萄牙，向里沃利公爵安德烈·马塞纳元帅的军队运送补给物资。查尔斯·加尔达纳将军来到卡尔迪古什，在距泽济里河岸不到三里格的地方联系上了法军。出于某种莫名其妙的原因，他感到惊慌失措，沿原路折返，在葡萄牙民兵和治安队的追击下，又回到了西班牙。

1810年12月，无论是反法联军的位置，还是战争的性质，都发生了微妙的变化。唯一一次与法军发生冲突，也是因为反法联军试图将法军阵地右路而来的收粮队阻挡在奥比杜什之外。

为葡萄牙军队效力的芬威克上尉曾在奥比杜什经历过大大小小二十多次战斗，挫败过法军，也俘虏过法军。在这些战斗中，他表现出了勇于进取、英勇无畏的精神和过人的决断力。他率领八十名驻防民兵在阿尔科巴萨附近的一个村庄向人数相当的法军掷弹兵发起进攻，在迅速追击法军时受了重伤。从指挥葡萄牙民兵对抗法军这方面来看，即使是小规模战斗，也经常取得胜利，这证明了芬威克上尉是一个军事天才。

军队到达阿伦克尔不久后，马克西米利安·塞巴斯蒂安·福伊将军就被派往巴黎。根据他的情报，埃尔隆伯爵让-巴普蒂斯特·德鲁埃将军率第九团奉

埃尔隆伯爵让－巴普蒂斯特·德鲁埃将军

米歇尔·马里·克拉帕雷德将军

命深入葡萄牙进行侦察，直到与里沃利公爵安德烈·马塞纳元帅取得联系，了解清楚他的军队状况后，又返回西班牙边境。埃尔隆伯爵让-巴普蒂斯特·德鲁埃将军把骑兵部队留在阿尔梅达附近，由米歇尔·马里·克拉帕雷德将军指挥，连同另外一个师驻扎在瓜达。查尔斯·加尔达纳将军的师则经过蓬特德马尔塞拉驻守蓬巴尔。在蓬巴尔，查尔斯·加尔达纳将军和法军右翼取得了联系。此次进军法军暂时不用担心侧翼和后方受到民兵队的攻击。这些民兵队曾让法军非常烦恼，但尚且不足以与一万名正规军抗衡。

里沃利公爵安德烈·马塞纳元帅试图阻止埃尔隆伯爵让-巴普蒂斯特·德鲁埃将军回撤，一直在劝说他。直到接到来自巴黎的命令，埃尔隆伯爵让-巴普蒂斯特·德鲁埃将军才又继续前去增援葡萄牙的法军。因此，里沃利公爵安德烈·马塞纳元帅在莱里亚指挥军队加强、扩大了阵线。此后，里沃利公爵安德烈·马塞纳元帅把部队转移到左翼，驻扎在塔古斯河岸边。增援部队一到，法军就在庞赫特搭桥，帮助从安达卢西亚向瓜迪亚那进攻的达尔马提亚公爵尼古拉·让·德迪厄·苏尔特元帅和特雷维索公爵阿道夫·爱德华·卡齐米尔·约瑟夫·莫尔捷元帅通过塔古斯河，以骚扰反法联军的大本营。

让·巴普蒂斯特·埃布莱将军率领的炮兵费了很大力气，架起了一百五十座浮桥。一切准备就绪，法军准备横跨塔古斯河搭建两座桥：一座在庞赫特的泽济里河上，另一座在马蒂切尔。在此期间，反法联军的阵线如下：大本营连同皇家卫队和艾伦·卡梅伦将军的旅占据卡尔塔舒，英王直辖德意志团在阿韦罗德巴克斯；威廉·厄斯金爵士的旅在阿尔昆特林哈；托马斯·皮克顿将军的师在阿尔科恩特雷；詹姆斯·利思将军在托里什韦德拉什；将军劳里·科尔爵士在阿赞布雅；亚历山大·坎贝尔将军在阿伦克尔；骑兵向阵地前方或左侧扩大防线范围。

1811年1月19日5时，阿布兰特什公爵让-安多什·朱诺将军率领五千名步兵和三百名骑兵离开阿尔坎赫德。他率领反法联军的士兵穿过城镇，向马约尔河进军。其间，有人认为阿尔科恩特雷及其附近集结了大规模的部队，目的是从法军右侧扩展战线。确定收到的情报错误后，阿布兰特什公爵让-安多什·朱诺将军返回了营地。第八军总参谋长受了重伤。阿布兰特什公爵让-安多什·朱诺将军来到轻装部队前面，走上一个高地，以便更仔细地观察反法联军的阵地和兵力。这时，撤退的哨兵向他开火，一颗卡宾枪子弹擦过他的鼻梁，打在了右侧的颧骨上。直到第二天，子弹才被取出来。

1811年1月23日，拉罗马纳侯爵佩德罗·卡罗在卡尔塔舒去世。他军旅生涯的最后一次行动是下令派遣部队力阻达尔马提亚公爵尼古拉·让·德迪厄·苏尔特元帅在西班牙埃斯特雷马杜拉的行动。何塞·门迪萨瓦尔将军被委以此项重任，却在执行任务时证明了自己的极度无能——一直以来，何塞·门迪萨瓦尔将军在瓜迪亚纳左岸的乡下练兵。从塔古斯来的西班牙步兵奉命直接前往支援他。

1811年1月30日，达尔马提亚公爵尼古拉·让·德迪厄·苏尔特元帅开始围攻巴达霍斯，同时进攻与之平行的要塞——帕尔德勒拉什。西班牙驻军的指挥官非常坚强，准备坚守阵地。如此看来，法军要想拿下帕尔德勒拉什，势必要耽搁相当长的时间，还得遭受一定损失。指挥这场围城战的特雷维索公爵阿道夫·爱德华·卡齐米尔·约瑟夫·莫尔捷元帅尽一切可能速战速决，但在1811年2月3日被守军的一次突击行动切断了部分道路。两千名步兵，连同三个骑兵中队，把士兵和守卫从十二道壕沟里赶了回去。不过，被切断的路很快就修好了。1811年2月11日晚，帕尔德勒拉什遭到袭击。

何塞·门迪萨瓦尔将军在格博拉河右岸扎营。由于其左翼有圣克里斯托瓦尔堡的掩护，所以他可以坐视围城战的进展。不幸的是，由于瓜迪亚纳河对面法军工事的炮火，他被迫离开了这个非常有利的位置。因此，为了避免一点小麻烦，他放弃了守卫堡垒，向左边行进——那里只有河水泛滥的地方可以起到保护作用。有几天，何塞·门迪萨瓦尔将军的军队无法通行。水面逐渐下降以后，达尔马提亚公爵尼古拉·让·德迪厄·苏尔特元帅决心在不违背基本作战方针的前提下，对这股毫无威胁的力量发动进攻。1811年2月18日晚，法军涉水行军，渡过了河，击溃了西班牙军队，夺取了大炮、营地装备和随身物资。这真是彻底的溃败：逃亡者躲避在巴达霍斯或埃尔瓦什的城墙里，要么全部被杀被俘，要么被驱散。就像在所有类似的战斗中一样，卡洛斯·德·埃斯帕尼亚将军表现突出，但除了马登将军率领的葡萄牙骑兵旅与西班牙军队协同作战，这支倒霉部队的其他分队都枉顾卡洛斯·德·埃斯帕尼亚将军的勇敢和努力，选择了逃离战场。西班牙军队遭受来自四面八方的毁灭性打击，早已分崩离析，但撤离战场时的队形着实令人称道。

围攻巴达霍斯的战役进展缓慢。在这种情况下，法兰西帝国的元帅们都想速战速决，这恰好证明了巴达霍斯军政府防守得很坚决。1811年2月过去了，法军没有任何希望立即拿下城池。不幸的是，在侦察出击情况时，拉斐尔·梅纳乔将军中弹身亡。这种事故在战争中时有发生。由于这个令人悲叹的事件，卫戍部队的指挥权落到了何塞·伊马斯将军的肩上。他是个软弱、优柔寡断的人。守军的士气立刻发生了变化，炮台被突破的第二天，巴达霍斯投降。幸运的是，英国七千名增援士兵抵达塔古斯河后，里沃利公爵安德烈·马塞纳元帅开始撤退。

随着英军逐渐活跃，法军决定撤退，但最终我没能目睹，也无法试着描述当时的场景，因为我们没能参与那之后的行动。不过，更能准确叙述后续事件的人已经不止一次地对此进行了非常详细地叙述。就在里沃利公爵安德烈·马塞纳元帅有意放弃葡萄牙领土之前，詹姆斯·利思将军因病返回了英国。装备有五十门火炮的"高更"号，载着斯台普顿·科顿爵士、詹姆斯·利思将军和科尔曼将军、特威代尔勋爵乔治·海伊将军、詹姆斯·海伊勋爵、杜德利船长及讲述这段故事的亲临者，驶离了伊比利亚半岛的海岸。

第4章

巴达霍斯战役

1812年1月19日晚,威灵顿公爵阿瑟·韦尔斯利成功夺取罗德里戈城,这着实令人钦佩。在詹姆斯·利思将军的指挥下,第五师奉命进城,开始修复防御工事。

夺取罗德里戈城时,正值狂风暴雨盛行的季节,虽然自然条件非常不利,但由于安排部署合理,再加上英国将军的果断和远见、工程师们的努力和士兵们的英勇,行动既没有遇到人为障碍,也没有造成非常严重的人员伤亡,转眼间就让法兰西帝国将军们谋划的一切救援付诸东流。

在圣弗朗西斯科郊外,率领轻步兵师登上豁口时,罗伯特·克劳福德将军受了致命伤,跟随他的部队也遭受了严重的损失。罗伯特·克劳福德将军使命感极强,对严守纪律有近乎苛刻的要求。他专业的军事指挥塑造了这些品质——不仅体现在小细节上,也在他广泛搜集信息、克服实际困难、全面做出科学判断等方面展现得淋漓尽致。他在任何场合都表现得英勇无畏,极大地激发了将士们的信心。如果说他身先士卒的性格有些鲁莽,那也是因为他过于迫切地希望与法军短兵相接。

刚攻下罗德里戈城,威灵顿公爵阿瑟·韦尔斯利就决定继续拿下巴达霍斯。因此,前线修复工作的进度加紧了:填满战壕,堵住缺口,修筑工事,以

英军攻打罗德里戈

英军登上罗德里戈城头,扯下法国军旗,升起英国军旗

防止法军从泰松省靠近,并且尽全力做好迎战准备,以应对拉古萨公爵奥古斯特·弗雷德里克·路易·维耶斯·德·马尔蒙元帅在萨拉曼卡集结的强大的军队。

阿尔梅达的防御工事也被修复了一些,堡垒得到了补给。因此,罗德里戈城与巴达霍斯再次成为阻止在贝拉的军队入侵葡萄牙的屏障,法军的攻城炮也在罗德里戈城被俘获。

1812年3月6日,军队向塔古斯河进发,第五师少数轻骑兵独自留守阿格达河岸。为了确保反法联军的行进万无一失,威灵顿公爵阿瑟·韦尔斯利采取了

古萨公爵奥古斯特·弗雷德里克·路易·维耶斯·德·马尔蒙元帅

阿曼德·菲利蓬将军

诱导法军的战术，但如果不事先做好准备，散布一些消息，这种战术将无法实现。于是，总督阿曼德·菲利蓬将军向达尔马提亚公爵尼古拉·让·德迪厄·苏尔特元帅报告，可以立即展开包围。威灵顿公爵阿瑟·韦尔斯利将迅速迎来又一个胜利——这次胜利比罗德里戈城的那次胜利更加重要。1812年3月11日，威灵顿公爵阿瑟·韦尔斯利抵达埃尔瓦什。1812年3月16日，托马斯·皮克顿将军指挥的第三师、查尔斯·科尔维尔将军率领的第四师及巴纳德上校临时指挥的部队围住巴达霍斯。阵前部署了两支侦察部队：第一师、第六师、第七师和两支骑兵旅，由托马斯·格雷厄姆爵士指挥，向萨夫拉和列雷纳推进；在罗

托马斯·格雷厄姆爵士

兰·希尔爵士指挥由约翰·汉密尔顿将军的葡萄牙军队和一支骑兵旅组成的第二师占据了梅里达和阿尔门德拉莱霍之间的瓜迪亚纳河岸。

这时,离巴达霍斯城墙最近的是埃尔隆伯爵让-巴普蒂斯特·德鲁埃将军指挥的南方军。就在托马斯·格雷厄姆爵士进攻期间,南方军占领了比利亚弗兰卡德洛斯巴洛斯和洛斯桑托斯,但随即又撤回到奥纳乔斯。这次至关重要的围攻战从一开始天气就极其恶劣,倾盆大雨不仅给战壕的修筑和炮台的架设造成了困难和延误,而且让参战的士兵吃尽了苦头。在天气恶劣的时节里,士兵们无处栖身。

1812年3月22日，第五师到达罗德里戈城附近，完成了对瓜迪亚纳河右岸的合围。当晚，河水暴涨泛滥，卷走了浮桥；再加上水流迅猛，阻碍了搭建浮桥的船通行。这样一来，如果浮桥通道中断，那么本就运输不便的弹药和补给只能被迫中断。但幸运的是，河水不久便逐渐下降，浮桥得以修复，围城战也没有中断。

1812年3月24日，第五师包围了圣克里斯托瓦尔堡。1812年3月25日，装备有二十八门大炮的炮兵团向圣罗克鲁内特的皮古里纳要塞的月牙形堡垒及拉特立尼达和圣·佩德罗堡垒开火。夜幕降临，詹姆斯·肯普特将军在战壕里指

詹姆斯·肯普特将军

第4章 巴达霍斯战役

挥部队，向皮古里纳堡垒发起猛攻。来自第三师的三支特遣小分队突击防御工事，守军遭到了有力的防御。不过，在工程师霍洛韦上尉和波伊斯上尉的指挥下，第八十三团还是成功地爬了进去。随后，其他小分队占据了城墙。法军不是被杀就是被俘。波伊斯上尉在工事的防护墙上受了重伤。

达尔马提亚公爵尼古拉·让·德迪厄·苏尔特元帅迟缓的行动与其在1811年围城战时如出一辙。在那次惨烈的围攻阿尔布费拉的行动中，他也没占得便宜。这一次，他集中兵力，从塞维利亚向列雷纳挺进，显然是为了扩大包围圈。托马斯·格雷厄姆爵士按照军队指挥官预先的安排撤退了。炸毁位于梅里达附近瓜迪亚纳河上的大桥中心桥拱后，罗兰·希尔爵士的部队也退回到了塔拉韦拉-拉雷亚尔。

尽管在围城战役的整个过程中，天几乎一直下着大雨，但军队始终攻势不减，将士们都表现出了巨大热情和决心，战胜了一个又一个困难险阻，用极

巴达霍斯战场上，英军进攻法军踞守的堡垒

英军迫近巴达霍斯的城墙

短的时间在巴达霍斯的城墙上打开缺口。这支威武之师,再加上有效的拖延手段给英军争取了机会,强攻制胜就不成问题了。这是威灵顿公爵阿瑟·韦尔斯利最大胆、最明智的策略:面对同样数量众多的法军,威灵顿公爵阿瑟·韦尔斯利当机立断,赶在大批法军援兵到来之前果断地直击要害,拿下了巴达霍斯。

1812年4月5日,第五师在比恩托山后方扎营,准备配合进攻。1812年4月6日晚,反法联军的四个师看似都有机会登上巴达霍斯的城墙,胜利完成任务,但只有最优秀的士兵和最勇敢的人才能如愿以偿。

全面进攻巴达霍斯的时间最终确定为1812年4月6日22时,因为有些安排必须等到天黑以后才能进行,所以这也是大家公认的最早时间。这样一来,不可避免地会拖延时间,使英军更难从缺口突破。1812年4月6日19时30分,炮兵团停止了射击。在随后的两个半小时里,法军一直忙不停,用耙子、叉子等堆满缺口,在城墙防护栅栏上插满利刃。法军运用一切聪明才智,竭尽所能地封堵那些被摧毁的堡垒:在那些破烂不堪的墙上已然构筑了一些防御工事——各种各样的可燃物沿着护墙摆放着,随时可以精确地、不间断地扔下去——炮弹、火筒和手榴弹,加上连续的火枪射击,拉特立尼达和圣特马里堡垒的护城沟里火焰翻滚,看上去十分吓人。想要毫发无损是绝无可能的,或者说,在生死攸关的枪林弹雨面前,任何一个人都不可能全身而退。第四师和轻装师的将士们英勇地展开强攻,多次试图从缺口进入,虽然历经多次败退,但仍没有丝毫退缩,毅然坚持战斗了很长时间。偶尔有几个勇敢的人爬上缺口,试

英军与法军近距离交战

英军架设云梯攻击城墙

图拔出剑刃近身肉搏,但不是被刺中,就是被枪弹打死,或者稍有胆怯之意便又滚落回沟渠中。不过,英勇的士兵们——"告诉大家,是什么让你坚持奋勇杀敌?"

这边突破缺口的战斗已令人极其沮丧,而另一边托马斯·皮克顿将军率领第三师夺取堡垒时也陷入困境。一个多小时以来,通过云梯强行突破失败了,将士们的英勇、坚毅、勤奋和决心都白费了。虽然云梯已经搭好,可以爬上去,但接连不断爬上护城栅栏的士兵都阵亡了。最后,第三师主要将领们亲率士兵前仆后继地不断进攻,不顾一切地登上云梯,终于在一个云梯的顶上开辟出了入口,站稳了脚跟。云梯下的部队也奋勇向前,赶来增援。守军渐渐无力抵抗,第三师最终占据了堡垒。

在防御缺口后方集结部队并向前推进的命令随即下达,但人们发现,法军在大门前设置了大量路障,防止英军强攻。在其他工程部队的协助下,第三师清除了周围的障碍。最后，托马斯·皮克顿将军下令在堡垒已占领的区域集结军队，等待天亮。

一名军官率领携带着绳梯的工兵部队从工程营出发，前往第五师的营地，结果迷了路。于是，詹姆斯·利思将军不得不把攻下圣文森特堡垒的行动推迟到1812年4月6日23时以后。间歇期间，为了引起法军的注意，詹姆斯·利思将军决定对帕尔德勒拉什防御工事发动一次佯攻。葡萄牙第八猎击兵团执行此项任务，顺着工事的斜堤不断开火以骚扰法军。最后，梯子被送达第五师后，军队便向工事的西北角移动。詹姆斯·利思将军奉命率一个旅攀爬圣文森特堡垒，同时命令麾下其他部队一起支援进攻。于是，乔治·汤曾德·沃克率第四团、第三十团和第四十四团登上城墙。据说，这项任务的困难之处就在于：堡垒的正面是一座三十一英尺六英寸高的山崖，两侧部署了大炮——火力能够覆盖整片峭壁。而在约十二英尺高的悬崖峭壁上，一个五英尺六英寸深、六英尺六英寸宽的壕沟挖好了。英军士兵还在斜堤上就被守军发现了，还没来得及攻入堡垒，就被猛烈的炮火击中。然而，什么都阻挡不了乔治·汤曾德·沃克将军和他率领的部队向前进发。到达高大的城墙下后，城墙上的法军也做好了充分的防御准备，尽量向前推进，阻挡顺着三十一英尺高的梯子爬上来的人。当时的情况似乎不利于防御，但绝不是轻而易举就能攻下圣文森特堡垒。起初，架设的梯子还很少，一些刚竖起来就被守军从墙上扔下去，另一些则是用青木头做成的，打开后长度不够。因此，部队只好挑出三四个精兵强行突破。最终，法军还是强攻进去了。乔治·汤曾德·沃克将军在城墙上集结部队，奉命继续前进，在工事内绕了一圈，到达守军后方的缺口处。

在人类已有的作战方式中，埋地雷是个令人闻风丧胆的毁灭性手段。没有任何战争武器或战备策略能像埋地雷一样，对士兵们产生如此强大的震慑力。在黑夜笼罩的险恶大地上，英军本以为做好了应对各种艰难险阻的万全准备，但仍存在各种不确定性。这没什么奇怪的，不会有损士气，因为面对各种不确定性，即使最勇敢的士兵也会对哪怕微不足道的事情犹豫不决。法军大

攻城过程中,英军引爆炸药

炮、步枪、城墙和刺刀都没有击垮的将士们看见了一团巨大的火焰，瞬间恐惧万分——乔治·汤曾德·沃克将军所在旅的部分士兵误以为这是地雷爆炸的征兆，吓得连连后退。令人欣慰的是，詹姆斯·利思将军已经率领他部队的右路旅前往城里支援。在纽金特上校的指挥下，第三十八团二营已经登上城墙，并集结起来。当上述情况发生时，纽金特上校的部队已做好准备，向追击的法军一齐射击并发起刺刀冲锋，迅速结束了战斗。在短暂的后退过程中，乔治·汤曾德·沃克将军受了重伤，而第三十团英勇的格雷中校因大出血阵亡，未能撑到救援到来。

　　乔治·汤曾德·沃克将军的旅重新集结起来。英军其他部队也都爬上云梯，整支军队都通过守军后方的缺口进入。詹姆斯·利思将军爬云梯时，上方的一个士兵被打死掉落下来，险些将他挤落。成功驱逐法军后，詹姆斯·利思将军便派遣一名军官去向威灵顿公爵阿瑟·韦尔斯利报告，说第五师已经进城。他的号角向四面八方吹响，分散了法军的注意力，使法军认为自己会遭到围攻。此时，法军明白堡垒已被反法联军占据，也知道再抵抗下去也是徒劳的。于是，守军的防御松懈了下来，第五师驱散了堡垒前的一切障碍。与拉特立尼达和圣特马里堡垒取得联系后，先前已经撤退的第四师和轻装师又转而向前推进，通过缺口进入了城内。重新思考这个夜晚发生的各种事件，比较各时段安排执行的任务后，我们可以得出以下结论：

　　首先，威灵顿公爵阿瑟·韦尔斯利如果只按照通常的方式进攻，即猛攻缺口，就难以攻下巴达霍斯。詹姆斯·利思将军如果接到云梯后，按照计划在1812年4月6日22时后不久就爬上云梯，那么同样会成功，并且在缺口处持续战斗一个多小时的损失惨重的部队也能获救。即使詹姆斯·利思将军没爬上去，英军也一定会攻下巴达霍斯，只不过进攻将拖到第二天，因为第三师已经占领了堡垒。即使托马斯·皮克顿将军的进攻失败了，第五师也可以确保胜利攻陷堡垒。因此，正是由于英军攻占了圣文森特堡垒，法军要塞才会迅速失守。在参与进攻的英军中，轻装师有五十八名军官和八百六十八名士兵；第三师有

英军从打开的缺口处冲进巴达霍斯

五十名军官、四百三十四士兵;第四师有九十一名军官、八百四十四名士兵;第五师,加上重伤不治者,有三十六名军官,五百零九名士兵战死沙场,指挥轻装师第四十三团的麦克劳德上校也不幸阵亡,尽管他本应前途无量。据说第五团的里奇上校已经架好云梯并第一个登了上去,却不幸当场阵亡。率领第五师抵达进攻地点的工程师拉塞勒斯中也坠入了圣文森特堡垒的护城壕沟里。

1812年4月8日,达尔马提亚公爵尼古拉·让·德迪厄·苏尔特元帅在比利亚弗兰卡收到了反法联军占领巴达霍斯的消息,他的行军目标就这样落空了。1812年4月9日,达尔马提亚公爵尼古拉·让·德迪厄·苏尔特元帅下令全军撤退,返回了塞维利亚。

威灵顿公爵阿瑟·韦尔斯利下令对巴达霍斯的防御工事进行修复,并命令理查德·弗莱彻上校完工后,率领军队向北前进。罗兰·希尔爵士的部队离开大部队,在瓜迪亚纳河上活动,并观察埃尔隆伯爵让-巴普蒂斯特·德鲁埃将

英军攻占巴达霍斯后,威灵顿公爵来到巴达霍斯城下

军的行动。埃尔隆伯爵让-巴普蒂斯特·德鲁埃将军及其南方军继续驻扎在埃斯特雷马杜拉。

1812年4月25日，威灵顿公爵阿瑟·韦尔斯利到达反法联军大本营所在地丰特吉纳尔多，随后便派参谋团的斯特金上校前往巴达霍斯和埃尔瓦什，指挥修复阿尔坎塔拉一座桥的拱顶——由于爆炸，桥的拱顶出现了裂缝。由于被摧毁的拱桥跨度太大，桥墩离河床很高，裂口有九十英尺宽，桥最高处离河床一百八十英尺，所以用木材维修是行不通的。斯特金上校用埃尔瓦什的军火库中的浮筒组成绳索网，为部队、大炮和各种车辆提供安全通道。

四英尺高、九十英尺宽的支架上安装了两根横梁，通过支架和滑车固定在拱桥的侧壁和端壁上，以防止它们被绳索拉紧。十八根缆绳围绕着两根横梁，从一端延伸到另一端。八根六英寸见方、距离相等的木条放在绳子。每根木条上都有一个一英尺宽的缺口，用来固定绳子。这些缺口是用烧红的烙铁烫过的，以防人被绳子擦伤。然后，缆绳被绑在梁上，用钢索连在一起。螺栓把几串枕木拴在网子上，固定在原先放在拱桥两端的两根横梁上。木板切割好后，两端钻孔，以便接到绳子上，再用绳子把木板固定在枕木之间。

军队通过后，轻便浮桥即刻拆除。大网梁和横担像一张帆布网一样卷起来，放在一节浮箱上，被运到阿尔坎塔拉去。下一步准备修复桥梁断裂部分的边缘，并在砖石结构上切割通道，以便接收补给。

到达现场后，英军把四根结实的绳子从一边拉到另一边，作为引线穿过索桥。随后，竖立在对面码头上的绞盘把整座浮桥拉得很紧，这样不仅可以防止大幅下沉的情况出现，还能防震动，因为震动会使浮桥变得危险，特别是重物经过桥墩时。

浮桥的结构简单而巧妙，第一次在欧洲证明了一个事实：一支军队的全部装备可以在没有任何支撑的情况下，借助缆绳拉到最大张力，毫不费力地平安越过一条大河或一个巨大的裂口，而当敌军接近时，这支部队又可以轻松撤到安全的地方。在我看来，斯特金上校对科学知识的应用游刃有余，他的聪明才智和卓越品质由此事得到了更有力的证明。斯特金上校有广博的科学知识、正确的判断力和不屈不挠的毅力。

在阿尔坎塔拉重新建立与塔古斯河对岸的联系时，威灵顿公爵阿瑟·韦尔斯利决心摧毁法军在阿尔马拉斯的联络点，从而直接击败法军援军，因为这支援军可能使达尔马提亚公爵尼古拉·让·德迪厄·苏尔特元帅和拉古萨公爵奥古斯特·马尔蒙元帅指挥的军队变得更加强大。接到命令后，罗兰·希尔爵士率领一部分士兵从阿尔门德拉莱霍出发，在埃尔瓦什获得了重型大炮和弹药，沿着特鲁西略向塔古斯河岸进军。

阿尔马拉斯位于葡萄牙中部，也在从马德里到巴达霍斯的途中，是法军在塔古斯河南北行动的重要地点。法军可以在阿尔马拉斯建立一条常用的安全通道。摧毁法军在阿尔马拉斯的联络据点就能阻止法军的行动，并且拉古萨公爵奥古斯特·马尔蒙元帅想要从安达卢西亚或埃斯特雷马杜拉的军队得到增援，就必须绕道而行。他不会耗费时间，因为这么做得不偿失。

为了临时浮桥不受游击队或西班牙正规军的侵扰，法军在紧靠河岸的地方建造了一座桥头堡。桥头堡由两个多面堡垒组成，装备了十八门大炮。在河右岸离桥头堡不远的地方——拿破仑堡，可以容纳四百五十人。河左岸靠近通往纳瓦尔莫拉尔的大路是能容纳四百人的拉古萨堡。

罗兰·希尔爵士以敏锐的判断力削弱了法军防御工事，并且没有让军队蒙受严重损失。确定米拉韦特山口是唯一可以运送大炮的路线后，罗兰·希尔爵士决定把大炮留在山上，转道只有步兵才能通过的道路，借助云梯前往桥头堡和拿破仑堡。肯尼思·霍华德将军的旅立即完成了这项任务。在威廉·斯图尔特上校的指挥下，第五十团联合第七十一团的一支部队架起梯子到达堡垒。然后迅速冲上桥头堡，没有留给法军一点时间来组织系统的集结防御。法军步兵向桥下涌去，希望从拉古萨堡的法军那里得到掩护。第一批成功到达右岸的英军砍断了离桥那头最近的三条缆绳。这样一来，拿破仑堡和桥的另一端幸存的驻军就逃不出去了。四周一片混乱，其中约二百五十名军官和士兵获救。拉古

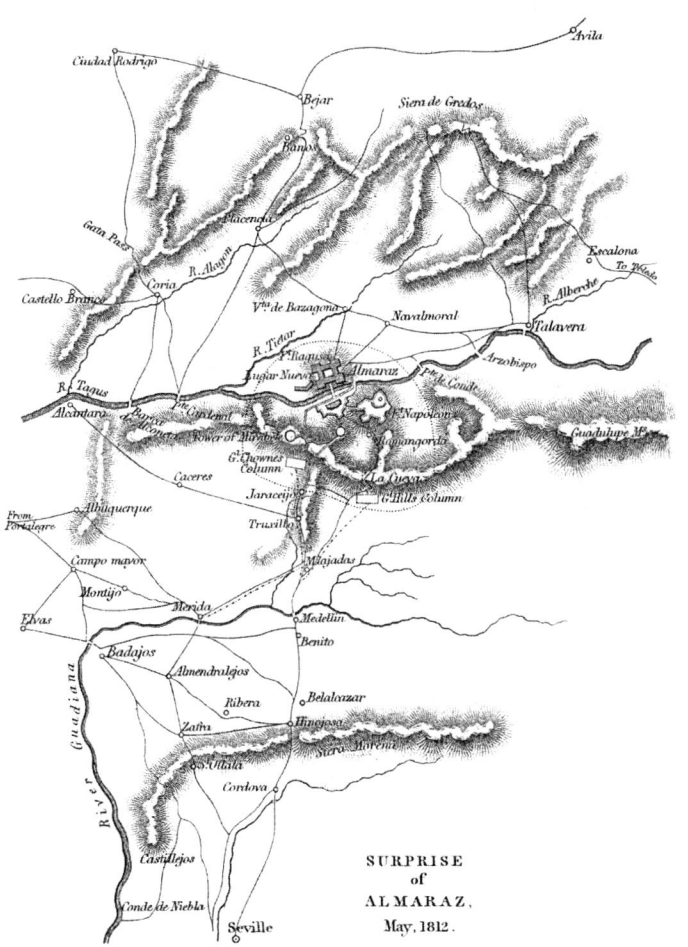

阿尔马拉斯战役示意图

萨堡的法军指挥官惊慌失措，放弃了抵抗，率部向纳瓦尔莫拉尔方向逃窜，并在塔拉韦拉的雷纳镇被击毙。

罗兰·希尔爵士出色地完成了威灵顿公爵阿瑟·韦尔斯利的任务，烧掉了浮舟和浮筒，然后返回了梅里达。

在叙述这段历史的过程中，我一直没有注意到极具影响力的游击队。游击队让法军闻风丧胆，却被同胞憎恨。游击队有许多可贵的品质，却在组织上极其松散。游击队员们经常表现出无所畏惧的勇气和敢于冒险的鲁莽，有时也会在战斗打响时畏缩不前。当时，游击队只能算是经常无理骚扰不幸平民的莽夫。

西班牙游击队的成立源于全国上下对法军侵略的反抗精神。当时的西班牙人民正处于思想动荡、统治混乱的时期，他们天生好战，高傲自负，想要参与在整个君主制范围内进行的反法斗争。平民百姓每日的不幸加剧了不安和敌意。在日渐覆灭的制度下，各种军队不断来到他们的家园，给他们造成了沉重的负担。更不幸的是，有时候，与法军一样，西班牙士兵和英军也会影响他们的生活，从而加剧了他们的不安和敌对倾向。毫无疑问，西班牙军队和人民都对法军持有极大的敌意。于是，城市、农村被摧毁的修道院都派人去壮大游击队。1808年战争开始时，还没有游击队。直到各省的司法管辖动摇了正统政府的基础，并在西班牙正规军队散去后，游击队开始出现。散漫、无组织的西班牙游击队员发现，只有更多的游击队联合起来，才能抵制行政权威——西班牙的一些地区没有任何行政或者军事管制。因此，没有足够强大的力量来制止法他们的暴行，或打击他们自以为是的重要性。

在一个政府已陷入混乱的国家，游击队的规模迅速扩大。法军选出的首领脱离从前的部队，成为许多西班牙游击队的核心。法军的军事常识和作战习惯以及制服和装备，虽有缺陷，但对于缺少经验的游击队员来说不失为一种榜样。西班牙游击队很快多了起来，但只有少数领导人表现出进取精神和出色的指挥能力。因此，整体上这些游击队的兵力并没有明显增加，而其中有些游击

弗朗西斯科·埃斯波斯·米纳

队注定会声名狼藉。西班牙游击队并未对法军造成太大的威胁，因为只要附近稍有风吹草动，就会有人被俘或死亡。

最杰出的游击队领袖有弗朗西斯科·埃斯波斯·米纳、马丁·哈维尔·米纳·拉雷亚、胡安·马丁·迪亚斯、朱利安·桑切斯、梅迪科、波利耶侯爵、库拉和查拉科。他们对反法联军的事业起着至关重要的作用。

通常，游击队的构成相当混杂。在某种程度上，每个队员都有保持自己的仪容习惯，没有人认为有必要统一服装或职位名称。游击队员的装备通常是来自其他国家士兵的战利品，或者一些华而不实的服装的混合体。埃斯特雷马杜拉骠骑兵的鲜红色和淡蓝色的短上衣、法军猎击兵的桶帽、英国造的手枪和马鞍、法军龙骑兵的长剑、西班牙式的褐色腰带与阿拉贡人或加泰罗尼亚人的霰弹枪，搭配起来就跟法军装扮差不多。

恩佩西纳多在马德里附近的行动更加迅速。在众人眼中，他比任何其他游击队的领导人都更有影响力。恩佩西纳多的游击队英勇无畏，敢于冒险，连约瑟夫·波拿巴都惧他三分。有报道说，胡安·马丁·迪亚斯极富有冒险精神的追随者们经常在首都马德里城墙外出没，而实际上，他要么在瓜达拉哈拉省进

胡安·马丁·迪亚斯

行扫荡，要么在埃纳雷斯堡征粮。有一次，他闯入了埃纳雷斯堡的政府大院。还有一次，胡安·马丁·迪亚斯打断了田园之家的乡村庆祝活动。法军发起攻击时，人们有时会发现他率领由骑兵和步兵组成的游击队，随时准备与法军正面较量。胡安·马丁·迪亚斯对西班牙了如指掌：他在各地都有朋友，所以能从朋友们那里获取可靠的消息。胡安·马丁·迪亚斯骁勇善战，忠于组织，热衷于反法事业，对法军恨之入骨。这种人注定会成为法军强大的敌人。胡安·马丁·迪亚斯一次次的成功释放了一种信号，鼓励更多人效仿他的成功模式。

在阿斯图里亚斯游击队的领导人中，波利耶侯爵是最著名的。在游击队斗争初期，波利耶侯爵频繁袭击从巴约讷到马德里的车队和分遣队，使法军十分恼火。无数次遭遇进攻时，波利耶侯爵总是退到山里。法军的将军们即便使尽浑身解数也无法突破他设置的屏障。有一次，两个步兵师、一些骠骑兵和波兰枪骑兵被派去歼灭波利耶侯爵令人生畏的庞大队伍，但没有成功。波利耶侯爵及时得到了法军行动的情报，便设法把法军拖入洛斯卡梅罗斯山的要塞。面对敌众我寡的局面，波利耶侯爵且战且退，使追击的法军损兵折将。后来，波利耶侯爵又回到先前被迫离开的地方，只是向法军证明，在这个人迹罕至的地区，有当地人民的热心援助，法军永远无法摧毁由他指挥的游击队。

在莱昂省，朱利安·桑切斯指挥一支富有进取精神的游击队，经常出其不意袭击法军阵地。他们动作迅速，时刻保持警惕，不会使自己陷入不利境地。他率领着一支人数众多、装备精良的队伍，树立了自己的声望，给法军士兵留下了精兵强将的印象。事实证明，这对他的事业大有裨益。朱利安·桑切斯表现出极大的热情，集中精力，全力击败法军。与其他游击队首领相比，他很少被指控随意征兵或乱征粮食。

从西班牙游击队的创立之时到战争结束，其重要性日益增加。法军对游击队的骚扰越来越烦恼，越来越恐惧。同时，游击队也获得了更坚定的民意，其影响力逐步扩展到整个西班牙君主政权。

由于早期一些游击队取得的成功，对游击队各种各样的描述开始引起人们的注意。然而，游击队中有些人既没有领袖的品格，也不具备领袖的才能，在各方面都让法军嗤之以鼻。尽管如此，他们还是有用的，因为游击队的名字让法军听起来很刺耳，妨碍了法军的行动，引起了军中的猜忌和恐惧，严重地影响了法军的士气，并且在某种程度上动摇了拿破仑·波拿巴在西班牙的强悍统治。

　　从马丁内斯的命运可以推断出，在一些小游击队里，纪律和服从并不重要。马丁内斯性格强硬，不愿妥协，行事果断，并且因此声名远扬。暴怒的马丁内斯和另一个游击队的人发生了一场斗殴，他从腰间掏出一把枪，对准游击队首领的头开了一枪！

　　让西班牙政府更加烦恼的是，马丁内斯完全不受控制。游击队首领的策略大多是与法军保持一定的距离，而不是在平原直接交战。游击队与法军交战并没有西班牙政府的支持，队员们以掠夺财物为目的，哪里方便就去哪里。马丁内斯与孤立的法军交战，取得了几次小胜利；便以进攻法军为借口向毫无防御能力的同胞们讨要粮食。

　　法军将领并不认为将营地安放在离西班牙游击队较远的地方就安全了。相反，看似应该在另一个省的游击队往往会出其不意，切断法军的后路。每经过一个地方，游击队员们都会在该地大肆掠夺粮食，而等待当地居民的还有一波同样贪婪的游击队员。

　　黄昏时分，我常常看见游击队的骑兵进入一个村子，在村子里过夜。四周一片寂静，他们安静地来，毫不张扬，这与他们到来后引发的场景形成了强烈对比。首先，在住宿方面，他们可能面临很大的困难，所以非常不满。村民们没有对保卫祖国的人给予适当的尊重，这也很容易理解，因为他们会更重视自己的家庭，不愿为了满足客人不合理的要求而放弃自己舒适的环境。紧接着，游击队员会召来地方官，向其提出要求甚至威胁，以期获得金钱、衣服、给养或武器。不幸的农民到哪里去找抵抗的办法呢？他们就算有充分的理由又能向谁投诉？更不可能得到一丝怜悯。"不幸的是，"游击队员们被告知，"这对村

西班牙游击部队袭击法军

民太残酷了,应该受到谴责。战争时期,这些苦难不可避免,所以必须耐心地、毫无怨言地忍受。"

正如我前面所说,在这种高压之下,掌权者没有理智地利用时机。因此,游击队发挥了显著的作用,他们骚扰法军,削弱法军兵力,无疑对结束战争产生了有利的影响。

我叙述的战争中的每个场景,可能会传达出一种深切的感情,使西班牙人民感到激动——这是一种多年的苦难、持续的烦恼、财产的丧失和无休止的压迫都未能动摇、丝毫没有减弱的感情。

第 5 章

萨拉曼卡战役

1812年6月月初，威灵顿公爵阿瑟·韦尔斯利集结军队占领了西班牙边境要塞，罗兰·希尔爵士指挥的西班牙埃斯特雷马杜拉师准备继续进攻。一想到反法联军的实力，拉古萨公爵奥古斯特·马尔蒙元帅就如临大敌，震惊不已，敦促必须立即增援。他说"葡萄牙军"虽然依旧强大，但人数不足以成功抵抗即将到来的进攻，肯定也无法战胜反法联军。

在此期间，尽管皇帝拿破仑·波拿巴率众兵向俄罗斯进攻，但在伊比利亚半岛，他的军队仍然数量众多、战斗力十足。法军立即对威灵顿公爵阿瑟·韦尔斯利发起了反攻，保留了由拉古萨公爵奥古斯特·马尔蒙元帅指挥的"葡萄牙军"的番号，由八个步兵师、大批骑兵和一百门大炮组成一支新的军队。新军队占领了托尔梅斯河和杜罗河之间的地区，让-皮埃尔-弗朗索瓦·博内将军则率领一个师驻扎在阿斯图里亚斯。马里-弗朗索瓦·奥古斯特·德·卡法雷利将军领导的"北方军"有一万六千人，占领了比斯开、桑坦德的拉斯蒙塔尼亚斯和阿拉瓦。在约瑟夫·波拿巴的直接指挥下，马德里、瓜达拉哈拉和塞哥维亚的"中部军"由法军和西班牙步兵组成。西班牙步兵因为宣誓效忠于"篡夺者"约瑟夫·波拿巴，也被称为"誓言之徒"。约瑟夫·波拿巴从这些西班牙步兵中选拔能人成立了新的近卫军。加上阿内-弗朗索瓦-夏尔·格里利亚将军指挥的龙骑兵和一些轻装师支队，"中部军"总共有一万三千人。"阿拉贡军"有一万精兵，驻扎在著名的萨拉戈萨城里。

达尔马提亚公爵尼古拉•让•德迪厄•苏尔特元帅控制着安达卢西亚王国。他的"南方军"在加的斯城外组成了封锁队。埃尔隆伯爵让-巴普蒂斯特•德鲁埃将军的部队共有士兵五万五千人，驻扎在列雷纳，与罗兰•希尔爵士针锋相对，贝卢诺公爵克洛德•维克托-佩兰元帅的军队也是其中的一部分。

阿尔比费拉公爵路易-加布里埃尔•絮歇元帅指挥的"加泰罗尼亚军"驻扎在巴塞罗那、塔拉戈纳、菲格拉斯、巴伦西亚和热罗那，是一支两万八千人的机动部队。以上就是1812年6月13日威灵顿公爵阿瑟•韦尔斯利率领三万五千名步兵、两千五百名骑兵和五十门大炮经过阿格达时，法军阵地的实际情况。

阿尔比费拉公爵路易－加布里埃尔•絮歇元帅

1812年6月5日，英军第五师从葡萄牙的驻地出发，在特兰科苏稍做停留，直到1812年6月8日抵达了弗雷谢达什和阿尔韦卡。阿尔韦卡省直通卡斯特尔门多，位于科阿河上游的一处高地。整条科阿河的风景都大同小异，险峻的岩石堤岸紧紧包围着湍急奔放、风景如画的河流。

1812年6月10日，英军第五师从卡斯特尔门多出发，向波萨镇进发，途中在一处美丽的山谷里扎营。山谷四周尽是参天大树。1812年6月11日，第五师经过埃斯佩哈和卡皮奥，来到阿格达河左岸。第四师与第五师会合，组成了两个骑兵旅，作为军队的中坚力量。右翼部队由第一师、第六师与第七师组成。左翼由第三师、丹尼斯·帕克将军和托马斯·布拉德福德将军率领的葡萄牙部队及一支骑兵旅组成。

托马斯·布拉德福德将军

反法联军训练有素，装备精良，从未像现在这样高效。骑兵已经恢复状态，学会了积极作战的实际经验。天气很好，士兵们对自己和领袖都充满信心。各种胜利的预兆也让人兴奋不已。轻装步兵师和德意志骠骑兵团、马炮兵团和英国轻骑兵支队驻扎在阿格达河右岸，靠近卡里达迪修道院的地方。

1812年6月12日，部队停止进军。这一天，詹姆斯·利思将军住在罗德里戈城，检查了城内的新防御工事。城里各处似乎都严重受到战争的影响。没有什么地方比这里更糟糕、更破败、更悲惨了。在十八个月的时间里，两次围攻加上一场狂风暴雨使不幸的城镇变得无比凄凉、破败不堪。然而，留下的居民仍然很友好，很自然地把反法联军进攻法军时造成的损失当成是战争的必然结果。

罗德里戈城虽然地处要塞，但城墙不长。因此，城内的规模受到限制。但郊区很大，有许多原住民。由于罗德里戈城内城外都遭到了战争带来的毁灭性打击，所以即使是城郊也呈现出一幅暗淡的景象。没有了树荫和美景，公共步道上显得光秃秃的，了无生气，更没有人烟。在不间断的炮火扫射下，树木一片片地倒下，没有屋顶的房屋和破旧的墙壁四处皆是。为了给军队提供庇护而被掀翻的土地仍然崎岖不平，寸草不生，毫无美景可言，还十分难走。大广场上有卸下来的大炮、破碎的车轮和毁坏的囚车。轰炸造成的破坏使原来平坦的地区变得坑坑洼洼。

1812年6月13日，反法联军的中路军队在靠近博卡卡拉的特内布朗村扎营，左翼在斯皮里图圣塔，右翼在特内布朗村。1812年6月14日，反法联军大本营设在卡夫里利亚斯，第四师和第五师在桑穆尼奥斯，轻装师在阿尔德古拉。罗德里戈城和桑穆尼奥斯之间的地方树木茂密可遮阳，水量充足，适合军队扎营。

直到1812年6月16日上午，法军才出现。这天一早，我骑马向前，加入了卡尔内鲁路上的第一骠骑兵巡逻队。在离萨拉曼卡约两里格的地方，我们遇到法军骑兵的进攻，但将法军赶了回去。法军死守阵地，和骠骑兵互相射击。直到骠骑兵主力从树林里冲出来，法军才作罢。然后从通往城镇的几条道路上撤退。第十四师带着轻装师和马炮兵团的部分人马，加入了骠骑兵的行列。在从瓦尔穆萨河右岸逐渐升高的高地上可以看到，广阔的平原上，法军的几个骑兵中队正在聚集，一直延伸到托尔梅斯河岸。几个独立的反法联军部队立即占据了主战场侧翼的几块高地，打算争夺阵地，直到法军大量聚集或是被击退为止。

四面八方都燃起战火，使场景变得生动起来。交战双方不停地开火，但由于战况使然，某些特定地点受到的攻击次数最多。在一个方向上，可以看到一支部队向法军发起冲锋，待一支法军部队突然撤退后，又向其他法军部队发起进攻。他们的力量变得越来越强大，不久就取得了战斗的胜利。平原上，卡宾枪和手枪不间断地发射，军官和分散的骑兵到处都是，自然少不了肉搏战。有一次，第十四轻装龙骑兵团的布拉泽顿少校骑着一匹很小的西班牙战马，与法军猎骑兵军官交手。他不停地砍杀、闪避，直到法军猎骑兵军官溃逃。斯特金上校跟在一个近卫龙骑兵后面逃跑了，后来被法军追上，没有抵抗就投降了。

在这场旷日持久的战斗中，法军节节败退，最后被逼到离萨拉曼卡不到两英里的地方。英军接到命令，不再继续追击。我回到瓦尔穆萨河岸边詹姆斯·利思将军的营地。

1812年6月17日拂晓，军队又开始行动了。行军开始后，我走到前面去打听事态进展。经过英军的前哨阵地，我骑马来到萨拉曼卡桥。这里聚集了一些朱利安·桑切斯的游击队员和第十一师龙骑兵巡逻队。一看见我们，他们就从托尔梅斯河右岸的炮台上开了一枪。因为没有进攻的任务，又在这些大炮的射程之内，我们就退了回去，除了第十一师的一匹战马被打死，我们几乎毫发无损。

在萨拉曼卡桥附近，我遇见了布拉泽顿少校。他曾查明法军在夜间已经撤退，并在堡垒里留下了驻军。虽然萨拉曼卡桥没有被摧毁，但修道院附近的房屋被烧毁了——怪不得那里会有烟雾笼罩。

带着法军撤退的消息回来后，我遇到了威灵顿公爵阿瑟·韦尔斯利。他派我去见詹姆斯·利思将军，命令他在接到进一步的命令之前停止行动。我快马追赶，在詹姆斯·利思将军还没有到达托尔梅斯时就追上了他。由于托尔梅斯河上的桥已经被法军占领了，所以进入托尔梅斯堡的唯一办法就是沿着托尔梅斯河往上走，在河道最窄、河水最浅的地方过河。我试图蹚过一片浅滩时，从拉梅尔塞堡投下的滚木砸伤了我的马。一颗子弹打在马背靠近马鞍的部位时，马立刻俯下了身子，但快要跌倒时又恢复了知觉。尽管受了伤，但它还能继续走下去。河水变得越来越深，于是我决定放弃渡河，返回了左岸，与大部队一起朝上游走了很远。

1812年6月17日10时，威灵顿公爵阿瑟·韦尔斯利进入萨拉曼卡。通往萨拉曼卡的大街上挤满了人，他们欢呼雀跃——没有什么比这更生动的场景了。阳光灿烂，典型的南方气候中呈现出一派欣欣向荣的景象。五十多名参谋人员陪同威灵顿公爵阿瑟·韦尔斯利，紧随其后的是第十四龙骑兵团和一个炮兵旅。街道上挤满了人，家家户户的阳台上都释放着热情和友谊的信号。广场的入口处仿佛在开庆功宴：人们坐在窗户边和阳台上，欢迎杰出领袖威灵顿公爵阿瑟·韦尔斯利，盼望他能帮助他们永远获得解放。威灵顿公爵阿瑟·韦尔斯利刚下马，市政高级官员们就将他团团围住，急于向他表示敬意。与此同时，英国步兵第六师进入了广场西南角。这时，热情的音乐响起，气势恢宏的军乐响起，人群中发出了热烈的呼喊声，各级官兵似乎都欣喜若狂。

为了转移大家的注意力，威灵顿公爵阿瑟·韦尔斯利回到拉梅尔塞堡，立即命令减少拉梅尔塞堡的兵力。虽然西班牙人已经把他们的计划拿出来交给了威灵顿公爵阿瑟·韦尔斯利，但他离开了阿谀奉承的人群，避开了一切友好和尊重的欢呼声。在这座城市从混乱和欢呼中平静下来，或者"狂欢万岁"的音乐停止之前，威灵顿公爵阿瑟·韦尔斯利已部署完毕进攻方案，并向部队下达了执行命令。

法军总指挥官约瑟夫·波拿巴认为萨拉曼卡是建立"葡萄牙军"据点的最佳位置，因此，早在1810年已做好准备修缮一些被毁的修道院，要把这个在其他方面没有防御能力的城市变成一个据点，抵抗游击队的侵犯。只要没有强硬的进攻手段，就无法成功击破萨拉曼卡，即使是没信心称自己是正规军的游击队也很难攻下萨拉曼卡。

战争间歇，许多修道院和神学院曾点缀着萨拉曼卡城。但由于法军的暴行，当反法联军到达托尔梅斯河时，二十五座修道院中已有十三座化为废墟，二十五所神学院中有二十二所被毁。

根据建筑物的造型、砖石结构的强度及法军目前在城里所处的孤立的环境，法军挑选了三幢适合自己的建筑物：建筑物离桥很近，可以完全由法军的火力控制，其中两幢可以从桥的一端看到另一端。

这些建筑物中最重要的是圣文森特堡。它坐落在圣弗朗西斯科大修道院和圣弗朗西斯科河之间，在城市的旧城墙边拔地而起。由于地势特殊，城墙高耸，圣文森特堡建在一个被托尔梅斯河水冲刷的悬崖顶上。从圣文森特堡垒到托尔梅斯河桥，地势下降到山谷间——山谷的另一边又升高了。在距圣文森特堡垒二百五十码的地方，加耶塔诺和拉梅尔塞的废弃建筑也变成了堡垒。

亨利·克林顿将军负责指挥第六师攻下这些堡垒。虽然从前收到过关于这些堡垒建筑结构和规模的报告，但经过勘察后确定，这项任务比当时设想

亨利·克林顿将军

的更加艰巨。军队中现有的重型火炮不足以摧毁任何常规的防御工事。尽管如此，威灵顿公爵阿瑟·韦尔斯利还是决定继续推进。1812年6月17日晚，第六师攻入了圣文森特堡前面的防守区域。

从大教堂高耸的塔尖上，可以清楚地看到圣文森特堡及其前面的战斗场面，下面激战正酣。圣文森特堡已被包围起来。步枪连续射击的火力掩护准备就绪。为了压制令人恼火的大炮，英王直辖德意志团的一个步枪营驻扎在邻近的堡垒里，接连不断地还击，有力地压制了法军的火力。

虽然火力仍集中在城墙正下方，但有一段时间几乎看不出什么效果：圣文森特堡似乎不为炮弹所动，堡垒外墙的每个发射孔里不断地涌出刺耳的声音。过了一会儿，炮台一响，墙壁和屋顶连同无数士兵一齐轰隆一声倒在地上，在滚滚尘土中变成了一堆废墟。驻扎在堡垒中的守军也被埋在了地下，无处可寻。城墙塌了，圣文森特堡的内部结构开阔地呈现在眼前。

此刻，法军的行动力已经达到极限。为了防止尸体被火焚烧而影响堡垒的其他部分，法军紧盯着各个方向的射击点，趁停火的间歇，把尸体扔出来，因为如果任其在堡垒里燃烧，势必会破坏堡垒。这个办法奏效了：有很长一段时间，英军都未能使圣文森特堡起火。

1812年6月20日，集结了相当多的部队之后，我们得知拉古萨公爵奥古斯特·马尔蒙元帅即将到来。于是，反法联军立即行动起来：除了围攻堡垒的部队，其他部队都部署在圣克里斯托瓦尔高地，右翼在托尔梅斯，左翼一直延伸到了塞卡村，第五师在圣文森特堡过夜。当天晚上，向前推进的法军和英国骑兵发生了一些冲突，但规模不大。

1812年6月21日早晨，詹姆斯·利思将军率兵从塞卡村出发，在圣克里斯托瓦尔高地上组成了一个纵队，包围了萨拉曼卡。大量法军出现了，直接在反法联军前面安营扎寨。两军都蓄势待发，虽然发生了一些小冲突，但没有任何迹象表明双方打算立即展开大战。

1812年6月22日黎明，法军出现在原来的阵地上。显然，拉古萨公爵奥古斯特·马尔蒙元帅的目的是营救圣文森特堡垒的驻军。两天的交火中，反法联军重型火炮的弹药几乎消耗殆尽，却没能完全攻破圣文森特堡。由于现在进攻势在必行，所以部队指挥官没有其他选择，只能观察法军的行动，寻找更多削弱法军的办法，伺机攻城。

两军的阵地形成了一种奇特的对比：反法联军在高地上，法军哪怕稍有风吹草动都能尽收眼底；法军在下面的平原上，离炮台的距离刚好够远，既看不见萨拉曼卡，也看不见向堡垒驻军提供援助的要塞。

1812年6月22日上午，拉古萨公爵奥古斯特·马尔蒙元帅侦察反法联军阵地的右侧，引发了一次小规模战斗。英军阻止了拉古萨公爵奥古斯特·马尔蒙元帅有预谋的侦察；法军损失了一百人，退回了营地。午后，有人看到法军将领在护卫队的掩护下从右路向塞卡村方向移动，显然是想弄清反法联军左翼的情况。这时，拉古萨公爵奥古斯特·马尔蒙元帅离英军很近，而离法军部队很远。如此看来，英军不但有可能阻止法军侦察，还有可能将法军一举击退。威灵顿公爵阿瑟·韦尔斯利决定大胆尝试，命令副官伯格上尉向第十二龙骑兵团前进，命令该团的两个中队立即执行该任务。英军跟着伯格上尉走下斜坡，进入阵地左侧的一个村庄——村里驻扎着第十二师。得知这次进攻部署，威廉·庞森比上校很兴奋，命令部队所有人和战马都卸下包袱。他毫不迟疑地站在队伍前面，快步走出了村子。场面变得生动有趣了：这是一场盛大的对峙，双方共有五万人。在这种情况下，英军轻装师部队快速推进，引起了法军的好奇心；法军挤在营房里，似乎在紧张地注视着：两军即将在枪林弹雨中一决胜负。

在先前侦察第十二师时，拉古萨公爵奥古斯特·马尔蒙元帅和他的幕僚们已经走得离法军阵地很远了，因此，他必然会面临被拦截的危险。不过，掩护拉古萨公爵奥古斯特·马尔蒙元帅的都是精兵强将。当英军靠近时，法军就在左边平原上寻找掩护，并且不停地猛烈射击英军龙骑兵，阻挡英军龙骑兵的前进，一直拖延到接应的法军靠近时才停火撤退。拉古萨公爵奥古斯特·马尔蒙元帅赶紧借机逃走。第十二师回到了英军阵地，法军步兵也返回了营地，一切又恢复了平静。随后，拉古萨公爵奥古斯特·马尔蒙元帅继续留在圣克里斯托瓦尔高地前线。其间，他没有再尝试与英军交战。

1812年6月23日，我们观察到，在前一天的阵地上，法军在骑兵的掩护下行动起来。拉古萨公爵奥古斯特·马尔蒙元帅现在要去的地方，在他先前占领的地方往右两里格处。当天晚些时候，威灵顿公爵阿瑟·韦尔斯利查明，有些法军已经渡过托尔梅斯河。托马斯·格雷厄姆爵士奉命率领步兵第一师和第七师在圣马尔塔渡河。现在，托马斯·格雷厄姆爵士正在圣马尔塔河左岸和萨拉曼卡之间调动他的部队。

1812年6月24日晚，托马斯·格雷厄姆爵士决定用云梯攻陷法军的两座堡垒。1812年6月24日22时，第六师的塞缪尔·赫尔斯将军和鲍伊斯将军接到攻陷法军堡垒的命令，并将立即执行。

从大教堂的塔尖上，我看到了随后发生的精彩一幕。月光皎洁，法军处于戒备状态，连最微小的动作都能看出来。英军一开拔，炮台就连续不断地发出猛烈的炮火，同时不断地用火枪射击。一时间，山谷里一片火光。塞缪尔·赫尔斯将军进攻拉梅尔塞。鲍伊斯将军成功地在加耶塔诺前竖起了一些云梯，但无法强行进入。后来，鲍伊斯将军不幸倒下，纵队损失了一百二十多人，伤亡惨重。女王团的乔治·科洪上尉也在上述伤亡人员中。

塞缪尔·赫尔斯将军的进攻也失败了。即刻占领堡垒的希望破灭了。

在托尔梅斯河左岸尝试了一段时间后，拉古萨公爵奥古斯特·马尔蒙元帅发现与堡垒失去了一切通信，便重新越过了托尔梅斯河。

1812年6月26日上午，反法联军收到弹药补给，继续全力进攻堡垒。1812年6月26日15时，炮兵开始轰击。日落之前，一股浓烟从圣文森特堡的一座塔楼上升起，证明燃烧弹成功引燃了。堡垒的顶部也有部分着火的迹象，但守军又一次成功地扑灭了大火。

夜间，猛烈的炮火仍在继续。法军尽了最大努力都无法扑灭间或冒出的火焰，连大雨也不能把火浇灭。1812年6月27日10时整座堡垒都在燃烧。

塞缪尔·赫尔斯将军

圣文森特堡和加耶塔诺堡的指挥官们终于感到了危机。法军插上免战旗,并表示愿意投降。这一刻至关重要,没有太多时间供他们考虑。威灵顿公爵阿瑟·韦尔斯利把接受有条件投降的时间限制在五分钟以内。五分钟结束时,法军并没有立即降下法兰西帝国国旗。英军炮兵重新开始射击,部队从峡谷边向加耶塔诺堡进攻,同时从东南前线的炮台攻击圣文森特堡。由于守备的法军无心恋战,因此,反法联军在最后的行动中遭受损失很小。

英军在这些堡垒里缴获了三十六门大炮和八百名俘虏,还发现了大量军械物资和弹药。法军投降了,萨拉曼卡人民欢欣鼓舞。到了晚上,全城灯火通明,四面八方都能听到欢庆的声音。人们挤满街道,百姓们载歌载舞,庆贺胜利。在这个美丽而宁静的夜晚,爱国的欢庆声不绝于耳。

1812年6月28日凌晨，得知圣文森特堡已被占领，拉古萨公爵奥古斯特·马尔蒙元帅就连忙赶在反法联军到达之前撤退。他的一支纵队向巴利亚多利德行进，另一支纵队则沿路前往托罗。曾经享有盛名的圣文森特堡垒终于摆脱了法军的践踏。人们对反法联军表达了真诚的感激之情，多年来，法军这种肆无忌惮的行为激起了人们最强烈的憎恶之情。萨拉曼卡的公共建筑被法军毁坏，实际上，这种破坏毫无必要。残垣断壁成了人们永远无法抹去的痛苦记忆，激起了他们强烈的复仇精神。

当得知拉古萨公爵奥古斯特·马尔蒙元帅已撤退时，人们在大教堂举行了一场感恩颂仪式。在多名军官的陪同下，威灵顿公爵阿瑟·韦尔斯利参加了仪式。场面壮观，仪式盛大，令人印象深刻。宽敞而庄严的教堂里人头攒动。面对英勇、威武的听众，此刻鸣钟的风琴声极其悠扬。各行各业、各个阶层的人都来到这里，开阔的大教堂中琳琅满目的布置让人目不暇接。

就在此时，华丽的主教宝座呈现在人们面前。众多神职人员的庄重服装与葡萄牙的深色服装、英国人的猩红色制服形成了鲜明对比。蓄着八字胡，神情凶狠的游击队员簇拥着一个衣着朴素而干净的西班牙农民。而众多头戴小披风和挥舞着扇子的西班牙妇女则引起了人们对卡斯蒂尔妖艳的黑衣美女的注意。面对热烈而壮观的场面，在光辉的职业生涯中，威灵顿公爵阿瑟·韦尔斯利深知，尊重其他国家的宗教制度才能获得热烈的拥戴，只有尊重一个与英军有同等权利的民族的风俗习惯时，英军才能真正获得拥戴，因为他们需要用西班牙人认可的方式行事。

在出席这次仪式的神职人员中，举止和外表最高贵的是博学的柯蒂斯。他对英西两国的语言和习俗了如指掌，在与萨拉曼卡政府和教会当局的交流中发挥了重要作用。

1812年6月28日晚，城里又亮起了灯光，地方官给威灵顿公爵阿瑟·韦尔斯利和军官们举办了一场舞会。舞会上的音乐还没有停止，反法联军便开始追击法军了。

1812年6月29日3时30分，反法联军继续向前推进。由第一师、第五师和第七师组成的主力军，连同勒麦钱特将军的龙骑兵旅，在奥布拉多高地上扎营。右路纵队和左路纵队也到奥布拉多高地宿营。整个军队占领了一片长约三英里的树林。天气很好，部队士气高昂，一片欢欣鼓舞的景象。将士们信心大增，对成功抱有殷切希望。

1812年6月30日，英军主力在丰特拉佩尼亚停下脚步，把这里设为大本营。1812年6月29日，法军在前一天已从丰特拉佩尼亚撤退。1812年7月1日，英军在阿莱霍斯获悉了法军的动向，便开始快速追赶拉古萨公爵奥古斯特·马尔蒙元帅。1812年6月30日2时，拉古萨公爵奥古斯特·马尔蒙元帅已经率领部队从萨拉曼卡离开，只调派了一个师直接向托罗进军。

第五师驻扎在阿莱霍斯前一里格外的一条小溪边，轻装师则向纳瓦-德尔雷伊迂回行进。1812年7月1日，第五师继续前进。右翼纵队到达杜埃尼亚斯德梅迪纳，中路主力在托雷西利亚，左翼纵队在托雷西利亚下的梅迪纳山谷。卡洛斯·德·埃斯帕尼亚将军率领西班牙军团占领了纳瓦-德尔雷伊，轻装师和骑兵把法军从鲁埃达驱赶出来，然后驻扎在鲁埃达。法军的前沿阵地靠近托德西利亚斯。

1812年7月3日，除了派骑兵和轻装师前往托德西利亚斯，其他部队都停止前进。托马斯·皮克顿将军指挥的第三师则向左移动，以便观察驻扎在波略斯杜罗河渡口附近的法军。法军已全部渡过杜罗河。托德西利亚斯成为拉古萨公爵奥古斯特·马尔蒙元帅的大本营。他的部队集中在杜罗河沿岸，一直延伸到卡斯特罗努尼奥，在托罗的右面还有一个师。

1812年7月3日至1812年7月8日，反法联军的位置没有实质性的变化。法军在杜罗河岸上设置了一排哨所，监视浅滩。英军第五师和第六师沿着梅迪纳山谷向下走了约两英里，在萨帕迪尔河右岸的高地上扎营。

这时，威灵顿公爵阿瑟·韦尔斯利立即命令轻装步兵师、第一师、第三师、第四师、第五师、第六师和第七师，以及由丹尼斯·帕克将军和托马斯·布拉德福德将军率领的葡萄牙独立旅、卡洛斯·德·埃斯帕尼亚将军和朱利安·桑切斯分别领导的西班牙骑兵团和步兵团等十支部队组成联军。

这样看来,反法联军的行动似乎有点儿缓慢。显然,英军指挥官威灵顿公爵阿瑟·韦尔斯利无意强行渡过杜罗河。因此,所有行动暂停了一段时间,似乎近期也不会有新的敌对行动,直到法军将领为了夺回失地,重新渡过杜罗河为止。杜罗河两岸土壤肥沃,物产丰富,对双方都很重要。

英军战线上有三个点可以供法军重新渡过杜罗河攻打反法联军——要么通过当时状态良好的托德西利亚斯桥,要么通过波略斯渡口,要么通过修复中的托罗桥。法军在托罗桥上行动敏捷,并且这是从杜罗河到萨拉曼卡最短的路线。因此,拉古萨公爵奥古斯特·马尔蒙元帅很可能会把军队重新调回托罗桥方向,从而进攻反法联军的左翼。

杜罗河两岸发生冲突时,法军的任何行动或位置的改变都会立即被反法联军发现。人们警惕地注视着营地任何轻微的变化,在没有紧急警示的情况下绝不会采取任何重要的进攻行动。因此,反法联军继续静静地驻扎在这个地区,这里有许多村庄紧密相连。

1812年7月9日晚,第五师与第六师从丰卡斯丁附近的营地出发,在纳瓦-德尔雷伊附近扎营。从纳瓦-德尔雷伊附近的营地出发,亨利·克林顿将军率领他的师和勒麦钱特将军骑兵旅的两个中队向阿莱霍斯进发。

有报告称法军已向右方挺进,托罗桥的维修工作也即将完工,因此,当下重要的是要把反法联军的部队延伸到左路。1812年7月12日,第七师抵达到了纳瓦-德尔雷伊,第一师从梅迪纳德尔坎波转移到比利亚韦德。

梅迪纳德尔坎波人口众多,但与从前相比,现在人口已经大大减少了。在查理五世统治时期,它曾是欧洲规模最大的博览会会场之一。

1812年7月12日到16日,反法联军一直在行军,没有发生什么特别的事,从未有一声枪响打破军队的平静。托罗也没有什么重要的行动。在好奇心的驱使下,我想弄清法军在托罗的行动。于是,1812年7月16日12时,我离开了第五师的营地，骑马到离托罗桥不到半英里的地方，当时桥正在修理中。两个中心拱门爆炸后炸裂了桥。在一些西班牙农民的帮助下，法军正积极地往桥上铺设木板。显然，工作进展得非常顺利，但法军似乎不可能在第二天就渡过杜罗河。安静地俯瞰着这一切，我决定把这座城市的位置记下来，包括河流和桥梁。左岸没有出现一个法军士兵，我也没有遇到任何阻碍，在法军眼前停留了相当长的时间。后来证明，对托罗桥进行如此精心的修复，是法军为了在行军路线上欺骗威灵顿公爵阿瑟·韦尔斯利，因此，即使我描绘了桥的位置或记录了修复工作的进展，一旦实现欺骗的目的，法军就会将桥炸毁。

回到纳瓦-德尔雷伊时，我途经托马斯·皮克顿将军的军营。当时将军身体不适，不在军营。托马斯·皮克顿将军总是表情冷漠，态度冷淡。在谈论一些问题时，他的个人意见总与别人不一致，或者与过去的事实相反。他外表朴素，对战争的一系列胜利表现得很淡定。其实，他在这些战斗中无疑是满怀热情的，他在战斗中表现出的沉着、果敢与他偶尔表现出的愤怒形成了鲜明的对比。

我回到第五师时已是黄昏时分，这是法军最热闹的一天。在法军的两个师跨过托罗桥之前，我骑的马已疲惫不堪，就没有再去纳瓦-德尔雷伊。渡桥的法军是按让-皮埃尔-弗朗索瓦·博内将军的命令从托德西利亚斯附近出发的。让-皮埃尔-弗朗索瓦·博内将军最近从阿斯图里亚斯前来增援拉古萨公爵奥古斯特·马尔蒙元帅。他的师由老兵组成，人数众多，军阶很高，之前从未与英国军队交手。一个月来，战争不甚活跃。现在的行动让人兴奋起来。法军长途行军，企图拖延时间，所以重走杜罗河不算是最佳策略。但拉古萨公爵奥古斯特·马尔蒙元帅显然对自己的部队很有信心，似乎决心立即与英军交锋。

让-皮埃尔-弗朗索瓦·博内将军渡过了托罗河，散布消息称整个法军都要走同样的路线，然后来到杜罗河右岸，之后又中断了修桥的工作，走了一整夜的路，从托德西利亚斯回到队伍中继续前进。

拉古萨公爵奥古斯特·马尔蒙元帅装腔作势显然是为了改变威灵顿公爵

阿瑟·韦尔斯利的作战路线，从而迫使反法联军从杜罗河撤退，甚至有可能切断威灵顿公爵阿瑟·韦尔斯利同萨拉曼卡的直接联系。

1812年7月17日晚，威灵顿公爵阿瑟·韦尔斯利部署了军队：第五师到达卡尼萨尔，轻装师和第四师到达卡斯特拉贡，装甲部队在卡斯特拉贡前方。1812年7月18日拂晓，詹姆斯·利思将军率领自己的军队和第六师离开了卡尼萨尔，在卡斯特拉贡后方约一里格扎营，因为他接到命令，要向托雷西利亚的奥登挺进。就在这时，前线传来了一声猛烈的炮声。显然，法军在卡斯特拉贡附近展开了进攻。

不出所料，拉古萨公爵奥古斯特·马尔蒙元帅决心迅速前进。我在托罗的行动毫无用处，唯一的好处就是得到命令提前出发，查明法军突袭的性质。我来到卡斯特拉贡附近的步兵营地。在步兵和炮兵的掩护下，劳里·科尔爵士下马观察英军骑兵和法军之间的激烈战斗。平原上烟雾弥漫，这场战役看起来似乎非常不平等：英军骑兵寡不敌众，节节败退。英军指挥官威灵顿公爵阿瑟·韦尔斯利似乎也没有打算派步兵前去支援。远处挤满了前进的法军，形势严峻。

大炮射击已经持续了很长时间，骑兵疾驰，平原上尘土飞扬。更重要的是，战役造成的直接后果——死亡——无法避免。尽管如此，以上场景仅仅是大事件的前奏。威灵顿公爵阿瑟·韦尔斯利赶到现场时，大家都急于知道他的指挥计划。由于法军在两翼迅速推进，所以英军必须立即改变阵地。

轻装师和第四师的阵地既不广阔，也没有经过精心安排，不足以为反法联军提供良好的防御力量。于是，威灵顿公爵阿瑟·韦尔斯利决定向卡尼萨尔的高地撤退。步兵撤退；装甲兵和炮兵按照命令吸引法军的注意，并阻止法军前进。

受伤的龙骑兵和先前被俘的士兵从前线接二连三地到来。从他们受到的刀伤来看，佩刀刺的伤口相对较轻，而更加致命的是火枪和法军龙骑兵的直剑留下的伤口。

法军向阿莱霍斯推进。于是，卡斯特拉贡阵地的左翼发生了逆转。与此同时，法军猛攻从阿莱霍斯撤退的英军，所以向托雷西利亚的奥登进军的英军受到了相当大的阻碍。然而，英军还是完美撤退了。虽然轻装师在走到瓜雷尼亚河岸时，不得不放弃大路，选择小径，但他们的行动没有遭受损失，也没有引起丝毫的混乱。

英军各师刚从高地上撤退几分钟，法军的大炮就对准了挤满士兵的山谷。

英军第五师不知道法军的大炮已逼近，便停下来从河里取水。由于天气太热，士兵们全身都是灰尘，干渴难耐。从法军的第一次大炮射击来看，詹姆斯·利思将军确信，部队在炮火攻击下撤退将会损失惨重。因此，他命令各部队尽快部署。法军射来的炮弹越过了战线，但只造成很少的伤亡。随后，第五师在卡尼萨尔高地上扎营。

反法联军的会师地卡尼萨尔山谷现在已经安全了——整个"葡萄牙军"都在前面。为了阻止威灵顿公爵阿瑟·韦尔斯利进入萨拉曼卡，拉古萨公爵奥古斯特·马尔蒙元帅企图迅速进行侧翼行动。这种行动让人无法预料，恐怕是唯一的危险了。没过多久，有人试图把阵地移到会师地的左侧，引起了人们对劳里·科尔爵士和第四师驻扎地的注意。拉古萨公爵奥古斯特·马尔蒙元帅派部队穿过卡蒂略的瓜雷尼亚河。如果有可能，他似乎下定决心要在河流的交汇处强行进入卡尼萨尔的山谷。

维克托·阿尔滕将军的轻装旅与法军的轻装旅交战已有一段时间。为了支援他，劳里·科尔爵士和威廉·安森将军的旅及斯塔布斯上校率领的葡萄牙军一起前进。虽然反法联军的骑兵取得了部分胜利，但当劳里·科尔爵士率领第二十七团和第四十团向法军步兵发起冲锋时，法军异常坚定地守住了阵地，仿佛决心要等待近距离一搏。然而，英军迅疾、坚决，以严明的纪律向前推进，打败了法军。法军逃跑后，维克托·阿尔滕将军率领的旅紧追不舍，俘虏二百零四名法军。约四百名法军被留在了战场上，或死或伤。法军骑兵卡里耶将军也被俘。

法军停止攻击反法联军左翼，集中兵力攻击反法联军的正前方。当天晚些时候也没有任何敌对行动。显然，威灵顿公爵阿瑟·韦尔斯利决定，如果受到攻击，就保卫现在占领的阵地，下令修建一些野战堡垒，以便加强防御。到了晚上，第五师派了一支工兵分队，在斯特金上校的指挥下，开始掩护炮兵。这一夜过得非常平静，露营的士兵们燃起了篝火，寂静中传来了各营的说话声。天刚破晓，法军没有任何动静，也没有做任何战斗准备，似乎继前一天早些时候的喧闹和骚动之后，突然停止了敌对行动。天快亮时，英军焦急地侦察了法军所有营地，看是否有重新开始备战的迹象，但不管是在前线还是在其他地方，英军都无法分辨法军是否打算改变阵地。门窗紧闭，一切都悄无声息，令人失望。将近黄昏时，寂静终于要被打破了。拉古萨公爵奥古斯特·马尔蒙元帅攻击了左翼，却徒劳无功，现在又对反法联军的右翼采取行动，率领全军向瓦莱萨平原进军。于是，与法军走同一方向的轻装师和第五师都武装起来。查尔斯·阿尔滕将军指挥的轻装师就在英军右路，是第一个出发的，沿着同样的路线继续前进。

除了深夜小憩片刻，部队一直在行军。天亮时，全军聚集在瓦莱萨平原上。法军就在反法联军对面，显然准备要进攻。然而，情况很快证明，法军并无此意，而是坚持从侧翼移动，沿着瓜雷尼亚河左岸的高地前进。

为了保持通信顺畅，威灵顿公爵阿瑟·韦尔斯利必须立即行动。两军都在对方的炮弹射程之内。法军占领的阵地比反法联军更高，但两军之间的距离很近，没有任何东西阻挡法军的视线，因此，法军继续前进，丝毫不受阻碍。因为只要两军之间的位置稍有偏离，就会进入对方的步枪射程之内。我一直认为今天的战役不同寻常，双方都坚定自己的目标，任何无关紧要的小事都无法让他们分心：拉古萨公爵奥古斯特·马尔蒙元帅急着要先到达托尔梅斯河；威灵顿公爵阿瑟·韦尔斯利紧随其后，坚持防守，只有在形势所需时才会改变路线，采取更果断的行动。1812年7月20日，天气比之前热得多，英国步兵背着沉重的包袱长途跋涉，疲惫不堪。

查尔斯·阿尔滕将军

一些小规模的冲突偶尔也会发生。这些冲突是由于两军之间的路线越来越近，或者是由于法军及其盟国掉队的士兵在村子里掠夺财物。谁能想到这两支渴望互相毁灭的庞大队伍遍布整个国家，似乎永无止尽，迷失在尘土之中。然而，拥有大量炮兵和骑兵的两支军队坚持不懈地前进，仿佛达成了某种默契，暂时没有展开激战，直到抵达最终的战场。现在，双方都满怀信心，一刻不停地朝这个目标迈进。

1812年7月20日中午，反法联军的后方出现了一长列零散的运送军粮和私人物品的部队。同时，两军之间的距离缩小了，因此，法军很可能要设法截断这条无人把守的行军路线，从而轻易消灭这支拖拖拉拉的部队。让-皮埃尔-弗朗索瓦·博内将军向拉古萨公爵奥古斯特·马尔蒙元帅提出建议，请求允许他率领的师攻打反法联军后方，但遭到了强烈反对。与此同时，一些法军散兵进入了一个村庄。反法联军离村子不远，认为不能让法军轻易占据村庄。第五师奉命停止前进，葡萄牙第八师很快赶走了法军。为了安全起见，一部分士兵走在队伍前面，保护步兵前进。很快，前方山谷更加开阔了。法军向左移动，而反法联军则直接前往萨拉曼卡前面的圣克里斯托瓦尔高地。不到晚上，两支军队就互相看不见了。英军在皮蒂瓜村附近停了下来，希望夜里能平安无事。

士兵们还没来得及安顿好宿营地，也没来得及安顿好各师的参谋人员，就接到报告：有一些法军轻骑兵正在逼近。对法军骑兵来说，这似乎是非同寻常的举动。但报信人言之凿凿，因此，有必要查明事实真相。我立刻骑上马，前往营地。一队骑兵出现在平原上，小心翼翼地向前推进。第三师的炮兵已经出动，爱德华·帕克南将军正在观察法军骑兵的进展。因为早晨看见了葡萄牙骑兵，所以我确定现在出现在平原上的是本杰明·杜尔班将军的骑兵，他们穿得很像法军的猎骑兵。步兵宿营地的军官从来没有见过法军，所以都非常谨慎地前进。我骑着马向前走去，想弄清他们的身份。等确定是本杰明·杜尔班将军之后，我带着情报回来了。这时，第三师的大炮轰隆一声，射向了伪装成法军模

爱德华·帕克南将军

样的人群中间,只见几个人和几匹马在地上滚来滚去。我飞奔回去,发出停止射击的信号,告诉爱德华·帕克南将军正在射击的是本杰明·杜尔班将军的部队。得知这个消息后,爱德华·帕克南将军非常惊讶,最终消除了误会。一整夜再无他事。

天亮时分,英军向圣克里斯托瓦尔高地进发,然后抵达托尔梅斯河右岸,在圣马尔塔渡口附近扎营。

现在,所有法军都在巴维拉丰特附近,与韦尔塔河上的渡口遥相呼应。

萨拉曼卡的情况与英军前进时看到的大不相同。居民们之前表现出的幸福感和信心已经变成他们认为可能发生的悲观和沮丧，那就是反法联军的撤退。毫无疑问，法军又将占领此地，因为法军非常反感对反法联军表现友好的居民。

法军的军事力量和无法抗拒的影响再次使西班牙人担忧起来。他们认为，英军取得了暂时的胜利是由于当时法军处于分裂状态，但目前这种情况，当法军团结在一起时，西班牙人认为这是不可抗拒的。英军知道这些，并准备从罗德里戈城撤退。西班牙人认为，掠夺、火灾和刀枪会给他们和家人带来灾难。

西班牙人急切地询问，目光警惕，低声细语。不表示失望和缺乏信心的手势都表明了他们内心的波动和绝望。看到反法联军向圣马尔塔渡口挺进时，他们是那么高兴；当法军跨过萨拉曼卡桥时，他们又是那么惊恐。这些都印证了西班牙人的焦急不安。现实迫使西班牙人渴望得知威灵顿公爵阿瑟·韦尔斯利可能采取的行动路线。他们认为，一条是进攻路线，另一条则是立即撤退的路线。萨拉曼卡城里的许多居民都离开了，显得城里一片凄凉。

当不断有报告发出警报说法军可能就在附近时，荒唐可笑的事情就出现了。在一支如此庞大的队伍前进的道路上，很多人跟着法军进入城镇。事实证明，即使多次下令，这些人也不愿回到营地去。一名参谋长厌倦了再做纠缠，便传出消息说法军骑兵正准备进入这个城镇。随后发生的场面非常可笑，但这个计谋已经达到了预期的效果。我很少看到英军表现出比这个时候更明显的恐惧。

1812年7月21日傍晚，英军指挥官威灵顿公爵阿瑟·韦尔斯利断定，拉古萨公爵奥古斯特·马尔蒙元帅率领的主力部队已越过托尔梅斯河，经过韦尔塔渡口，左转向罗德里戈城行进。为了降低损失，威灵顿公爵阿瑟·韦尔斯利立即出动了反法联军。天黑之前，英军已经过圣马尔塔渡口，在卡尔瓦拉萨德阿里巴后面的高地上扎营。第三师由卡洛斯·德·埃斯帕尼亚将军率领的西班牙军队

本杰明·杜尔班将军

和本杰明·杜尔班将军的骑兵旅组成，是唯一一支留在河对岸萨拉曼卡的反法联军部队。

第五师很快抵达高原上一大片树林后面的营地。营地的海拔高度变化不大，从最近的阿拉皮莱斯一直延伸到圣马尔塔的托尔梅斯河岸。这时，天空出现了风暴的迹象，雨很快倾盆而下，伴随着强烈的闪电，紧接着又是一阵雷鸣。如此巨大的暴风雨很少出现在这里，其影响很快显现出来。勒麦钱特将军的骑兵旅在英军左边停了下来。骑兵们下了马，手里拿着缰绳，有的坐，有的躺。马匹被雷电惊吓，开始四处狂奔，暴风雨更加剧了可怕影响。当时，英军所处的环境并非一片光明。几天前，法军似乎控制了英军的行动，毫不费力地逼退了英军。现在，在黑夜里，虽然英军离法军很近，但只有指挥部才知道法军的具体方位。士兵们不停地寻找军官，但随着夜幕的降临，似乎更难找了。黎明来临，英军解放了西班牙，其光荣的事业终于得到认可。法军因士气受到了打击，再也不能像从前一样信心满满地对付英军了。

1812年7月22日凌晨，卡尔瓦拉萨德阿里巴方向传来零星的枪声。在德拉佩尼亚圣母高地上，法军派出了一大批轻装部队。天大亮时，枪声越来越密，连续不断的进攻开始了。第七师和维克托·阿尔滕将军的轻骑兵也参与战事。

最近的阿拉皮莱斯高地虽然很高，却与英军现在所处的山脊相连，在前一天晚上就被反法联军占领了。另一座同名的山海拔更高，是一座独峰，只是

1812年7月22日，英军与法军交战

当时并没有引起我的重视。碰巧英军清晨就收到了占据此峰的命令,但法军已经预料到这次行动,安东尼·路易·波旁·德·莫屈将军的一部分人马已经登上山顶。

我看到大批法军向左翼行进,在阿拉皮莱斯高地后方集结,然后来到向阿尔瓦的托尔梅斯延伸的树林边缘。詹姆斯·利思将军认为法军纵队在他的炮火射程之内。他事先下令将部队转移到阵地前方的高地,从那里可以更好地看到在阿拉皮莱斯高地掩护下正在行进的法军。到达高地后,劳森上尉命令开火。火力相当凶猛,离他最近的法军部队一片混乱,迅速改变了阵型,一直撤到离英军大炮很远的地方。

此时,法军布置了几门大炮,斜对着劳森上尉所在的高地。法军立即开火,造成英军数人伤亡,其中一队受伤严重。汤姆金森上尉率领的第十六轻装龙骑兵团奉命前去保护英军大炮。第十六轻装龙骑兵团是在高地的掩护下组成的,没有暴露在炮火之下,现在士气高昂。

我接到命令指挥炮兵撤退,并把轻装龙骑兵带回山谷。山谷已遭到炮弹和榴弹炮的扫射。第十六轻装龙骑兵团分散开来,策马而回,没有遭受重大损失。不过,我更担心的是炮兵。他们目标太大,并且移动速度也没有我们想象的那么快。还好,事情没有我们预料的那么糟糕。不久,英军就收复了阵地。

天朗气清,英军能将一切尽收眼底,连法军正在移动的平原尽头都看得清清楚楚。只有偶尔冒出的烟雾和灰尘让交战双方偶尔难以看清对手。

1812年7月22日中午,一支至少由一万人组成的部队从阿拉皮莱斯附近反攻,并在第五师正对面形成了一支纵队。这支部队配备有大炮,看来马上就要发动进攻了。我奉命尽快向右路进军,把这次示威的情况告诉威灵顿公爵阿瑟·韦尔斯利。一得知情况,他就要骑马前往阿拉皮莱斯附近,并吩咐我陪他去。

当我们到达时,第五师已经全副武装,准备好迎击法军。威灵顿公爵阿瑟·韦尔斯利发现法军的队形和之前一样,但并没有打算越过峡谷去碰碰运气。他很快就对战况感到欣慰，因为没有任何重要的行动是针对他的战线的。他再次向右翼疾驰而去，这是当时最有趣、最重要的场景。

法军显然是在向前推进，要夺取罗德里戈城的道路。法军大部分兵力现在或是集结在南方，或是集结在阿拉皮莱斯高地左边。因此，威灵顿公爵阿瑟·韦尔斯利有必要追击法军，抵制法军的行为。

第四师和丹尼斯·帕克将军率领的葡萄牙步兵旅已经到达阿拉皮莱斯高地右侧，第五师接到命令后不久也向高地方向进军。在执行任务时，我们从第四师后方经过，在其右侧的同一条战线上占领了阵地。第七师驻扎在第五师后方不远处，满怀希望。由亨利·克林顿将军指挥的第六军则负责支援第四师。第一师和轻骑兵部队继续留在托尔梅斯河和阿拉皮莱斯高地。特哈达村附近驻扎着爱德华·帕克南将军的第三师、本杰明·杜尔班将军的骑兵、隶属于第十四轻装龙骑兵的团两个中队和卡洛斯·德·埃斯帕尼亚将军率领的西班牙步兵团。同时，托马斯·布拉德福德将军率领的旅和勒麦钱特将军的重骑兵部队在第五师右侧，但在相当靠后的地方。以上就是1812年7月22日14时反法联军的战略部署。阿拉皮莱斯所在的山谷对面的整个高地被法军完全占领。所有军队都在行动，法军骑兵和炮兵向前推进，击退了反法联军的骑兵和炮兵，但进攻不是朝着前线的方向，而是朝着爱德华·帕克南将军的方向，然后是两军的侧翼。

英国步兵在相当长一段时间内没有行动，也没有遭到法军的进攻，法军仍然以纵队形式前进，采取了与1812年7月20日相同的行军路线。

从地形上看，劳里·科尔爵士的左侧阵地比英军的其他阵地更接近法军的前进路线。一座小山为野战炮兵提供了便利。行动开始前，辛弗上尉就已在山上对移动的法军有针对性地不断开火。

1812年7月22日15时左右，法军在第五师正对面的高地上集结了二十门以上的大炮。第五师地处平原地区，没有任何藏身之处。因此，明智的做法是让士兵们匍匐在地，从而在某种程度上躲避猛烈的炮击。至少有一个小时，这些勇敢的士兵冒着枪林弹雨丝毫不动。炮弹和榴弹炮像阵雨一样从他们头顶飞过。

詹姆斯·利思将军骑马在队伍前来来回回,对士兵们喊话,给他们打气。士兵们热切地渴望上阵杀敌。

在这次战斗中,两军的步兵都十分忙碌。守卫阿拉皮莱斯村的皇家卫队和两个燧发枪兵连猛烈反击,一次又一次地击退了法军。

最后,可喜的消息传来,英军不会再受到肆意的炮击了。威灵顿公爵阿瑟·韦尔斯利从右路赶来,告诉詹姆斯·利思将军,他打算立即进攻。

听到进攻的命令后,士兵们一跃而起,欣喜若狂。如果每次士气高昂都能赢得一场战斗,那么萨拉曼卡的这次欣喜就能让部队在推进之前获得胜利!爱德华·帕克南将军率领四路纵队直逼法军左翼,猛烈的进攻击退了法军。

英军士兵冲到法军跟前

第5章 萨拉曼卡战役 | 265

詹姆斯·利思将军奉命将他的师分为两支纵队。第一纵队由皇家卫队、第九团和第三十八团及来自普林格尔将军所辖旅第四团的一部分组成。为了使各队实力均衡地向前推进，第二纵队由普林格尔将军的其余部队和威廉·斯普里将军的葡萄牙步兵团组成。

　　托马斯·布拉福德将军的旅到来时，进攻部队就要沿他的左侧，直接向高地进军，攻击法军。像在任何场合一样，威灵顿公爵阿瑟·韦尔斯利下达了明确、简洁、积极的命令。威灵顿公爵阿瑟·韦尔斯利指示的都是关于时间和阵型的。他命令士兵们将法军击退，赶出战场。然后，威灵顿公爵阿瑟·韦尔斯利继续率领第四师前进。第五师按照威灵顿公爵阿瑟·韦尔斯利指示列队。詹姆斯·利思将军站在第一队正前方，焦急地等待着托马斯·布拉德福德将军的到来。詹姆斯·利思将军一排好队就发出了信号，于是，整个队伍秩序井然地向前推进。为了避免行进速度过快，在这次行动之前，詹姆斯·利思将军已经把副官贝尔希斯上尉和道森上尉派到前线的不同地点，从而使部队整齐地靠近法军，并在各个地点同时发动进攻。在攀登法军驻扎的高地时，山顶传来持续不断的炮火激怒了英军。前进的部队和被攻击部队之间也排满了秩序井然的轻装部队，不断地进行激烈的战斗。詹姆斯·利思将军命我骑马前去通知轻装步兵冲上高地，扰乱法军的行军路线，并且如果可行，还要破坏法军的大炮。执行任务时，我不得不从第五师正前方穿过。法军很快被轻装部队击退，将大炮移到了后方。部队正常前进的一切障碍都消失了。詹姆斯·利思将军骑着马在最前面指挥行动。士兵们偶尔看见灿烂的阳光照在他们的手臂上时而被厚厚的尘土笼罩，不时发出令人振奋的欢声笑语。

　　法军一开始信心十足，现在却安静地列队前进，显然是在为英军即将到来的进攻做准备。法军纵队从山顶退了下来，排成方阵，离地面约五十码远，可以看到英军。法军炮兵虽然部署在后方，但仍向前进的部队开火。在我催促轻装步兵前进时，一枚炮弹击穿了我的马。马当场毙命。在进退两难的情况下，我一直等到整齐有序的龙骑兵。在第三十八团一营的旗帜前，我又骑上一匹马跟着詹姆斯·利思将军继续前进。第三十八团一营人数众多，战斗力强，在前一天就加入了军队，组成了第一纵队的中坚力量。由于特威代尔勋爵乔治·海伊将军不在，格雷维尔上校现在担任部队的指挥官。

英军第二纵队在第一纵队后面约一百码处。英军向法军逼近的过程中，威灵顿公爵阿瑟·韦尔斯利一直在关注战场动态。

英军现在已接近山脊顶端。士兵们像开始时一样，有条不紊地行进——没有比这更正确的行进路线了。全军将士着装整齐，一有人受伤就会有人补上空缺，使行军秩序井然。

詹姆斯·利思将军和参谋们骑着马首先发现了法军，尚且有时间观察法军队形。直到步兵战线明显呈现，他才下令开始射击。他命令士兵们排成连续纵队，跪在前排，准备在鼓声响起时开火。所有士兵都静悄悄地等待命令，没有一声枪响。终于，詹姆斯·利思将军命令部队开火，发起冲锋。一声枪响后是自豪的呐喊——这已成为英国士兵的进攻惯例。对法军来说，巨大的声音毫无疑问是胜利的信号。透过烟雾，我最后看到的是格雷维尔上校的马头部中弹，然后猛地一跳，立了起来，将格雷维尔上校重重摔下，倒在他身上。顷刻间，在场的每个人都笼罩在烟雾和黑暗之中。双方不再争夺高地，法军的方阵被攻破了，被击溃了，被逼得狼狈不堪，即使再负隅顽抗也是徒劳；胜利之师向前推进，好像对抗的不是法军部队，而是一群混乱分子。法军被击溃了，向四面八方逃窜。勒麦钱特将军的重骑兵旅从第五师的右路猛冲过去，再加上无坚不摧的爱德华·帕克南将军，于是，战场上出现了更多逃亡者。

在不到一个小时的时间里，战斗就分出了胜负——法军的失败是不可避免的。其他师和团也参与了这次光荣的战役，虽然遭受了严重损失，但用崇高之举维护了先前获得的声誉。萨拉曼卡战役实际上是由第三师和第五师、托马斯·布拉德福德将军的葡萄牙旅及第十四骑兵团和重骑兵团共同赢得的。在这些部队的联合进攻下，四分之一的法军被击败了，并且在其中心地带陷入混乱。在胜利的鼓舞和大批骑兵的支援下，一万名反法联军守在法军的侧翼。每前进一步都使法军更加狼狈不堪，法军从一个高地被赶到另一个高地，一批批的逃亡者更让战斗中的士兵焦躁不安。在这种情况下，法军失败似乎已成定局。从地面形势看来，可以预见的是爱德华·帕克南将军并不能对阿拉皮莱斯高地发起有效进攻。第四师在战争中屡获佳绩，袭击了让-皮埃尔-弗朗索瓦·博内将军的师。让-皮埃尔-弗朗索瓦·博内将军占据有利地势，人数众多，力量强大。正如我前面所说，法军虽然不习惯与英军交锋，但仍然进行了顽强、勇敢的抵抗。劳里·科尔爵士尽最大努力也无法击退法军。他从法军侧翼包抄，顽强抵抗，一度失去了阵地，但当第六师开始支援时，英军战势好转，整个法军都投降了。当接近法军阵地时，战斗开始了，詹姆斯·利思将军受了重伤，被迫离开战场。几乎在同一时刻，我也受了伤，我的马被枪炮击毙。道森上尉因脚被一颗子弹打中而倒在战场上整夜无援。特威代尔勋爵乔治·海伊将军没有参加此次战役。伯克利上校、戈姆少校、贝尔希斯上尉和乔治·海伊上尉担任副官，分别指挥各师，以果敢的作风为战役胜利发挥了重要作用。

由于已被调离战场，我无法详细说明战斗当晚第五师的动向。然而，第五师只是追击，俘虏了许多法军，这证明第五师的士兵已经渗透到法军内部。有人看见斯普里将军旅的一员、葡萄牙第十五联队的伯明翰少校骑着马向前走去，手里拿着一个法兰西帝国雄鹰塑像——这是他在混战中缴获的。

苏格兰王室成员爱德华·巴恩斯上校被子弹击穿了身体，但仍率兵追击法军。第三十八团的迈尔斯上校此前也曾受重伤。不幸的是，没有反法联军正规部队的阻击，法军在夜间继续向阿尔瓦的托尔梅斯方向逃窜。这样一来，驻扎在托尔梅斯的部队就会受到威胁。因此，即使现在不能全面击溃法军，也要设法截获法军的所有军械增援。

被击败的法军逼近时，驻扎在阿尔瓦为数不多的非正规西班牙士兵逃跑了。因此，法军在桥上没有遇到任何阻碍。在这种情况下，在托尔梅斯渡口撤退将会引起极大的混乱。而对于战败的法军来说，这种拖延是致命的。尚未参战的反法联军已经向韦尔塔挺进，从而阻碍法军向那个方向撤退。在黑夜的庇

萨拉曼卡战场上,法军在饰有雄鹰雕塑的旌旗引领下与英军交战

护下,已经被俘的士兵逃跑了,十一门大炮、两只法兰西帝国雄鹰塑像、六排彩旗和七千名俘虏最终都被救了回来,战场上到处都是法军的尸体。

拉古萨公爵奥古斯特·马尔蒙元帅在战斗初期被一枚榴弹炮击中,断了右臂,无法再指挥战斗。让-皮埃尔-弗朗索瓦·博内将军虽然打了胜仗,但受了伤。贝特朗·克劳塞尔将军接替让-皮埃尔-弗朗索瓦·博内将军,也遭遇了同样的命运,但伤势不重,还能继续指挥狼狈不堪的法军——他以敏锐的判断力和军事知识继续指挥部队撤退。让-纪尧姆-巴泰勒米·托米耶雷将军和克洛德·弗朗索瓦·弗雷将军则阵亡了。达斯格拉威尔将军在被反法联军俘虏后,因伤势过重而死。

克洛德·弗朗索瓦·弗雷将军

威廉·贝雷斯福德爵士

行动之前的"葡萄牙军"由八个步兵师、大批骑兵和一百多门大炮组成，在规模上远远超过反法联军。威灵顿公爵阿瑟·韦尔斯利直接指挥七个步兵师、丹尼斯·帕克将军和托马斯·布拉德福德将军率领的葡萄牙独立旅及卡洛斯·德·埃斯帕尼亚将军率领的约两千名西班牙骑兵，外加五、六十门大炮。在这批部队中，有四个步兵师、葡萄牙独立旅和一部分骑兵参与了此次战役。

勒麦钱特将军是唯一一个参战的反法联军高级军官。受伤的人中有威廉·贝雷斯福德爵士、斯特普尔顿·科顿爵士和将军劳里·科尔爵士。上午在德拉佩尼亚圣母高地发生冲突期间，维克托·阿尔滕将军负了伤。

我所叙述的种种细节似乎与这场伟大的半岛战争极不相称。在考虑一场决定性的胜利将会带来不可估量的好处时，尤其是在当时使半岛动荡不安的舆论战中，最显著的特点之一是威灵顿公爵阿瑟·韦尔斯利的显赫地位：他虽然早已家喻户晓，但仍有待确立一种威信，从而消除一切反对的妄言，助他消灭一切不信任的声音。一些很有军事才能的人认为萨拉曼卡战役本可以进行得更好，对威灵顿公爵阿瑟·韦尔斯利优柔寡断的政策感到不满，但这种政策没有受到任何打击，就把一支精干的军队从杜罗河带回了托尔梅斯。萨拉曼卡战役打消了各种疑虑，让将士们信心大增，即使后来情况不可避免地发生逆转，难以控制，英军也仍然坚不可摧。威灵顿公爵阿瑟·韦尔斯利成功地鼓舞了这支胜利之师，丝毫没有受到逆势的影响。

1812年7月22日是萨拉曼卡人焦虑不安的一天。清晨，英军向卡尔瓦拉萨德阿里巴开火，城里的人们有了希望，因为英军已经投入战斗。然而，随着时间的推移，炮声和枪声越来越近，显然已接近罗德里戈城，人们开始感到沮丧。城附近的高地和最高大的建筑物的屋顶上挤满了人。他们都在注视着事态的发展。在战斗正式打响前的几个小时里，事态的发展给他们带来了灾难性的影响。但当连续不断的炮火声越来越远时，沮丧的人们终于看见了胜利和解脱的希望。

战斗当晚，詹姆斯·利思将军和我留在拉斯托雷斯村，第二天来到萨拉曼卡，住在埃斯卡拉侯爵家中。

这次萨拉曼卡居民的感激之情，不仅限于空洞的言辞或狂热的爱国情绪。更有意义的是，他们真诚和热心地尽力满足伤员的需要，并提供援助，为大医院提供设备，并按照法军反法联军的要求，为伤员提供一切必要的舒适与便利。

缴获的大炮和其他战利品都摆放在广场上。在被押往前线之前，广场上还聚集了一批囚犯。

街上传来了迫击炮声、爱国的塞基狄勒斯乐曲和歌声。伴着迷人的波列罗舞，城堡里传出热烈的喧闹声，城镇呈现出最欢乐的狂欢节景象。伤员们并没有出现，没有给活跃的场面带来一丝压抑之感。炮声和战争的号令，早已远去。西班牙人夸耀自己的成就，并把英法两国进行比较，穿插了不可思议的逸事。路人如果听到了正在发生的事情，或者看到了讲述者的眉飞色舞，一定会以为危机已经过去，一切压迫和苛求都结束了，萨拉曼卡从此永远摆脱了可憎的法军。

萨拉曼卡战役打了整整一夜。法军在混乱中继续逃窜，因为没能提前安排撤退，所以无从减轻这种突如其来的窘迫造成的影响。从宽阔的托尔梅斯河上撤退，即使有可能畅通无阻，也不大可能让法军足够有序，足够镇定。胜利时的法军虽然是一支威武之师，但那时却精于算计，骄傲自大，认为自己"无所不胜"的法军在面临失败时，法军只会变得手足无措。

到达阿尔瓦的托尔梅斯时，法军已是一盘散沙。各部混在一起，群龙无首，许多士兵连武器都没有，这让法军看起来更像是一群亡命之徒，毫无军队该有的样子。法军只有一个目标，那就是尽快从战场上撤离。将领们首先想的是退回到拿破仑·波拿巴率领的"中部军"去，再从马德里进军。因此，溃败的"葡萄牙军"沿着通往阿雷瓦洛的道路前进。然而，当得知约瑟夫·波拿巴是向反方向行进，贝特朗·克劳塞尔将军立即改变了撤退路线。贝特朗·克劳塞尔将军离开预定的路线，从马德里到巴利亚多利德，直奔杜罗河。从图德拉渡河后，贝特朗·克劳塞尔将军继续前往阿兰达，仍然希望与马德里来的部队会合。但令贝特朗·克劳塞尔将军失望的是，战败后，法军放弃了在巴利亚多利德的医院，突然从布尔戈斯撤退。

于是，威灵顿公爵阿瑟·韦尔斯利的军队立即趁机击退法军，使法军无法迅速恢复进攻。紧接着，他决定向南方进军，因为那里的法军人数少，没有任何其他部队的支援，既不能阻止他前进，也不能阻止他占领马德里，从而暂时控制西班牙的大片领土。约瑟夫·波拿巴意识到，他打算增援的人数众多、战斗力很强的军队遭遇了一场致命的灾难，便立即返程，穿过瓜达拉马之门回到马德里。

第六师的亨利·克林顿将军和在战役中伤亡众多的部队驻扎在库埃利亚尔,以控制拉古萨公爵奥古斯特·马尔蒙元帅的军队残余,而反法联军的主力则向西班牙中部挺进。1812年8月9日,威灵顿公爵阿瑟·韦尔斯利抵达圣伊尔德丰索。接下来的两天里,他越过了瓜达拉玛和纳瓦尔瑟拉纳的山口,如急流一般冲下卡斯蒂尔平原。

1812年8月11日晚,对反法联军进行侦察并确定其兵力无法有效抵抗反法联军之后,国王约瑟夫·波拿巴与让-巴普蒂斯特·茹尔当元帅在丽池荒废的宫殿里修建了一座堡垒,留守了两千名士兵,然后逃离了马德里,奔向阿兰胡埃斯。

守备军虽然装备精良,兵精粮广,但一定会有牺牲。任何一个法军工程师都知道,只要威灵顿公爵阿瑟·韦尔斯利开始进攻,那这座堡垒坚持不了多久。因此,需要说明的是,法军指挥官是决定要牺牲众多优秀士兵,着实令人不解。士兵们留在堡垒中,即使客观条件再有利,也毫无意义。

1812年8月14日早晨,反法联军缴获一百八十九门大炮、九百桶火药、两万支枪托、两百多万支枪弹和两只鹰,俘虏了两千五百五十五名法军。在田园之家,英军还发现了一条相当大的缆绳和各式绳索。英军决定用这些材料修复阿尔马拉斯大桥,其方法与从前在阿尔坎塔拉采用的方法类似。阿尔马拉斯大桥的裂口跨度很大,有一百四十三英尺,所以用之前的修复方式是合适的。在皇家参谋团托德上尉的监督、指挥下,绳索网在丽池的新博物馆里编制完成了。

正如人们预料的那样,在马德里,威灵顿公爵阿瑟·韦尔斯利及其军队受到了热情的款待。人民一致支持市政当局选择马德里新王宫作为这位英国将军的唯一住所。在人民的欢呼和祝福中,威灵顿公爵阿瑟·韦尔斯利被护送到那里。

战争期间,西班牙王室的统治阶层发生了迅速而奇特的变化。软弱、善良、偏激的卡洛斯四世,迷人、放荡、自私的玛丽亚·路易莎,犯了错误、粗俗、

玛丽亚·路易莎

无知的曼努埃尔·德戈多伊,都退出了历史舞台。约瑟夫·波拿巴虽然执掌大权了,但无论如何都无法管理这伟大国家的事务,正如他无法使他的臣民效忠于他一样。贝伦战役之后,约瑟夫·波拿巴继承西班牙王位,却囿于随后发生的一系列事件离开马德里。皇帝拿破仑·波拿巴访问了马德里并参观了新王宫。难忘的访问之后的近四年里,约瑟夫·波拿巴维持着西班牙王室的外表,大部分时间都在马德里度过。萨拉曼卡战役再次迫使他骤然离开马德里。杰出的反法联军总司令威灵顿公爵阿瑟·韦尔斯利在马德里的宫殿里住了一段时间。

加的斯城示意图

萨拉曼卡战役在整个西班牙产生了重大的影响，使约瑟夫·波拿巴的亲法政府摇摇欲坠。此后，拿破仑·波拿巴在伊比利亚半岛的势力也一蹶不振。

加的斯城被包围，达尔马提亚公爵尼古拉·让·德迪厄·苏尔特元帅的军队向北转移，安达卢西亚得到解放，加泰罗尼亚和巴伦西亚的军队不堪一击，游击队人数增加了两倍，以上都是萨拉曼卡战役胜利的结果。尽管如此，英军仍不停歇。得知威灵顿公爵阿瑟·韦尔斯利据守马德里的消息后，达尔马提亚公爵尼古拉·让·德迪厄·苏尔特元帅和阿尔比费拉公爵路易-加布里埃尔·絮歇元帅还没有回过神来，威灵顿公爵阿瑟·韦尔斯利就又踏上了前往历史悠久的卡斯蒂尔高原的道路。在历史悠久的卡斯蒂尔高原，他要对抗强悍的"葡萄牙军"和"北方军"，围攻布尔戈斯城堡。1812年8月17日到19日，陆军第一师、第四师、第五师与第七师从马德里向埃斯科里亚尔进发，轻装师、第三师和部分骑兵继续驻扎在马德里及附近。劳里·科尔爵士率师离开新卡斯蒂尔后，第一师、第五师和第七师越过瓜达拉马，继续向库埃利亚尔进发，从而与亨利·克林顿将军会合。随后，整个部队向布尔戈斯进发。

罗兰·希尔爵士接到命令向托莱多进军。当时，一队人数众多的精兵集中在塔古斯河上，挡住了从西班牙南部进入马德里的道路。

1812年8月19日，詹姆斯·利思将军离开萨拉曼卡，前往里斯本。其间，我继续留在西班牙待命。与西班牙军队一起行动时，我获得了法军在埃斯特雷马杜拉行动的情报。威灵顿公爵阿瑟·韦尔斯利同意接收我，前提是我要康复在萨拉曼卡受的伤，只要威灵顿公爵阿瑟·韦尔斯利认为我在这里有一点用处，我就会乐意效劳。

1812年8月24日，军医埃默里接到了去马德里的命令。我在他的陪同下离开了萨拉曼卡。我们乘坐的是一辆非常笨重的带篷四轮马车。拉车的骡子倒是很壮实，但人坐在上面摇摇晃晃，感到非常不安。我因为仍然不能顺利骑上马，所以，一路都在用这辆马车，并且只有坐在摇摇晃晃的马车里才能稍稍摆脱萨拉曼卡的沉闷。出发的当晚，我们在本托萨停下来过夜，第二天，经过佩尼亚兰达。佩尼亚兰达是一个相当大的城镇，城里最主要的建筑物从前是弗里亚斯公爵的住宅，当时已被法军改建为骑兵军营。经历了闷热异常的一天，我们到达了丰蒂韦罗斯。1812年8月26日，我们受到了布拉斯乔·桑乔主教的盛情款待。他的住宅曾是约瑟夫·波拿巴的临时住所。约瑟夫·波拿巴就是在这里得知拉古萨公爵奥古斯特·马尔蒙元帅战败的消息，并返回马德里的。

经过阿尔马萨的本塔后，我们进入了卡米诺-雷亚尔。拉瓦霍斯是一个大村庄，在山顶上绵延几英里。从萨拉曼卡到拉瓦霍斯的沿途都是光秃秃的，毫无生气。无论是树林还是葡萄园，看上去都像一片平地。由于酷热，收割后的玉米地变得干枯，让人觉得这是一个干旱而贫瘠的地区。

卡斯丁镇也是沿途的一个重镇，我们从卡斯丁镇继续慢慢赶路，傍晚到达拉斯纳瓦斯德圣安东尼亚。在拉斯纳瓦斯德圣安东尼亚，法军造成的破坏更加明显。1812年8月28日上午，我们到达坐落在瓜达拉马山口的圣拉斐尔。圣拉斐尔的风景非常美丽：群山呈现出与众不同的独特魅力；松树林覆盖在山顶上，更增加了美景的神韵。

"方达"，或称"客栈"，从前是皇室成员北上旅行的必经之路，现在已破败不堪，满目疮痍。这是我在西班牙见过的规模最大、最体面的客栈。离开方达后，我们就开始了一段缓慢的上坡路，沿着山路蜿蜒而上。直到到达狮子峰，眼前出现了新卡斯蒂尔广阔的平原，远处可以看到马德里。没有比过山口时的塞拉山更美丽的山景了。

向南的下山路比向老卡斯蒂尔更陡峭，但树林繁茂的景色使人兴致盎然。在巨大的岩石之间，在参天栗树和橡树的庇护下，下山的路异常蜿蜒。山脚下就是瓜达拉马村，其右边一英里远的地方坐落着埃斯科里亚尔建筑群的修道院。在瓜达拉马村前面一英里外，我们离开了卡米诺-雷亚尔，向塞戈维亚路走去。塞戈维亚路上有特立尼达岛的客栈，只是，彼时已经成为一片废墟。

从特立尼达岛到马德里的整个地区都是耕地，没有森林。直到帕尔多附近，我们才看见繁茂的树木，排列在通往马德里城门的道路两旁。进入马德里城要经过城墙。城墙根有许多高大的树木，城门右边是曼萨纳雷斯河。

与上次看到的景象不同，马德里发生了巨大的变化，令人唏嘘。彼时，人们的大部分时间都是在城内安居乐业。而现在，大多数达官显贵都是在法军逼近时被迫逃亡，连亲法政府当局也离开了首都——这是法军最近战败的自然结果。因此，西班牙上层社会不再以为法军会为马德里城增光添彩，而1808年的气派的林荫大道也已不复存在。

1812年反法联军进入马德里时，城内仅剩有少数几户大户人家。其中，里维拉·吉耶达公爵一家以和蔼可亲、格调高雅著称。里维拉公爵夫人出身显赫，也是西班牙的一位贵族，嫁给了卡纳莱哈斯侯爵。

反法联军进入马德里时，卡洛斯·德·埃斯帕尼亚将军被任命为该城的总督。在当时困难的局面下，很少有人能满意他的工作。西班牙人的阴险、嫉妒和不信任使他的功绩并不为人称道。许多冲突让这位高官很难心无旁骛地管理城市，这让他十分恼怒。我认为，作为马德里总督，在圣雅各侯爵府邸的经历是卡洛斯·德·埃斯帕尼亚将军的一生中最失意的一段。

1812年9月1日，威灵顿公爵阿瑟·韦尔斯利离开马德里。1812年9月9日，他将反法联军总部设在了巴利亚多利德。葡萄牙军得到增援后恢复了一些士气，在卡斯蒂尔反法联军主力不在的情况下，向亨利·克林顿将军的营地推进了几次，但没有进行任何大规模进攻。但当得知来自首都的英军与第六师会合时，葡萄牙军撤退了，并未妨碍英军向布尔戈斯发起直接进攻。

从反法联军占领马德里到威灵顿公爵阿瑟·韦尔斯利离开马德里北上，没有任何一支法军前来骚扰过马德里的反法联军。

约瑟夫·波拿巴率领"中部军"在塔古斯河左岸徘徊。从马德里撤退那天到1812年8月16日，他从奥卡尼亚出发，沿着巴伦西亚的路线行进，然后到达阿尔比费拉公爵路易-加布里埃尔·絮歇元帅的大本营。

威灵顿公爵阿瑟·韦尔斯利兵分几路，把相当大的一部分兵力留在新卡斯蒂尔，就像后来罗兰·希尔爵士在托莱多的行动一样。现在或者继续占领马德里，或者击退半岛南部的军队，并且彻底解放南部地区。半岛南部的军队是唯一能与反法联军抗衡一二的军队，因而一段时间里，西班牙王国将重新回到约瑟夫·波拿巴的统治下。无论哪种情况，都必然会给整个战争带来巨大的好处，虽然反法联军会撤退，但这也是为取得战争最终胜利做出的最有利的安排。在达尔马提亚公爵尼古拉·让·德迪厄·苏尔特元帅的管理下，比起西班牙其他任何地方来说，安达卢西亚更不愿意对法军的统治地位提出异议。他对国民政府的安排日益成熟。在萨拉曼卡战役期间，塞维利亚与其说是法军将领的领地，不如说是总督的领地。所有优势及他为使人民永远忠于法军所做的一切努力，都顷刻化为乌有。威灵顿公爵阿瑟·韦尔斯利离开了塞维利亚，加的斯城被包围，大炮被摧毁。南方的军队满载战利品，迟迟不愿向前，法军与约瑟夫·波拿巴、阿尔比费拉公爵路易-加布里埃尔·絮歇元帅元帅合兵，人数超过了塔古斯和曼萨纳雷斯的反法联军，削弱了英军占据马德里的优势地位。

准备工作在南方完成时，英军在马德里仍然保持镇定，按兵不动。一支数量众多的军队集结在马德里及附近地区，由轻装师、乔恩将军率领的第二师、爱德华·帕克南将军指挥的第三师、劳里·科尔爵士率领的第四师、约翰·汉密尔顿将军率领的葡萄牙军、威廉·厄斯金爵士的骑兵师和西班牙军队组成。而由斯科里特上校指挥的来自加的斯的英军，每天都在等待命令。

前往北方的途中，在帕伦西亚，由弗朗西斯科·哈维尔·卡斯塔尼奥斯将军指挥的加利西亚军队加入了威灵顿公爵阿瑟·韦尔斯利的大军。1812年9月9日，军队进入了布尔戈斯。布尔戈斯是绝佳的防守之地，防御堡垒建造得相当巧妙，但还不足以抵抗正规部队的连续进攻。约瑟夫·苏昂将军早已明白这些情况，所以在离开布尔戈斯之前，他问新任命的总督让·路易·迪布勒东将军能否坚持十天，总督未能给出肯定的答复。

约瑟夫·苏昂将军

让·路易·迪布勒东将军

围攻布尔戈斯时使用的大炮和萨拉曼卡炮台所用的是一样的，如果攻陷萨拉曼卡时大炮就已经在数量和力量上均有不足，那么当面对更多法军时，想要坚决制敌，这些武器将变得更加捉襟见肘。

许多人都见证并详述了围攻部队时遭受的极端困难和严重损失及法军表现出的英勇献身精神，因此，我就不再详述这次围攻的情况了。反法联军到达布尔戈斯之前，天气一直都很糟糕：大雨伴随着猛烈的大风持续阻碍部队前进，使反法联军不得不暴露在法军连续的炮火下，痛苦不堪。

坎贝尔将军和亨利·克林顿将军指挥的第一师和第六师，以及丹尼斯·帕克将军和托马斯·布拉德福德将军率领的葡萄牙旅共同进行围攻，但大多损失惨重。在各种进攻、水雷作战、攀登高地和突围战中，虽然将士们都不屈不挠，持续作战，但这次战斗太艰苦了，所以巨大损失难以避免。

英军炮兵轰炸布尔戈斯

1812年9月22日晚,第七十九团的劳里少校试图冒着暴风雨进攻法军外围线,不幸战死。冷溪卫队的麦肯齐·弗雷泽上尉受了重伤。

1812年10月8日3时,突击行动开始了。科克斯少校在战壕中指挥战斗。他以一贯的英勇之威集结卫兵和工人,迫使法军退回营地,最后不幸战死。

以积极向上闻名的科克斯少校一开始是高地步兵的一名战地军官,负责指挥斯特灵上校所率旅的轻骑兵,成绩斐然,名声显赫。1812年9月19日上午,斯特灵上校冲向了法军的前沿阵地,并在当天晚上发起进攻,帮助反法联军占领了圣米歇尔的重要角楼。尽管损失了四百人,斯特灵上校仍坚守阵地英勇作战。直到1812年10月8日晚,斯特灵上校都没让法军任何攻击角楼的行动得逞,而他的名字就是出色履行职责的光辉旗帜。

英军在夜间攻打布尔戈斯

可惜后来军队失去了这位前程似锦的军官。威灵顿公爵阿瑟·韦尔斯利在详述此事时,这样称赞科克斯少校的丰功伟绩:"1812年10月8日3时,英军不幸失去了第七十九团可敬的科克斯少校。他是长期战斗在战壕里的一名战地军官,在召集部队时战死了。我们应该经常对科克斯少校长存缅怀之心,最近一次在攻击布尔戈斯城堡的角楼时,他的阵亡对英军和英王都是巨大损失。"

1812年10月4日上午指挥进攻外线的行动时,工程师约翰·托马斯·琼斯上校受了重伤。

在他杰出的作品《西班牙的围攻》中,约翰·托马斯·琼斯上校提到了由霰弹造成的伤口与现代战争中使用的其他类型导弹造成的伤口在感觉上的独特差异。详细描述了1812年9月25日晚上发生的事情后,他说,"这里有人说,就像从前的情况一样,霰弹造成的伤害比步枪或其他枪弹造成的伤害更加严

防守布尔戈斯的法军将英军击退

重。受步枪伤害的伤员很少在夜间呻吟,而受霰弹伤害的伤员常常发出痛苦的哀号声。"

1812年10月20日晚,布尔戈斯的围城行动开始了,掩护部队撤退,并且向杜罗河进军。

法军"葡萄牙军"再次实力大增,人数超过了威灵顿公爵阿瑟·韦尔斯利直接领导的反法联军。反法联军和法军的剩余兵力都不足以再次进行大规模战斗,也不能像总司令的部队和罗兰·希尔爵士麾下的部队一样彼此拉长战线。占领布尔戈斯并不算一场重要战役,只是为了摧毁法军的"葡萄牙军"的军械库,因为它实际上对盟军的全面胜利并没有什么影响。不过,虽然法军现在已从历史悠久的卡斯蒂尔高原转移阵地,从布尔戈斯撤军,但威灵顿公爵阿瑟·韦尔斯利还是极不情愿放弃布尔戈斯,因为英军一直在为占领布尔戈斯不懈努力。

当达尔马提亚公爵尼古拉·让·德迪厄·苏尔特元帅率领"南方军"抵达时，七万法军在巴伦西亚集结，准备向马德里进军，企图重新占领马德里。法军企图重新占领马德里的消息让民众激动不已。关于法军动向的失实报道不断传出后，公众开始质疑反法联军是否能守住马德里。约瑟夫·波拿巴的利益集团见证了法军的到来，倍感焦虑。一切都昭示着动荡时期的来临，与过去六个星期发生的令马德里人焦虑的事情相比，接下来发生的事情似乎会更吸引人。

在这种情况下，达尔马提亚公爵尼古拉·让·德迪厄·苏尔特元帅似乎成了法军最信赖的领袖，而西班牙国王约瑟夫·波拿巴、让-巴普蒂斯特·茹尔当元帅和阿尔比费拉公爵路易-加布里埃尔·絮歇元帅都没有得到认可。一句意味深长的"别无其他选择了吗？"被频频提出，这表明英军就要准备撤离了。

1812年9月15日，最受法军爱戴的达尔马提亚公爵尼古拉·让·德迪厄·苏尔特元帅虽然已经开始行军，但直到1812年10月23日才在塔古斯河岸边和"中部军"会和。之所以耽误这么久，是由于驻守钦奇利亚城堡的一小群西班牙人负隅抵抗。因此，决定向马德里进军后，钦奇利亚城堡的重要性就降低了。法军到来时，驻扎在塔古斯河左岸的英军撤退了。为了守卫马德里，罗兰·希尔爵士把部队部署在哈拉马河上，把大本营设在西恩波苏埃洛斯。

彼时，罗兰·希尔爵士的军队人数众多，各军种都有职位很高的将领。军队包括轻骑兵团、第二步兵师、第三步兵师和第四步兵师，以及约翰·汉密尔顿将军率领的葡萄牙师、巴勃罗·莫里略将军的西班牙军队、威廉·厄斯金爵士的骑兵队及维克托·阿尔滕将军的轻骑兵旅。

如果战争进展顺利，并且双方能够在哈拉马河上展开较量，那么即使是再强劲的对手也无法击退上述如此强大的反法联军。然而，事态的发展已经大大改变了双方军队之间的对峙局面：反法联军在布尔戈斯长期防御，法军撤离安达卢西亚，未能及时采取集中行动重新占领首都，因此，依据形势，罗兰·希尔爵士必须撤退，加入威灵顿公爵阿瑟·韦尔斯利在北方的军队。

围攻布尔戈斯看来是势在必行：法军"葡萄牙军"的兵力增强了，在人数上占优势，并向反法联军施加压力，使其不得不改变行动。1812年10月21日晚，威灵顿公爵阿瑟·韦尔斯利穿过阿尔兰松。1812年10月22日5时，后防部队撤退。反法联军的撤退行动进行得非常巧妙，让法军毫无察觉，直到傍晚，威灵顿公爵阿瑟·韦尔斯利率领全军，三万名步兵、一支骑兵大队、一千二百名将领，带着一百门大炮，渡过了河。1812年10月23日，反法联军的右路向托尔克马达进军，左翼向科尔多村进军。法军迅速向前推进，途中经常遇到在反法联军侧翼行进的后卫和游击队。有一次，朱利安·桑切斯的游击队战败后，向乔治·安森将军的轻骑兵旅后防部队的侧翼撤退。法军的几个中队在后面紧追不舍，不过，英军龙骑兵还没有意识到法军骑兵已经追到跟前，朱利安·桑切斯的游击队就混入了英军龙骑兵中。这就造成了一些混乱，分开朱利安·桑切斯的游击队和英军龙骑兵耽搁了一段时间，使法军趁机增强了兵力。乔治·安森将军和乔治·博克将军的部队想要在本塔德尔波索附近支援朱利安·桑切斯，

乔治·博克将军

科林·霍尔基特上校

但没有成功。英军加上英王直辖德意志团的人数远不及法军的精锐部队,尽管交战的部队中有相当一部分是由宪兵队组成的,他们被迫退回到科林·霍尔基特上校指挥的英王直辖德意志团的轻骑兵部队。英军排成方阵,坚守阵地,抵挡住法军多次进攻,给法军造成了巨大的损失。通常情况下,当认真履行职责时,伤亡会相对较轻。

1812年10月24日,法军抵达卡里翁河:右翼在杜埃纳斯驻扎,左翼在比利亚穆列尔。第二天,法军渡过了卡里翁河,但被约翰·奥斯瓦尔德将军指挥的第五师击退。一些撤退的西班牙军队集结在一起,参与了这次进攻。其间,米格尔·里卡多·德·阿拉瓦将军受了重伤。

米格尔·里卡多·德·阿拉瓦将军曾是海军上将伊格纳西奥·马利亚·德·阿拉瓦麾下的一名海军军官,也是海军上将伊格纳西奥·马利亚·德·阿拉瓦的侄子。海军上将伊格纳西奥·马利亚·德·阿拉瓦是西班牙舰队在特拉法尔加海战时的副总司令。按照西班牙军队的惯例,陆军军衔与海军

伊格纳西奥·马利亚·德·阿拉瓦

米格尔·里卡多·德·阿拉瓦将军

军衔一致,米格尔·里卡多·德·阿拉瓦将军仍作为一名陆军少将,长期在英军总部任职,并得到了威灵顿公爵阿瑟·韦尔斯利的信任。

勇敢、活跃、睿智的米格尔·里卡多·德·阿拉瓦将军深受反法联军官兵的爱戴,都感到能够结识米格尔·里卡多·德·阿拉瓦将军很庆幸。在米格尔·里卡多·德·阿拉瓦将军献身的国家斗争中,无论法军持怎样的政治立场,英勇和高尚的行为都使他受到各方的尊重。

1812年10月26日，反法联军渡过卡韦松的皮苏埃加河。1812年10月27日，在一场炮击战中，杰出的炮兵军官罗布上校受了重伤。

1812年10月27日，约瑟夫·苏昂将军经过卡里翁，在锡加莱斯附近的高地集结了军队。1812年10月28日，他继续向右路前进，并打算在可能的情况下，利用锡曼卡斯和巴利亚多利德的桥，强行渡过皮苏埃加河。这些桥由达尔豪西勋爵乔治·拉姆齐指挥的第七师守卫。达尔豪西勋爵乔治·拉姆齐刚加入军队不久，被任命为第七师的指挥官。

达尔豪西勋爵乔治·拉姆齐

科林·霍尔基特上校的部队在锡曼卡斯遇到了法军，虽然人数不及法军，但仍然炸毁了桥后才撤退。这样一来，英军就能不惧法军，安全渡过皮苏埃加河。1812年10月29日，威灵顿公爵阿瑟·韦尔斯利通过杜罗河桥与图德拉桥渡过杜罗河。后来，杜罗河桥与图德拉桥都被摧毁了，卡韦松桥、托德西利亚斯桥、塔利亚斯桥和金塔尼利亚桥也被摧毁了。

1812年10月30日，威灵顿公爵阿瑟·韦尔斯利将军队部署在鲁埃达和托德西利亚斯之间的高地上。法军竭尽全力修补桥梁。从两军当前的阵地来看，未来的行动路线很可能与反法联军和拉古萨公爵奥古斯特·马尔蒙元帅的军队在萨拉曼卡战役之前采取的行动路线类似。无论如何，威灵顿公爵阿瑟·韦尔斯利已经确保他在萨拉曼卡顺利撤退。

来自布尔戈斯的法军到达鲁埃达的那天，马德里城内和附近的反法联军接到通知即刻转移。1812年10月31日早晨，所有人从首都马德里出发，经过圣文森特门，排成一列，沿着大路向埃斯科里亚尔前进。在1812年11月1日的短暂停留期间，我陪同爱德华·帕克南将军参观了埃斯科里亚尔修道院。这是我们见过的最宏伟的建筑，与周围荒凉的山景相比，给人留下了更加深刻的印象。

埃斯科里亚尔建筑群坐落在马拉贡山山脚，是整个山脉中粗犷崎岖的一段，从阿维拉山延伸到喀尔本塔诺斯山，景色宜人：古老的树木生长繁茂，展示着自然之美，与宏伟建筑遥相呼应，显得庄严肃穆。

然而，埃斯科里亚尔修道院所在之地已是一片荒凉，荒无人烟的原野为此增添了庄严肃穆的气氛。这时，埃斯科里亚尔修道院无论是外观还是里面无数宽敞的房间，都成了一片废墟，让人唏嘘不已。波旁王朝富丽堂皇的装饰，各种来自南美洲华丽的战利品，大修道院礼拜堂的装饰，食材丰富的餐厅，华丽的陈列室里陈列的意大利和西班牙画派中最珍贵的作品，全都不见了。墙上也看不见拉斐尔·桑西的《圣母玛利亚》，以及塞巴斯蒂安·德尔·皮翁博和委拉斯开兹的《镜前维纳斯》，只有国王的石棺依然完好无损。我们走进这座宏伟的万神殿，站在石棺旁边——石棺里是查理五世的骨灰。墓室陈设简单，并不华丽,每个人的骨灰盒上都用金粉刻上了名字,看来法军还未曾涉足这座宏伟的墓室。

从万神殿出来,我们参观了画廊、牢房、王室、回廊、露台、礼拜堂和宽敞的庭院。所有地方都已成为军队的住所。骑兵的战马占据了楼房的低层,被熏黑的墙壁和满目疮痍的地板说明里面经常点着火,表明法军曾来过多次。

1812年11月2日,马德里的军队继续向北方进军,现在已经开始攀登瓜达拉马山。撤退途中,在埃斯科里亚尔,我很荣幸罗兰·希尔爵士让我担任他的副官。于是,我加入他的指挥部,陪同他过了隘口,晚上到埃斯皮纳过夜。

1812年11月3日,法军没有追击。我们继续前进,在拉瓦霍斯建立了指挥部。1812年11月4日早晨,我们奉命接应劳里·科尔爵士率领的后防部队,直到获取法军行动的确切情报。1812年11月4日上午10时左右,我离开了拉瓦霍斯,得知劳里·科尔爵士已经过瓜达拉马,向卡斯丁镇的骑兵哨所行进。

进入马德里,查明反法联军最近的动向后,达尔马提亚公爵尼古拉·让·德迪厄·苏尔特元帅决定立即追击。达尔马提亚公爵尼古拉·让·德迪厄·苏尔特元帅斗志昂扬,命令"南方军"不要进入首都马德里,改变本应该直接通往瓜达拉马的路线,转而沿着曼萨纳雷斯河岸前进。

1812年11月5日3时,罗兰·希尔爵士接到情报,称法军正在迅速向他的后方推进,便命令我立即前往鲁埃达威灵顿公爵阿瑟·韦尔斯利的大本营,向威灵顿公爵阿瑟·韦尔斯利汇报阿杜哈的情况。我立刻上马,从比亚努埃瓦德戈麦斯经阿雷瓦洛,途经五十二英里,于1812年11月5日10时到达。

威灵顿公爵阿瑟·韦尔斯利住在鲁埃达村一个非常偏僻的地方。尽管战局不利,但他一如往常沉着冷静、头脑清晰。对于一名指挥官来说,无数令人尴尬的事件和令人焦虑的场合当然会令他不安,但威灵顿公爵阿瑟·韦尔斯利一向泰然处事,从未改变。

威灵顿公爵阿瑟·韦尔斯利向我询问了罗兰·希尔爵士几个师的情况及法军前进的方向,随后写了一份急件,指示我尽快送给罗兰·希尔爵士。接到指示后，我从梅迪纳德尔坎波出发，走了十五个小时，八十八英里的路，1812年11月5日傍晚到达了罗兰·希尔爵士的指挥部。

1812年11月6日天气很好，罗兰·希尔爵士在坎塔拉西利亚扎营。1812年11月7日，罗兰·希尔爵士的军队到达阿尔瓦的托尔梅斯。

反法联军从马德里撤退到托尔梅斯，整个队伍整齐有序，其间，先有法军进攻。由于队伍并不长，所以法军并未追击反法联军的步兵，只对骑兵的后卫军发动了几次小规模追击。

1812年11月8日早晨，在狂风暴雨中，轻骑兵团、第三师、第四师、皇家卫队、斯科里特上校率领的旅和威廉·厄斯金爵士的骑兵师相继通过托尔梅斯河。同日，来自布尔戈斯的威灵顿公爵阿瑟·韦尔斯利的军队抵达萨拉曼卡前的圣克里斯托瓦尔阵地。

罗兰·希尔爵士及其参谋白天留在阿尔瓦，不断收到法军逼近的消息。第二天早晨，他听说一个法兰西帝国的元帅已经到达坎塔皮诺斯，正向托尔梅斯渡口进军。罗兰·希尔爵士命令我带一队骑兵去查明情况。在靠近巴维拉丰特的地方，有一列纵队从巴维拉丰特所在的高地上下来，正朝靠近韦尔塔河的渡口进军。我继续观察以确定这支部队的组成情况。看到一个由步兵、骑兵和炮兵组成的部队后，我想应该直接向威灵顿公爵阿瑟·韦尔斯利报告。因此，我给罗兰·希尔爵士写了张字条，命令龙骑兵送回阿尔瓦。我一个人出发了，催马疾行，一小时内跑完了十二英里。部队指挥官立即来到伦瓜村的高处，俯瞰阿尔瓦广阔的平原，看到法军向河边移动。我从河左岸回来，遇到了罗兰·希尔爵士。除了肯尼思·霍华德将军率领的旅，罗兰·希尔爵士率第二师其余部队前进，试图阻止法军从恩西纳斯渡过韦尔塔河。

现在集结在托尔梅斯的反法联军，是战争期间威灵顿公爵阿瑟·韦尔斯利直接指挥人数最多的部队，其大本营设在萨拉曼卡。它由九个步兵师组成，不包括西班牙军约六千名骑兵及六七十门大炮。与这支人数众多、锐不可当的部队抗衡的是达尔马提亚公爵尼古拉·让·德迪厄·苏尔特元帅的指挥的

"南方军"、让-巴普蒂斯特·茹尔当元帅指挥的"中部军"、约瑟夫·苏昂将军指挥的"葡萄牙军"和马里-弗朗索瓦·奥古斯特·德·卡法雷利将军指挥的"北方军"组成。整个军队名义上受约瑟夫·波拿巴指挥,有九万名士兵,其中包括一万名骑兵,还有两百门大炮。

1812年11月10日,法军全军出现在托尔梅斯河上,左翼的是达尔马提亚公爵尼古拉·让·德迪厄·苏尔特元帅向前推进,占领了桥。二十门大炮对准了阿尔瓦,使反法联军不得不离开。炮弹落下击穿了屋顶,像阵雨般地沿着街道翻滚。偶尔几队尖兵冲上前,但接二连三的炮轰让他们无能为力,冲上去又被压制回来。肯尼思·霍华德将军率领勇敢的冲锋队,不惧炮火和法军零星的袭击,一直坚守阵地。眼看三个英军营地在毫无掩蔽的情况下仍久攻不下,法军将领便命令部队撤退,因为他们知道,除非继续加强攻势,否则无法夺取英军阵地。必须说明的是,在阿尔瓦的部队是第五十团,由威廉·斯图尔特上校指挥;第七十一团由亨利·卡多根上校指挥;第九十二团由菲利普·卡梅伦上校指挥。这几支部队在这次战役中对法军实施了英勇的反攻。

法兰西帝国的元帅撤回了大炮,也撤回了大部分步兵,但命令轻装部队在夜间和1812年11月11日上午连续开火。约1812年11月11日8时,我被派到阿尔瓦去了解战况,并把约翰·汉密尔顿将军的报告转交给罗兰·希尔爵士。我发现,驻扎在阿尔瓦的部队是经过精心策划的,士兵们从被毁坏的房屋中寻找掩护。四处都是炮声,但由于法军现在已停止发射炮弹,伤亡人数已大大减少。士兵们稍做恢复,但法军的火力仍然十分强劲。约翰·汉密尔顿将军保证他仍会坚守阵地,并且他的部队遭受的损失并没有想象中严重。我在卡皮奥上方的高地与约翰·汉密尔顿将军再次会合。

1812年11月11日下午,大批法军官兵进入营地,对河滩进行了侦察。从部队接待仪式来看,我们推测在元帅和高级军官的陪同下,约瑟夫·波拿巴也在场。当护卫队接近几个兵营时,乐队奏响乐曲,士兵们拿起武器,而清晰的鼓声彰显了对法军高级将领的敬意。

1812年11月12日清晨，威灵顿公爵阿瑟·韦尔斯利到达阿尔瓦对面的高地时，法军的阵地和行动并没有明显的改变。他从那里仔细察看了法军阵地的情况。放眼望去，一片茂密的树林从阿尔瓦延伸到托尔梅斯河右岸。在树林的掩护下，法军有可能进行了一次隐蔽的行动。因此，反法联军右翼转移了方向。威灵顿公爵阿瑟·韦尔斯利命令我继续前进，查明是否有法军向左侧挺进或偷偷越过英军防线。在执行任务时，他命令我带上第十三轻装龙骑兵巡逻队。我们沿着河流一直走到萨尔瓦铁拉，然后越过河流，沿着阿尔瓦的方向，摸索着来到法军的宿营地，直到能确定法军部队的人数。

　　我在萨尔瓦铁拉得到的唯一情报是法军没有来过萨尔瓦铁拉。因此，我只能穿过托尔梅斯河，沿着穿过树林中心的那条路，向加林杜斯特前进。在加林杜斯特附近，通过询问一个农民，我得知他早晨在那儿看见过法军骑兵，但已经离去了。既然现在还无法确定农民的说法是否属实，我认为最好还是先把他送到城里，然后再把事情弄清楚。因为我并不太信任他的人品，所以他一走我便离开了大路，命令第十三轻装龙骑兵巡逻队在最近的树林里保持安静。如果这个西班牙农民一个人回来，那我们当然会继续侦察，但如果他带兵过来，那我们可以深入树林深处掩护自己。不一会儿，西班牙农民又出现了，他告诉我说，法军已经离开加尔杜斯特，向阿尔瓦方向去了。

　　从镇长那里，我了解到，没有法军经过加林杜斯特，也没有军队向托尔梅斯高地挺进。截至目前，一切令人满意，但为了进一步确定法军左翼是否有行动，我们从加林杜斯特请了一个向导，顺利地向阿尔瓦前进。一直走到离阿尔瓦不到两里格路的地方，我们也没有遇到任何法军的巡逻队，现在离法军左翼不远了。我没有再往前走，因为不安全也没有必要。夜里，我渡过了托尔梅斯河，在詹姆斯·朗将军的营地挥别了护卫队，直奔萨拉曼卡，向威灵顿公爵阿瑟·韦尔斯利汇报了侦察结果。

　　根据1812年11月13日的情报，法军正准备从阿尔瓦上方的渡口通过托尔梅斯河，但我们在白天并没有看到这样的行动。

1812年11月14日早晨,我奉命到卡皮奥高地监视沿河一带的行动,每隔一个小时向威灵顿公爵阿瑟·韦尔斯利报告法军的动向。毫无疑问,法军会渡过托尔梅斯河,从反法联军的右翼进攻。从高地上看,山谷中的一切都清晰可见,一列列法军正在行动。此后,法军一直在行军。显然,涉水渡河的速度不会很快。步兵排成单列,穿过临时的小桥,骑兵和炮兵则在河上游不远处涉水渡河。

确定法军的渡河路线后,威灵顿公爵阿瑟·韦尔斯利立刻命令乔恩将军率领的第二师和所有骑兵向已经渡河的法军发起进攻。然而,现在到达左岸的部队人数太多,阵地也太坚固,反法联军部队的进攻没有成功。威灵顿公爵阿瑟·韦尔斯利不再进行任何猛烈的进攻,只向射程内的法军骑兵纵队开炮。"南方军"的全部骑兵都过了河,皮埃尔·伯纳曼将军率领的旅和达尔马提亚公爵尼古拉·让·德迪厄·苏尔特元帅的部队都在右路。步兵在靠近莫萨韦斯的高地上形成了坚固的防线。就这样,法军控制了托尔梅斯河的通道。

在这种情况下,反法联军必须立即在托尔梅斯河左岸集结起来。因此,威灵顿公爵阿瑟·韦尔斯利命令被派往圣克里斯托瓦尔阵地的各师、在伦瓜村和卡布里利佐斯的丹尼斯·帕克将军和托马斯·布拉德福德将军的葡萄牙旅渡河转移到阿拉皮莱斯高地附近。

1812年11月15日清晨,反法联军占领了这片昔日的辉煌之地。第一师的爱德华·佩吉特将军在特哈达村的右边,离爱德华·帕克南将军率第三师进军萨拉曼卡的地点不远。第二师由十个英军营组成,人数众多,气势恢宏,怀着焦急的心情期待着在这里大战一场——过去这个战场上的英军都取得了辉煌的战绩。军队在山下排成一行,看起来势不可挡。

清晨,威灵顿公爵阿瑟·韦尔斯利和罗兰·希尔爵士站在高地上,从左右两侧都能看到广阔的平原。前方地势不平,有一部分被森林覆盖,挡住了视线,也挡住了法军的位置。一切都很安静,威灵顿公爵阿瑟·韦尔斯利骑马疾驰前去侦察。

早晨狂风大作,下起了大雨。英军焦急地沿着山脊来来回回,许多参谋人员聚集在那里等待总司令的出现。这时,透过雾霭和大雨,英军看到他迅速地返回阿拉皮莱斯高地。大家都很好奇,很想知道他侦察到了什么,可能会发生什么事。我陪同着罗兰·希尔爵士和威灵顿公爵阿瑟·韦尔斯利,听到了他们的交谈。威灵顿公爵阿瑟·韦尔斯利认为采取任何直接行动都是没有希望的,不久便下达命令撤走萨拉曼卡的所有部队,转向瓦尔穆萨进军。

开始撤退时,天气变得异常糟糕。大雨使道路积水很深。虽然严寒潮湿的季节已经来临,但天气似乎没有丝毫变化的迹象。尽管如此,军队还是有序地撤退了。法军企图切断反法联军与罗德里戈城的联系。形势发生了迅速的变化,但并未造成太大困难。庞大的军队不得不从萨拉曼卡撤出,但仍能立即有序地进入行军线,这证明了指挥官出色的领导力。后来,当法军军官问我从萨拉曼卡突然决定撤退是否引起混乱或不便时,我给出了否定的回答,法军当即高声赞扬威灵顿公爵阿瑟·韦尔斯利的军事才能。

1812年11月15日晚,反法联军从不同路线越过瓦尔穆萨河,在瓦尔穆萨河北岸的广阔树林里扎营。由于军队没有掩护,所以士兵们被雨淋得湿透了。1812年11月16日早晨,反法联军继续前进。法军的大批骑兵和步兵虽然紧紧跟随,但未对反法联军的后方发起猛烈攻击。

1812年11月17日,法军的骑兵和炮兵出现在右翼附近的高地上,控制了圣穆尼奥斯韦夫拉河的航道。法军从高地上炮击英国轻骑兵师,对英军造成极大的损失。快到傍晚时,一件非同寻常的事发生了。爱德华·佩吉特将军在两师之间的行军线上被俘。为了说明发生这种情况的可能性,有必要对军队撤退经过的地方加以描述:撤退途中大部分地方都是宽阔而平坦的,但穿过伊莱克斯森林的这段路上根本无法看清前方的情况,只能看到深色的树叶,或从一个拐弯处延伸到另一个拐弯处的部分路线。对行军者来说,只有在非常近的距离内才能看到对方。在这个紧要关头,道路积水很深,天气异常恶劣,第五师和第七师的行军之间有了空隙。爱德华·佩吉特将军急于恢复队伍的紧凑秩序,走到先头部队的后面。还没等他见到下一个步兵团的团长,一队法军轻骑兵就从树林里冲出来带走了他,不久就消失在树林的隐蔽处。法军骑兵行动敏捷,判断准确。这些树林可能会给撤退的英军带来更大的麻烦:法军完全被隐藏起来,直到靠近英军的侧翼才被发现。

我见过的唯一一次法军进攻英军后方的情形,似乎是在萨拉曼卡战役之前。在拉古萨公爵奥古斯特·马尔蒙元帅前进时,在卡斯特雷洪和卡尼萨尔山谷,法军毫不留情地进攻了撤退的英军。

1812年11月18日晚,罗兰·希尔爵士指挥部队在特内布朗村附近的一条溪边扎营。

1812年11月19日拂晓,我骑着马,奉命调动约翰·汉密尔顿将军的第三师、第四师和陆军各师。然后,我陪同威灵顿公爵阿瑟·韦尔斯利回到特内布朗,来到罗德里戈城。他在罗德里戈城设立了英军司令部。部队在撤退过程中经历了相当大的困难。与其说是由于行军时间太长,不如说是由于天气特别不好和粮食缺乏。道路状况也很差,加上暴雨和各种车辆,几乎无法通行。从托尔梅斯河到阿基达河的整个行军过程中,士兵们的给养非常少,并且供应不规律。除了在行军途中遇到的野栗子,他们经常得不到其他食物。马的饲料也极其稀少,很难找到。我从马德里带回的优质马匹隶属于一名军官的参谋人员。当我们到达罗德里戈城时,这些马匹已经精疲力竭。这次撤退是半岛战争中唯一能与1809年约翰·摩尔爵士领导的战役相提并论的。在结束这次撤退的回忆之前,我将简要地说明我关于这次撤退中最显著的不同之处的看法,并多多少少对每次撤退的危险和困难做出相对可靠的估计。

在加利西亚战役期间,天气显然比萨拉曼卡战役结束时更寒冷、更糟糕,但在萨拉曼卡战役期间,天气也是异常恶劣的。

威灵顿公爵阿瑟·韦尔斯利所经之地,比起从阿斯托尔加到科鲁纳危险得多,更容易受到法军的骚扰。四面八方都有岔路,法军骑兵可能随时出现,没有山可以作掩护,撤退部队也一直处于危险之中。

加利西亚战役和萨拉曼卡战役中，英军走的道路都非常糟糕。但从地形和所经过的路况来看，这次撤退时走的路更难走，一路上泥泞不堪，令人筋疲力尽。

在加利西亚撤退期间，部队从来没有像威灵顿公爵阿瑟·韦尔斯利的某些部队那样，长时间没有给养。总之，威灵顿公爵阿瑟·韦尔斯利有两个基本的优势：首先，他的军队作战经验丰富，已经习惯了战斗，学会了克服困难，而不是向困难低头。他们屡获胜利，因而不再认为法军是战无不胜的。毫无疑问，约翰·摩尔爵士的军队表现出了极大的勇气。不容否认的是，与1809年相比，当1812年的英军得知法军逼近，其骠骑兵和猎骑兵在卡米诺-里尔河岸上驰骋时，他们有着截然不同的感受。并不是因为他们遭遇的法军实力不济，而是他们早已习惯了战争。因此，他们对与法军的冲突漠不关心，或见惯不怪。

到达阿基达河时，战役结束了。法军已停止追击，反法联军立即回营。1812年11月19日晚，罗兰·希尔爵士把大本营设在扎马拉村，一直待到1812年11月21日，然后向罗夫莱达进发。1812年11月28日，罗兰·希尔爵士行军穿过山脉，进入西班牙埃斯特雷马杜拉。翻山越岭的道路陡峭而崎岖，许多地方在岩石之间，不适合马车通行，只有步兵和骡子才能通过。

从山南的斜坡往下，景色变得如画般宜人。坐落在山脚下的加塔镇，虽然面积不大，人口也不多，但四周绿树环绕，看起来生机勃勃，令人愉悦。

加塔镇坐落在山谷中，崎岖的山谷中还矗立着荒废的阿尔托桑蒂韦尼奥斯-埃尔阿尔托城堡。城堡从谷底的平原上拔地而起，四周环绕着蜿蜒的河流，周围绿树成荫。很少能有其他地方比美丽的桑蒂瓦诺斯城堡更引人注目，其自然优势让这座城堡看起来庄严肃穆。

1812年11月29日，英军在莫拉莱哈停了下来。1812年11月30日，罗兰·希尔爵士在科里亚设立了司令部。

我没有注意到弗朗西斯科·巴列斯特罗斯将军的情况。出于嫉妒和厌恶法兰西帝国干涉本国政权，他违抗了国王约瑟夫·波拿巴的命令。因此，弗朗西斯科·巴列斯特罗斯将军当时把威灵顿公爵阿瑟·韦尔斯利当作西班牙军队的总司令，并向他报告战况。违抗约瑟夫·波拿巴的第一个表现是继续不作为，不让自己的军队进攻法军侧翼进，而从巴伦西亚向马德里推进。

许多无知而自负的西班牙军官心中可能都对约瑟夫·波拿巴有抵触情绪，这并不奇怪。但像弗朗西斯科·巴列斯特罗斯将军这种才华横溢的有用之才，竟然允许幼稚的个人感情妨碍自己履行重要职责，这似乎很令人费解。

如果这种情况发生在相对和平的时期，无论这种不服从行为应该受到多大的谴责，都有可能找到合适的借口。但在目前的情况下，他的行为不仅使他指挥的军队陷入瘫痪，而且由于扰乱了行动中重要的一环，从而影响到整个战役的成败。这种错误与他从前立下的赫赫战功并不相称。他因固执的态度而受到了相应的惩罚，被撤了职，不再担任安达卢西亚军队的指挥官，并被监禁在休达堡垒中。

现在两军都按兵不动。反法联军兵力日增，其纪律、卫生、装备都日臻完善。而法军长期实施掠夺战，受到西班牙人民和反法联军的袭击，人数每天都在减少，增援的希望变得越来越渺茫。

休战很快结束，双方又开始了大规模的战斗。现在已是战争的第五年。

威灵顿公爵阿瑟·韦尔斯利的大本营再次建在阿基达河左岸的丰特金纳尔多；巴利亚多利德已经成为"葡萄牙军"的主要据点；约瑟夫·波拿巴回到马德里；由埃尔隆伯爵让-巴普蒂斯特·德鲁埃将军指挥的"中部军"的大本营设在阿尔甘达，其部队则占领了首都马德里周围和瓜达拉哈拉附近的乡村。

达尔马提亚公爵尼古拉·让·德迪厄·苏尔特元帅率领"南方军"驻扎在塔古斯山谷和拉曼查，其大本营设在托莱多，其先头卫队和轻骑兵驻扎在代米耶尔、阿尔马格罗、曼萨纳雷斯、比利亚鲁维亚斯及德洛斯奥霍斯。

第 6 章

维多利亚战役

接下来的一段时间,战势有所缓和。为了获取西班牙军队的指挥权,实现统一调配,从而继续战斗,并且获得最终的胜利,威灵顿公爵阿瑟·韦尔斯利前往加的斯,与西班牙政府官员交涉。从阿格达河岸到安达卢西亚,经科里亚,途中还视察了罗兰·希尔爵士他的各营地。抵达加的斯后,西班牙人毕恭毕敬、热切欢迎威灵顿公爵阿瑟·韦尔斯利的到来。西班牙国家高层出城迎接,沿城墙准备好了专门通道,确保威灵顿公爵阿瑟·韦尔斯利的人马能够畅通无阻。西班牙国家高层已经习惯按照法兰西帝国元帅们的喜好,找来一个总指挥带头举行一场华而不实的游行。在菲茨罗伊·詹姆斯·亨利·萨默塞特勋爵和全副武装的龙骑兵的护卫下,西班牙摄政王和议会成员会见了反法联军的伟大领袖威灵顿公爵阿瑟·韦尔斯利。西班牙摄政王和议会成员对威灵顿公爵阿瑟·韦尔斯利一贯朴实无华的外表做出了高度评价。尽管如此,与一些人华丽的服饰相比,威灵顿公爵阿瑟·韦尔斯利毫不妥协的精神、卓越的军事才能和不屈不挠的坚定意志更值得尊重。

由于威灵顿公爵阿瑟·韦尔斯利的出现,加的斯接连举行了一系列宴会。政府要员、军方人士及西班牙贵族,都急于表达各自的尊敬和爱戴之情。

在加的斯,西班牙的显贵们举行了盛大的宴会,其中大多数显贵是因为战

弗里亚斯公爵贝尔纳迪诺·费尔南德斯·德·贝拉斯科

争而被迫到加的斯避难的。这天晚上,在西班牙众佳丽和骑士中间,弗里亚斯公爵贝尔纳迪诺·费尔南德斯·德·贝拉斯科站起身来,为一位尊贵的客人做了一首十四行诗。在场的人都听得出来,这位被歌颂的客人就是获得罗德里戈公爵头衔的威灵顿公爵阿瑟·韦尔斯利。

> 公爵啊,你回来了!
> 向着奴役的竞技场,向着雄狮的原野,
> 向着高卢人沮丧的剧场,向着你不朽的荣光;

你胜利的道路遍布不朽的神圣之光。

直面劲敌，征服法军！摧毁法军！

请你摧毁那被诅咒的汪达尔力量吧，

那是耻辱和罪恶的守护神，

是你把这只帝国雄鹰赶回塞纳河。

伟大的公爵啊，

大不列颠的大旗，连同西班牙和卢斯塔尼亚的旗帜，

在百合花的宝座上闪耀着灿烂的光芒。

今天在加的斯人民面前，

伟大的公爵啊，

请接受"卡斯蒂尔贵族们"献上的

最热情的敬意和最虔诚的信仰。

威灵顿公爵阿瑟·韦尔斯利走过满怀崇敬之心的人群，又率军继续前进。他的军队实力与日俱增，为伊比利亚半岛战争随后即将打响的决定性伟大战役而积极备战。

罗兰·希尔爵士的大本营继续设在科里亚。由于这段时间并无战事，所以每天都大同小异，日子相当无趣。日复一日，本就毫无生机的城市变得更加令人沉闷。最后，被罗兰·希尔爵士盛情款待了六个星期之后，我奉命到拉曼查去联络获取约瑟夫·波拿巴和达尔马提亚公爵尼古拉·让·德迪厄·苏尔特元帅的动向。

1813年1月7日晚，我和利思上校及第三十一团的军官们途经塞克拉温。1813年1月8日一早，我乘船渡过塔古斯河，来到了布罗萨斯。威廉·厄斯金爵士骑兵师的大本营在布罗萨斯。途经卡塞雷斯时，我拜访了圣马尔塔侯爵。到达特鲁希略后，我收到了巴勃罗·莫里略将军给西班牙当局的信，因为我很可能在途中会遇到他们。

巴勃罗·莫里略将军

巴勃罗·莫里略将军既粗鲁又无知，但对英国的一切都十分崇拜。在战争期间，巴勃罗·莫里略将军非常尊重也非常依赖英军。他凭借勇往直前的进取精神和热诚的努力，从最底层做起，推行了他设想的一切反抗法兰西统治的计划和措施。雷厉风行的巴勃罗·莫里略将军在西班牙军队中获得了相当大的权力。巴勃罗·莫里略将军的勇气是毋庸置疑的，对长期与他共事的罗兰·希尔爵士也无限忠诚。巴勃罗·莫里略将军即使只能算是一个非常平庸的军官，也在军队中有不小的威望。

巴勃罗·莫里略将军就是这样一个例子：当一个人被置于最高权力之下，可以体面地行使对下级的指挥权时，他便以为自己拥有更大的权力。而当他只能依靠自身资源时，则时而表现出色厉内荏的软弱，时而表现出优柔寡断的无能，直到在国家的政治危机中，变得无足轻重。

1813年1月15日，我抵达瓜达卢佩，1813年1月17日到达卡斯特布兰科，1813年1月18日经过安楚拉，1813年1月19日到纳瓦尔莫拉莱斯。穿过托莱多沉闷山区多条错综复杂的崎岖道路后，1813年1月21日，我又回到了卡斯特布兰科。

我和安楚拉的教士们坐在一起，讨论着当天的热门话题。当看到特威代尔勋爵乔治·海伊将军走进来时，我感到很欣慰。特威代尔勋爵乔治·海伊将军厌倦了单调乏味的生活，随我一道走进了深山，决定在法军兵营周围转转。

1813年1月23日，我和特威代尔勋爵乔治·海伊将军又回到瓜达卢佩。瓜达卢佩是一个人口众多的大城市，位于瓜达卢佩山脉的中央。分布广泛的豪华修道院彰显了瓜达卢佩的重要地位——这里从前是众多朝圣者的目的地。从当地的情况来看，瓜达卢佩很幸运地躲过了法兰西人的破坏，而西班牙境内其他类似这里的建筑大部分都难逃一劫。

圣杰罗尼莫修士团的修道士人数过百，都非常富有。悬挂着"瓜达卢佩圣母"画像的建筑宽敞宏大。多年来，欧洲大多数国家的王公贵族都来这里朝拜，因此，圣杰罗尼莫修道院的金库充盈。瓜达卢佩圣母很出名，既然王宫显贵想来寻求她的庇佑，那不献上供奉怎么行呢？

这幅著名的画作被陈列在圣杰罗尼莫修道院礼拜堂祭坛上方的一个凹槽里。瓜达卢佩的建筑非常不整齐，街道肮脏不堪，路面铺砌粗糙，居民的生活秩序也很差。瓜达卢佩城完全是为了便于兴建修道院而设计建造的，这也是我在西班牙见过的最大的城镇之一。

因为瓜达卢佩是一个与世无争的地方，所以根本不可能在这里得到法军行动的任何可靠情报,于是,我和特威代尔勋爵乔治·海伊将军决定向达尔马提亚公爵尼古拉·让·德迪厄·苏尔特元帅部队的驻地靠近。1813年1月27日,我们到了阿利亚斯,1813年1月28日抵达卡斯特布兰科,1813年1月29日穿过瓜迪亚纳,进入拉曼查省,在阿古达村过了一夜,1813年1月30日经过萨塞鲁埃拉,1813年1月31日,到达阿韦诺哈。

1813年2月2日,特威代尔勋爵乔治·海伊将军和我一起前往卡拉特拉瓦军营,那里住着一位游击队军官。巴勃罗·莫里略将军曾经常向他打听情报。现在,他奉命协助我了解法军的动向。离科拉尔不足半里格时,我们得到情报,说科拉尔被一支法兰西骑兵部队占领了。于是,我和特威代尔勋爵乔治·海伊将军离开了大路,在西班牙上尉卡尔沃的带领下,沿着通往卡拉瓦索斯城堡的山路前进。卡拉瓦索斯城堡坐落在瓜迪亚纳高地上。我们部署了岗哨,以便及时收到法军靠近的预警信号,然后在城堡里过了一夜。1813年2月3日清晨,天刚亮,我们便登高俯瞰科拉尔,发现那里的法军正在撤离。中午时分,法军向雷阿尔城方向前进。等法军出发后,我们骑马进入科拉尔,但很快就得知法军又出现了。向西爬上略高一点的斜坡时,我们看到约三十名法军猎骑兵正在飞速向村子逼近。他们在街上搜寻,我们和最前面的法军猎骑兵互开了几枪。向当地居民询问了在科拉尔过夜的那支部队的情况后,这些猎骑兵又沿着同伙之前走的那条路离开了。之后,我们再也没有遇见过法军。

显然,法军的巡逻队伍遍布西班牙。面对这些频繁活动的骑兵小分队,我和特威代尔勋爵乔治·海伊将军必须谨慎前进,既要寻找最不可能遇到法军的方向,又要在法军的地盘附近周旋,从而了解法军的确切动向。

1813年2月4日,我和特威代尔勋爵乔治·海伊将军到达巴尔韦德,打算进一步深入拉曼查。但镇长通知我们,法军已到达雷阿尔城,离这里只有六英里。我和特威代尔勋爵乔治·海伊将军改变路线,继续行进到瓜迪亚纳河右岸,进入人口众多的大村庄彼德拉武埃纳。

特威代尔勋爵乔治·海伊将军决定去安达卢西亚,1813年2月6日离开,

1813年2月11日到达科尔多村。1813年2月6日中午，确定法军已离开雷阿尔城后，我渡过瓜迪亚纳河，进入雷阿尔城。由于接待我的人行为拘谨，所以我判断法军离我不远了。陪同我的西班牙人向我解释说，当法军回来时，得到法军好处的人会立即向法军报告，有人接待了一位英国军官。在这种情况下，他和家人就会遭受灭顶之灾。于是，我决定缩短在拉曼查首府雷阿尔城的停留时间。我拜访了雷阿尔城的市长，他的情报让我确信了下一步行动的方向，然后骑马向米格尔图拉前进，那里算是旧城区的郊区，离我尚有一段距离。

雷阿尔城占地面积广，人口众多，是一座美丽的城市。周边乡村也开发得不错。这里的建筑物宽敞高大，街道整齐宽阔。城内有八所修道院和一所医院，四周是摩尔人修筑的古老城墙。雷阿尔城周边的橄榄树枝繁叶茂，这里是西班牙最茂盛的橄榄林地。

拉曼查省是西班牙最富庶的省份之一，盛产玉米、葡萄酒和原油。因此，法军对拉曼查省青睐有加，几个月以来，一直都从这里为达尔马提亚公爵尼古拉·让·德迪厄·苏尔特元帅的军队提供物资。

彼德拉武埃纳地处托莱多省边界，位于瓜迪亚纳河右岸，在法军的后勤部队经常出没的地区西边，距法军有一段距离。我留在彼德拉武埃纳，到附近走走，跟一些农民打听法兰西人居住区里可能发生的动向。

1813年2月14日，我骑马去了费尔南卡瓦列罗和马拉贡。马拉贡是一个人口众多的大城市，城中有一座方济会修道院和一座加尔默罗会修道院。我从马拉贡又到了丰特弗雷斯诺。丰特弗雷斯诺坐落在托莱多山脉的山脚下，一直延伸到瓜迪亚纳河的源头。1813年2月15日，我经过马拉贡和波尔苏纳，折回彼德拉武埃纳。然而，接近彼德拉武埃纳时，我得知，1813年2月15日上午法军的分遣队已经到达彼德拉武埃纳。因此，我只剩下两条路可走，要么走回头路，要么趁着黑夜从彼德拉武埃纳附近向卢西亚娜前进。卢西亚娜位于巴拉克河与瓜迪亚纳河的交汇处。我选择了第二条路，在夜色的掩护下，顺着一条小路走进了卢西亚娜和米拉弗洛雷斯城堡之间的峡谷。米拉弗洛雷斯城堡离法兰西哨兵距离很近,所以我可能会被发现。幸运的是,我并没有被发现。来到卢西亚娜,我找到了我的马和随从——先前在法军的分遣队逼近时他们慌乱地撤离了。法军的分遣队由骑兵和步兵组成,此行的唯一目的是征粮。目的达成后,法军沿着通往雷阿尔城的路离开了。

1813年2月20日,我渡过瓜迪亚纳河,抵达了雷阿尔城,得知法军正在米格尔图拉。由于离得太近,并且法军几乎每隔几个小时就会骚扰一次雷阿尔城,因此,我不可能在雷阿尔城停留太久。

一个西班牙人奉命前来为我提供情报。1813年2月24日清晨,他带着一份报告回到彼德拉武埃纳。报告说,有一支分遣队夜间渡过瓜迪亚纳河,正向彼德拉武埃纳进军。我立即派他回去继续打探消息,又派了其他几个探报前往法军可能接近的各条路上搜集情报。很快,法军抵达彼德拉武埃纳。毫无疑问,法军从一开始就在附近——那个机警的探子一看到法军时就往回报信了。过了几分钟,只见人们惊慌失措地向四面八方跑去。四周回荡起一阵哭喊声"法兰西人!法兰西人!"

接待我的文塞斯劳先生非常震惊。法军的突袭让他惊慌失措,焦急万分。他没有主动去掩盖曾接待过一个英国军官的证据,而是哀叹着听天由命。我看着他像个无助的小孩一样,在家里焦急地踱来踱去。镇上的修道士们是他家的常客,在他们的帮助下,文塞斯劳先生的家人们倒显得更加镇定一些。我刚离开,前门就赶紧关上了。有个法军军官不耐烦地摇着门,一直大吼着要进来。屋里无人应答,好像最近根本没人住过一般。见半天没人开门,法军军官只好离开了。1813年2月25日,我回到彼德拉武埃纳时,文塞斯劳先生得意地跟我说,他迅速把我的行李藏了起来,没被那个法兰西军官发现。我十分高兴,毕竟现在安全了,所以也没再细问。

经过这次危机后,文塞斯劳先生一家不太愿意接待我这种"危险"的客人。这也不足为怪,毕竟人们没有预料到法军也会上门。如果没有这次危险的经历,我会受到更加热情的款待。

1813年3月7日，彼德拉武埃纳的情况略有变化。我收到情报称法军已从阿尔马格罗及其邻近地区的兵营中撤退。于是，我立刻继续向阿尔马格罗进发。

阿尔马格罗建得很整齐，是一座美丽的乡间小镇。法军撤退后，阿尔马格罗人高兴极了。他们走上街头载歌载舞，四面八方响起动人的吉他声，每个人都舞动起来，似乎拉曼查活泼的"塞吉迪亚舞曲"在各阶层中都很流行。

皇帝拿破仑·波拿巴在莫斯科的战役中遭受了灾难性的损失，而达尔马提亚公爵尼古拉·让·德迪厄·苏尔特元帅也不得不从西班牙撤兵。在西班牙服役的大批经验丰富的士兵退伍了，于是，皇帝拿破仑·波拿巴只得重新招募新兵。皇帝拿破仑·波拿巴打造的这支新军将在不久后的吕岑战场上初露锋芒。

莫斯科城下的拿破仑·波拿巴

达尔马提亚公爵尼古拉·让·德迪厄·苏尔特元帅将军队指挥权移交给了奥诺雷-泰奥多尔-马克西姆·加赞将军。1813年3月1日，达尔马提亚公爵尼古拉·让·德迪厄·苏尔特元帅离开托莱多。1813年3月2日，达尔马提亚公爵尼古拉·让·德迪厄·苏尔特元帅带着众多参谋人员和八千名士兵进入马德里。1813

奥诺雷-泰奥多尔-马克西姆·加赞将军

年3月3日，达尔马提亚公爵尼古拉·让·德迪厄·苏尔特元帅继续一路向巴利亚多利德行进，并从巴利亚多利德越过边境，迅速进入萨克森平原，与皇帝拿破仑·波拿巴会师。

法军由于抽调各地兵力，极大地削弱了法军在西班牙的兵力，所以必须再次集中兵力。"南方军"从拉曼查撤出后，这片沃土终于全面摆脱了法军的控制。1813年3月9日，我在代米耶尔确定了轻骑兵向塔古斯河前进的方向，晚上回到了雷阿尔城。有部分证据表明，法军已从拉曼查全部撤离，所以我就没有必要继续留在拉曼查了。于是，我决定翻过托莱多山，再次接近法军。

沿着一条崎岖而陡峭的山路，我穿过阿尔科巴和雷图埃塔，一路来到了纳瓦尔莫拉莱斯。在纳瓦尔莫拉莱斯，我通过《马德里公报》与马德里建立了直接的情报联络。当时，法兰西帝国当局并没有中断向各省分发《马德里公报》。我在报纸边缘的空白处写上约瑟夫·波拿巴宫廷里发生的种种大事。当然，字都是隐形的，经过处理后才能清晰可见。

1813年3月19日上午的一份《马德里公报》公布了1813年3月17日约瑟夫·波拿巴最终离开的消息。就在那天，西班牙国王约瑟夫·波拿巴在大臣奥法雷尔、乌尔基霍和阿赞扎的陪同下，在卫队的护送下，带领几个骑兵团和众多法兰西人组成的车队离开了马德里。

约瑟夫·波拿巴从西班牙王宫的大门偷偷地离开了。随从们早已在圣文森特之门等候多时，他们一齐向巴利亚多利德转移。1813年3月23日，他们抵达巴利亚多利德。确定了这个消息后，我立即给威灵顿公爵阿瑟·韦尔斯利写信。

法军"南方军"继续向马德里前进。1813年4月26日，法军"南方军"的大本营从托莱多迁往马德里。显然，法军失去了信心。战争的情况完全改变了，皇帝拿破仑·波拿巴不可能再给西班牙战场提供源源不断的军队了，这是他遭受巨大损失的必然结果。即使在塔古斯河，我们也能感受到莫斯科战役产生的后果：拿破仑·波拿巴不再考虑全面占领伊比利亚半岛，而是进行收缩并准备防守。因为威灵顿公爵阿瑟·韦尔斯利及其大批精锐部队即将发起进攻，所以拿破仑·波拿巴明显是在为此做准备。连年精疲力竭的浩战之后，法军军官已经意识到，打败西班牙军队的好处只是表面现象，而法军的真实处境却狼狈不堪。西班牙人民对法军的溃败不再大惊小怪，这是一个伟大民族在反抗中的觉醒——当然少不了英国强大的援助和支持。在与英军交战时，法军只是征服了其立足的地方，但拿破仑·波拿巴举全国之力，联合欧洲大陆大部分地区，构建了一支强大的法兰西远征军，并亲自出征。现在，法军的兵力减少了，而正在如火如荼进行的法兰西党派之争也让法军不堪其扰。一千一百万西班牙民众长期英勇抵抗外来侵略，已经树立坚定的信心。与西班牙民众的勇气相比，法兰西帝国皇帝拿破仑·波拿巴在这片土地上取得的几次胜利简直不值一提。因此，法军意志消沉，灰心丧气。此外，我们已知悉，法军在俄罗斯损失惨重，只得回国，而不是像从前一样，援军从比利牛斯山的山口蜂拥而入，帮助驻西班牙法军掠夺这片土地。西班牙人民因此重振信心，重新武装起来，坚信伟大的抗争精神可以让民族走向胜利。

1813年4月3日，法军从塔拉韦拉-德拉雷纳撤出。伯爵奥诺雷-泰奥多尔-马克西姆·加赞将军的先锋队和轻骑兵驻扎在巴尔加斯、奥利亚斯和莫塞洪。除了跟随让-皮埃尔·马朗森将军的第十二轻步兵团、一辆马车和一百五十名猎骑兵仍然在托莱多逗留，所有法军撤离塔古斯河沿岸，但似乎仍非常留恋托莱多附近肥沃的土地。留在托莱多城内的法军各分遣队很担心会受到西班牙游击队的袭击，当时西班牙游击队可以说遍布全国。为了防止发生意外，法军在圣马丁桥和阿尔坎塔拉桥都设置了路障。

一连几天，我在波朗不断接到法军可能行动的情报，焦急地等待法军从托莱多出发。我很有把握，附近的道路上肯定没有游荡的法兰西分遣队，因此，我每天都冒险远行到半英里外的高地上。从高地上可以看到整座城，也可以清楚地看到法兰西士兵在走动，却被禁止出来，像是被围困在堡垒里。这就是活跃的游击战对法军产生的强大影响力。

1813年4月10日晚，让-皮埃尔·马朗森将军离开了托莱多。1813年4月11日

托莱多城

早上天一亮,我就骑马,蹚过塔古斯河,在省执政官的陪同下进入托莱多城。这几天,省执政官一直陪着我。他说他认为法军离我太近了,还时不时流露出不安的表情。

托莱多的重要性已极大地降低了,人口也大大减少,但它仍然是一座高贵的城市。托莱多坐落在一座圆锥形的山上,街道或是向下延伸到塔古斯河岸,或是向马德里方向的奥利亚斯延伸到平原地带。阿尔卡萨堡的废墟耸立在山顶上,俯瞰着城市的每个角落,显得格外引人注目。它的残垣断壁高耸于其他所有建筑物之上,从很远的地方就能看到。其外观非常独特,即使是王公贵族的宅邸也无法与之相比。大教堂、修道院的塔尖和许多教堂的圆顶都出现在眼前。独特的阿尔卡萨堡以其雄伟和壮观令人称奇,由查理五世建造。多年来,阿尔卡萨堡一直是查理五世最喜爱的居所。内城在1809年的战役中化为灰烬。

托莱多大教堂建造得富丽堂皇,其内部装饰是我在西班牙看到的最华丽的。托莱多大教堂曾是托莱多大主教的住地,所有天主教礼拜仪式都在这里进行，场面极其庄严。曾经在复活节期间，我经常有机会目睹各种仪式：布置华丽，气氛庄重，金碧辉煌，令人永世难忘。与萨拉曼卡大教堂相比，托莱多大教堂同样让人流连忘返，并且更加美轮美奂。

但现在，波旁枢机主教、托莱多大主教长期以来一直流亡于外。几个月来，达尔马提亚公爵尼古拉·让·德迪厄·苏尔特元帅一直住在两位主教的住所，让-皮埃尔·马朗森将军在前一天才离开了那里。抛开建筑之美不谈，主教的住宅宽敞而便利，坐落在主要街道上，几乎正对着托莱多大教堂的大门。

显然，法兰西人的离开让托莱多大多数居民欢欣鼓舞，只有一些不受欢迎的西班牙游击队极度怀疑反法联军的胜利，始终冷眼旁观，但好在这些人也无甚危害，并未发表不利言论。

我得到了欧洲北部时事的情报：其中详细说明了反法联军的胜利和法兰西帝国势力的衰落。我要把这个消息传播到新卡斯蒂尔的每个角落。这些信息经过精心编写，想要激发西班牙人民的希望。虽从未摆脱疑虑，但西班牙人民长期以来坚持不懈的反法战争终于要胜利落幕了。获得了重要段落的译文后，托莱多出版社发表了一份宣言，并立即分发了几千份。人们都津津有味地品读起来。为了避免撰文人引起怀疑，我以自己的名义给马德里的让-皮埃尔·马朗森将军、让-弗朗索瓦·勒瓦尔将军和法军"南方军"大本营寄了几份。让-皮埃尔·马朗森将军认为，必须要消除这份宣言传播造成的影响。于是，一回到托莱多，他就发表了一份针对该宣言的回应，竭尽所能地反驳他在这个国家必然会有百害而无一利的观点，只盼能逆转局势。始料未及的是反对他的军事活动愈演愈烈。

1813年4月27日晚，我接到通知：法军再次逼近托莱多。我必须要离开这里了。不久，奥利亚斯方向的道路上开始尘土飞扬。当法军走近时，我才看到一支法兰西骑兵分队，后面跟着一列步兵。我骑着马，因为有塔古斯河作掩护，随时可以轻而易举地越河逃走，所以仍然可以在这里继续观察法军在平原上的行动。当法军分队到达离托莱多较近的地方时，骑兵离开纵队，飞快向城门奔去。于是，我离开了托莱多，来到了波朗。1813年4月28日早晨，在托莱多对面的洛斯帕洛斯山，我收到了《让-皮埃尔·马朗森将军公告》，并附了几份复本，注明日期，说服一个西班牙人把这几份公告放在托莱多的城门上。这次经历非常有趣，我不断地看到法军，几乎是在和法军对话了，这真让人兴奋不已。作为一名英国军官，我能从距离英军最近的地方转移到一百五十英里以外，还能安全地在敌营附近周旋几个月，这充分证明目前西班牙的舆论环境显然是支持英国行动的。1813年5月6日，前往波朗的骡夫们告诉我，法军正准备出发。后来从托莱多来的旅人把让-皮埃尔·马朗森将军的行军路线告诉了我。于是，我立即去抢占他的大本营。

趁法军离开时，附近的一小股游击队进入托莱多城，并表示希望关闭城门，以防法军杀个回马枪。向当地执政官提出这项建议后，当地政府随即召开了托莱多军政会议，并邀请我出席。一些颇有影响力的官员敦促说，如果没有充分的准备发起有效抵抗，那么，势必会导致最严重的后果，激怒法军强攻，给居民带来危难和痛苦，并且，城里的西班牙游击队兵力匮乏，也没有严明的纪律来保卫托莱多。这种观点显然是审慎的。于是，政府官员们决定不做抵抗，并要求游击队离开托莱多，返回他们来时的地方。

法军轻骑兵的营地离我们很近，但几天过去了，我们始终没有看到法军有人远离营地。直到1813年5月9日上午，有人看到一支法军轻骑兵小分队径直朝托莱多城门进发。很明显，他们是举着休战旗来的。成群结队的人涌向谈判场，骑兵们在托莱多城外勒住缰绳，与那里的西班牙平民交谈了一会儿。我在托莱多的城墙上等待这次交涉的结果。一个农民匆忙赶来，说法军军官在追问我的消息，得知我在镇上，便派他来请我下去，与他们谈判。我欣然应允。我艰难地穿过拥挤的人群，把马拴在了尚博朗骠骑兵团的两位军官旁边。寒暄过后，我急于知道法军来访的目的，但装作只是好奇的样子。看样子，法军只是为了弄清是不是真的有个英国军官在托莱多。于是，我借故跟法军告别，回到了托莱多城里。那两位法军军官也很快消失在来时的路上。

1813年5月5日上午，在第四十五线列兵团和第五猎骑兵中队的护卫下，让-皮埃尔·马朗森将军再次进入托莱多城。我已经习惯法军这样"进进出出"，不得不把舒适的住处留给令人讨厌的法军，这多少令我有些恼怒。

整个托莱多都受到了战争变化的影响。不过，我对这里并不是完全没有好感，毕竟在这里受到了那么多的关心和照顾，也渐渐习惯了这里。但一封被截获的让-皮埃尔·马朗森将军给利瓦尔将军的信里讲得很明白，他打算尽可能在第一时间俘虏我。

我想波朗不是个很安全的地方，便决定再往乡下撤离两里格远。像往常一样，我骑马去了洛斯帕洛斯山，晚上又去了丰特卡尼奥。丰特卡尼奥的一所乡村住宅四周都是树林，离主干道有一段距离。告别了托莱多的执政官后，我就躲在这个看起来很安全的地方，然后每天都出去走走，晚上再回来。本来由于孤助无援，连雪茄都没了的丰特卡尼奥执政官几乎完全丧失了信心，好在我每天带来的消息，又恢复了他的信心。1813年5月16日从托莱多的高地回来时，我感到非常不适，决定不去比波朗更远的地方了。因此，我派了一个信使带着情报前往丰特卡尼奥，并嘱咐他，万一法军准备在夜间朝那个方向移动，要及时报告。我还雇了一个安达卢西亚人收集情报。他蹲守在通往托莱多的一条道路上，而一名西班牙中士则负责观察通往托莱多的另一条道路。这两人奉命从城里向前行进一里格，在高处侦察敌情——在那里，他们可以毫不费力地确认任何法军部队的动向。他们如果谨慎而忠实地执行这项任务，是不会有丝毫危险的。这两个人中的任何一个都可以毫不费力地比任何一支法军部队更早到达波朗，从而帮助我尽快撤离。做好这些安排，我便睡下了。1813年5月17日1时左右，我在法军的骚动声中惊醒，但这声音不是来自托莱多，也不是来自可能存在危险的方向。1813年5月16日21时左右，让-皮埃尔·马朗森将军已经得知我决定在波朗过夜的情报。他决定立刻出动，给我来个出其不意。让-皮埃尔·马朗森将军不知道，这段时间以来，有一支分遣队一直在他的营地附近徘徊，再加上他害怕邻近的西班牙游击队，便命令一支人数众多的分遣队列队前进:这支分遣队由第五猎骑兵中队和足足三百人的第四十五线列兵团组成。让-皮埃尔·马朗森将军的副官阿科斯特上尉奉命协同行军,不久便向波朗进发。在离波朗一里格远的地方有一家客栈,里面的人都被妥善安置,防止有人通风报信。随后,部队继续前进。直到接近托莱多城时,骑兵离开了大路,巡逻队封锁了通往房屋的各条道路,步兵直接向连接托莱多城门的街道行进。法军副官阿科斯特上尉把守住了可能逃走的路线后,便在他到达的第一户人家,狠狠地恐吓一个农民:如果他不立即引路,指出我经常到波朗去的那段路,就立刻杀死他。从得到的情报来看,他当时并不确定我在什么地方。1813年5月17日2时左右,我住处的大门外传来一阵猛烈的敲门声。随即,院子里挤满了法军。我住的这座房子虽然宽敞,但只有一层楼高;窗子离地面不算高,院子四周高墙耸立。转瞬之间就发生这种事,让我大吃一惊。逃跑已经没希望了,唯一的选择就是看看还能躲到哪里。我熄灭了灯,锁上屋门,退到后院的一间屋子里去,锁好门,想从一扇窗子里钻出去——这间屋子就这一扇窗户。我之前没有检查过,但后来知道这扇窗子被铁条紧紧地锁住了。没有别的出路了——前院的所有窗户都随着一声巨大的撞击声,法兰西步枪的枪头穿过了窗户。我知道卧房里挤满了人,喧闹声和嘈杂的呼喊声说明法军正在焦急而快速地搜寻我的踪迹。最后,接连不断的猛烈撞击终于撞开了房门。我知道已无路可退,便向阿科斯特上尉投降,走上前请求他命令士兵们离开这间屋子,允许我整理好仪容和着装。于是,士兵们向马厩走去,来到了一个英国马夫的卧室——他是我唯一的随从。可不一会儿,士兵们就回来向阿科斯特上尉报告说马夫跑了。这似乎不大可能:这些不速之客毫无预兆地来了,这所房子也完全被法军包围了,马夫是怎么悄无声息地逃走了呢?又过了一会儿,几个法兰西腾跃兵兴高采烈地大笑起来,把不幸的马夫叫了出来,原来他听到法军来了就躲在床底下了。马夫一出来便很快恢复了平静,甚至对喜怒无常、嘲笑他的法军微笑起来。

现在,骑兵中队被召回,法军分遣队在街上排成一列。法军从村里抢来了粮食和许多驮满货物的牲口，都堆在院子里。军官们聚集在我先前住过的房间里，开始与我攀谈起来。两个小时后，法军准备丰盛的酒席款待归来的勇士们。阿科斯特上尉接二连三地追问反法联军的情况：附近是否有英国士兵或者西班牙游击队？他们是否随时听候我的调遣？对于这两个问题，我都明确否定了。这些事情来得太快了，让我一时间无法认真反思。直到离开了波朗，所有的烦恼才在我的脑海中爆发出来。法军军官对我非常热情，但一些士兵一旦脱离了军官的管教，就不那么客气了，甚至嘲笑我的处境，但我很不乐意跟他们打交道。再加上西班牙白葡萄酒加剧了法军本已幸灾乐祸的情绪，坚持要我无条件地同意"法兰西人是个勇敢的民族"。在我的请求下，法军副官停止了对房屋和家具的进一步破坏。就这样，不幸的房主似乎认为自己得到了相当大的宽待。

部队重新集结起来出发了，在尘土飞扬中走上了通往托莱多的道路。我骑上法军从波朗人手中抢来的一匹马，跟在步兵队长后面，开始了这段路途。我的马也被法军俘获——先前我看见两个猎骑兵军官骑马背上，用武器拨弄马，以此取乐。

一刻不停地来到了一个旅馆后，法军士兵们大吃大喝，我却在想办法逃跑。在靠近托莱多的高地上，道路在城墙间穿过，周围是一些托莱多人的橘子园。我想趁这个机会，在没人注意到我时可以跳过这堵墙，钻进外面的树丛中。但押送我的人警惕性太高，让我没有丝毫机会逃跑，也不敢尝试，因为一旦失败，随之而来的必然是灭顶之灾。

一到托莱多城，我就被立即带到了大主教的宅邸，来见让-皮埃尔·马朗森将军。起初，他的态度矜持、冷淡，后来逐渐温和起来，恢复了平常随和的举止。过了不到一个小时，谈话开始了。双方充分互信，像老相识在闲聊一般。让-皮埃尔·马朗森将军曾在达尔马提亚公爵尼古拉·让·德迪厄·苏尔特元帅的军队里当过一段时间的先锋军指挥官，在西班牙待了很久了。1812年年初，在卡尔塔莫附近，让-皮埃尔·马朗森将军遭到了弗朗西斯科·巴列斯特罗斯将军的进攻，铩羽而归，当时麾下约有三千人，失败后向马拉加方向撤离。让-皮埃尔·马朗森将军看上去睿智又充满活力，四十岁左右，举止文雅，似乎并不缺乏知识素养。作为法兰西帝国的男爵，让-皮埃尔·马朗森将军的军职是旅长。皮埃尔·伯努瓦·苏尔特将军的骑兵部队直接听命于让-皮埃尔·马朗森将军，由尚博兰骠骑兵团、第五猎骑兵团和第十猎骑兵团组成。而第十二轻步兵团和第四十五线列兵团组成的先锋军步兵团，是目前唯一驻扎在塔古斯河岸的法军。

在一名法军军官的陪同下，我获准到托莱多城散步。1813年5月18日18时，我返回大主教的宅邸。在这里，在让-皮埃尔·马朗森将军及几名军官的陪同下，我享用了一顿丰盛的晚餐。1813年5月18日晚，其他人都已离开，我和让-皮埃尔·马朗森将军无拘无束地交谈着。我们在大主教宽敞而优雅的客厅里聊了一个多小时，谈论着战争进程中普遍关心的话题，他的坦率令我十分惊讶。不知是因为我被他牢牢地控制住了，还是因为他认为他的开诚布公不会对法兰西帝国的事业造成任何损害，那天晚上，他比平时更健谈，我们谈及了许多超越彼此敌对关系的内容。他毫无保留地赞扬了威灵顿公爵阿瑟·韦尔斯利的军事才华，生气地谈法军在俄罗斯战场上遭受的可怕苦难，半岛上无可救药的局势和约瑟夫·波拿巴的无能。一个陌生人如果无意听到了这些谈话内容，肯定会以为是同一阵营的军官在谈话，而不会相信是一位高官和俘虏在对话，更别说这个俘虏曾鼓动西班牙人起义反抗法军，切断了这位高官赖以生存的补给。

让-皮埃尔·马朗森将军毫不犹豫地承认了法军在半岛上遭遇的困难和蒙受的损失。游击队是所有其他民间组织中最具骚扰性和破坏性的，所以在目前情况下，一旦让-皮埃尔·马朗森将军指挥出现失误，法军就不可能得到增援。达尔马提亚公爵尼古拉·让·德迪厄·苏尔特元帅的离开让他感到非常遗憾，将会对他的军队士气产生严重影响。

1813年5月19日早上，根据安排，我们将前往奥利亚斯，去会见皮埃尔·伯努瓦·苏尔特将军。1813年5月19日9时，我到了大主教的宅邸，准备离开。让-皮埃尔·马朗森将军命人牵着马，我们步行穿过街道。托莱多人对我在这里已经习以为常。我不知道是因为他们见我突然被捕,还是由于别的不明原因,他们都挤到各家的窗口和门口看着眼前这一切。看到这么多人,让-皮埃尔·马朗森将军十分惊讶,说这是他第一次见到托莱多的居民。在众人的注视下,让-皮埃尔·马朗森将军急忙匆匆离去。当他终于骑马出了城后,让-皮埃尔·马朗森将军才感叹起来:"托莱多人民的好奇心真是不同寻常啊!"

到达奥利亚斯后,我们被带到负责指挥第五猎骑兵团的上校住处,来到一间大房子——里面聚集了皮埃尔·伯努瓦·苏尔特将军及其副官与第五团的军官。

皮埃尔·伯努瓦·苏尔特将军既没有绅士风度,也没有军人风范。他的体态显得粗野笨拙,给人先入为主地留下了无法消除的坏印象:一副暴发户的样子,再没有比他更粗俗、更低级的嘴脸了。等他离开餐桌,结束了一番冷嘲热讽后,我被领进了参谋长的房间。他告诉我说,只要以名誉宣誓,我就可以重获自由。也就是说,我要么选择加入法军任意一支部队同法军并肩作战,要么选择跟随第五猎骑兵团前往马德里,留在马德里生活。这位法军参谋长从来没有想过这个提议会被拒绝,因此,当得知我不愿接受假释时,他从座位上跳了起来,毫不迟疑地把消息告诉了皮埃尔·伯努瓦·苏尔特将军。

众所周知,在伊比利亚半岛战争早期,任何谈判都会遇到困难。所以我宁愿伺机逃走,也不愿被约定束缚,因为这种约定一旦生效,就排除了我逃跑的可能。当时,我并不知道这种假释的约定是惯例,也没想过胆大的拒绝之举可能会导致严重的后果,这才使自己惹上了天大的麻烦。

我不接受假释的唯一动机自然是希望能够逃脱。在这种情况下,第一次交谈时,法军格外提防,一旦我逃跑就会被立刻击毙。指挥官吩咐卫兵押送我离开。约五十名第五团的士兵在街上摆开了阵势,牵过来一匹马让我上去。两个猎骑兵给卡宾枪上膛,分列两旁,不远处还跟着一名骑马的军官。一支部队在前面开道,朝着通往伊列斯卡斯的平原前进。离开奥利亚斯后不久,一位军官告诉我,如果我稍有偏离路线的情况,牵着我缰绳的猎骑兵将会朝我开枪,并且如果西班牙游击队出现，不管是碰巧还是故意阻挠，我都会首当其冲地被当作挡箭牌推出去。我也希望路上没有游击队员出现，这种焦虑的心情难以言表。路上我一度极其焦虑，一路疾驰，身后尘土飞扬，走近了才发现是第十师的猎骑兵。我们出发后不久，他们就奉命跟踪并监视押送我的部队，侦察有没有人来营救我。

到达伊列斯卡斯后，晚上我和总参谋部的军官们待在一起，他们都很有礼貌，也非常热情。到了睡觉的时间，一名军官接到指示，带我去一个地方。有人冷笑着告诉我说，已经安排好了让我休息。夜非常黑，在这座人口稠密的城市穿过几条街道后，我们来到了第十二轻步兵团的禁闭室，房间角落里有一张床。士兵们在四处走动，显然已经知道这名俘虏要由他们负责。带我过来的军官向我告别，祝我在这里一切舒适，之后又带着苦涩的讽刺说，我无疑可以睡个好觉了，因为我睡觉时，第十二团勇敢的掷弹兵在"保护"着我，他们一刻也不会离开我。就这样，监视一直持续到1813年5月20日。皮埃尔·伯努瓦·苏尔特将军抵达伊列斯卡斯后，命令一名卫兵立即出发，把我交给马德里当局。在我短暂停留伊列斯卡斯期间，法军军官们，特别是第十猎骑兵团的路易·约瑟夫·奥古斯特·加布里埃尔·圣洛朗上校对我彬彬有礼，和蔼可亲。路易·约瑟夫·奥古斯特·加布里埃尔·圣洛朗上校的指挥部似乎是许多法军军官的聚集地，时常有许多人聚在一起。天气晴好，花园里全是第十猎骑兵团的精兵。有一次，我有机会亲眼见识了法军对西班牙游击队越来越深的恐惧。枪声响了一上午，路易·约瑟夫·奥古斯特·加布里埃尔·圣洛朗上校并没有在往常的时间回来。大家都很焦急，纷纷猜测他是否落入了游击队的包围圈。在离游击队最近的地方随便走动当然是件危险的事，路易·约瑟夫·奥古斯特·加布里埃尔·圣洛朗上校却偏爱这样，很可能会给军队带来非常严重的损失。终于，路易·约瑟夫·奥古斯特·加布里埃尔·圣洛朗上校回来了，还好没有遇见游击队，只看见几只鹧鸪。他心情大好，大家也都活跃起来，度过了愉快的夜晚。

拿破仑·波拿巴远征俄罗斯帝国的灾难给远在半岛的法军军官留下了深刻的印象。这是为了让他们更加相信法军的实力，相信法军的不幸完全是由于气候的影响，也为了让拿破仑·波拿巴的军事地位在忠实而热情的崇拜者心目中丝毫不会降低，关于俄罗斯战场上的详细报告在法军中广泛传播。吕岑战役的消息刚刚传来，但拿破仑·波拿巴是否亲自指挥了这场战役还无法确定，而这次非常重要的战役细节在"南方军"中还不为人所知。军官们推测，留下负责收拾大军残局的欧仁·德·博阿尔内，已经取得辉煌的胜利。在这种情况下，人们便有机会对质疑欧仁·德·博阿尔内性格和学识的人提出看法，而回答都是一边倒地偏向于欧仁·德·博阿尔内。我个人倾向于把他的地位和成就更多地归因于他和拿破仑·波拿巴的关系，而不是他个人的功绩，却遭到了坚决的否定。法军军官认为欧仁·德·博阿尔内是一位杰出的军官，并且深受民众爱

吕岑战役

欧仁·德·博阿尔内

戴。在俄罗斯战场表现得极其出色,体现了他的勇气和坚韧不拔的意志。甚至有人告诉我,说:"他参加过皇帝拿破仑·波拿巴的所有伟大战役"。

后来,关于波罗底诺战役和马洛-亚罗斯拉韦茨战役的文字记载表明,这些军官对欧仁·德·博阿尔内的评价是正确的,他以英勇无畏、毫不退缩及忠

波罗底诺战役

马洛-亚罗斯拉韦茨战役

心耿耿的骑士精神而著称，必将永载法军史册。欧仁·德·博阿尔内在一切逆境面前取得的荣誉无人能及。他坚定不移地为法兰西帝国的荣誉而战，不仅为人亲和，而且常怀感恩之心。

他生非君主，却与君主同辇。

法军军官们对皇帝拿破仑·波拿巴充满信心，可以从一个事例见得：在谈到欧洲大陆的战争时，人们注意到法军遇到了一些危险或困难的事件，同时注意到了几乎不可能脱身的原因。路易·约瑟夫·奥古斯特·加布里埃尔·圣-洛朗上校只想知道法军在灾难面前采取了什么作战方式去扭转局面，他只会说"皇帝认为……"，即使在最不可能的情况下或最危险的战事中，也可以绝处逢生，取得胜利。

1813年5月20日，我与路易·约瑟夫·奥古斯特·加布里埃尔·圣-洛朗上校告别，进入了马德里。在普拉多大街，我遇到让-弗朗索瓦·勒瓦尔将军、纪尧姆·拉丰-方布兰克将军和维诺将军。当时，我受到了最令人不齿的对待，尤其是让-弗朗索瓦·勒瓦尔将军，他负责指挥首都附近的军队。让-弗朗索瓦·勒瓦尔将军的脸上写满愤怒之情。作为在场的高级官员，他对我讲了一番话。对话很简短，没有任何恭维客套之词，内容如下：

你叫什么名字？
安德鲁·利思·海伊。
什么军衔？
上尉兼副官。
就是你发表了反对皇帝拿破仑·波拿巴的言论，并且寄给我是吗？
是的。

文章写得非常漂亮！不过，让我惊讶的是，一个文明开化国家的官员竟然在上面属了自己的名字。

我并不觉得一名英国军官这样做有什么不对。

先生，这些出版物要花你不少钱。你要待在监狱里，等待宣判。

这次出乎意料的谈话令人相当不快。谈话一结束，让-弗朗索瓦·勒瓦尔将军就命令他的副官乔治·普雷沃斯特上校把我送往他的大本营。在大本营，马德里总督约瑟夫-利奥波德-西吉斯贝尔·雨果将军签署了一道命令判我入狱。

约瑟夫－利奥波德－西吉斯贝尔·雨果将军

我们走到了阿尔卡拉大街,然后法军把我送进了丽池地牢。丽池地牢就在阿尔卡尼斯侯爵的宅邸,由钢铁打造而成。我被关在一间又矮又黑的屋子里,里面还关着十名西班牙囚犯,都是穷凶极恶之徒。屋子里只有一扇孤零零的窗户,用铁条紧紧地锁着,只能透进来一点新鲜空气。由于法军从不让我们出去,所以三天来我一直待在这个可怕的地牢里。当时天气非常闷热,真是苦不堪言。最后,由于法军其他军官再三规劝,铁石心肠的让-弗朗索瓦·勒瓦尔将军才缓和了态度。他一直认为,我挑战了法军正在衰落的势力,所以惩处我犯下的罪行是合情合理的。在被关进丽池地牢的第四天,副官迪布瓦先生奉命来把我转移到一个环境稍好的地方,但仍不能获得自由。我很高兴能从令人作呕的环境中脱身,便急切地跟着迪布瓦先生穿过高级住宅区的林荫大道,经过阿托查街,来到了马德里法院的监狱。被安置在一间虽然阴暗但还算过得去的屋子,我已经谢天谢地了。迪布瓦先生在离开前告诉我,除了我的仆从和看守,我不能跟任何人有来往,也不能离开这间屋子。这里和我刚离开的地方相比,简直就是天堂。三天来,什么事都没有发生,宽阔的监狱围墙内是无尽的单调和乏味。我请求看守放我出去,他却一再拒绝,声称他非常乐意帮我,但害怕承担严重的后果。从他那里,我得知了最新的消息:法军和西班牙游击队都将离开马德里。1813年5月26日晚,一名副官的到访,证实了这个消息。副官还悄悄告诉我说,我可能随时都会随一个车马队离开马德里。

1813年5月27日黎明,一队步兵出现在监狱门口,要求把我交给他们。然后,我们被编入了排列齐整的队列,向圣文森特门走去。法军没有给我们配备马匹或骡子,也没有把属于我的和仆人的衣服送还给我们。抗议也是徒劳的,显然,法军的本意就是要在各方面都给予我们异乎寻常的严苛待遇。现在这种情况下,我既不能提出改善待遇的要求,也不能流露出强烈的愤慨。应我的请求,一位军官允许我的仆人登上他所在团的一辆行李车,而我则跟着第八十八线列兵团步行前进。现在,从马德里逃出来的士兵组成了一支庞大的卫队。1813年5月27日上午,马德里城内一片混乱:有人在慌乱中随着部队前进,也有人迷惘而困惑地离开了此地。在当时的政治斗争中,这些人的立场给法军带来了危机感。一些达官显贵也被迫离开了舒适的家,与其他阶层混在一起,同样受到了法军的蔑视。大批的马车、货车或骡车被赶着向前,都混入了大部队。其余的大多数马德里人则默默地、鄙夷地看着法军离去。行军队伍中有一群人是我从前在丽池地牢的狱友,看上去其貌不扬,有的已精疲力尽。他们悲伤地哀叹,无力地发着牢骚,都无动于衷地任由法军士兵用刺刀逼迫他们前进。

车队在瓜达拉马村附近停下来过夜。顿时,原野上到处都是露天宿营的人。妇女和儿童从来没有露天睡过觉,现在只好躲在马车里,挤在一起煎熬地过上一夜。在第八十八团的宿营地里,我一直在没有任何遮蔽的旷野上待着。1813年5月28日,我们登上了瓜达拉马山,在山顶扎营。这是一个狂风暴雨、潮湿与喧闹交织的夜晚,加上没有任何遮蔽,更让人难以承受。就连习惯了在恶劣条件下作战的法军步兵,也极度不安,非常恐惧。从前在这种情况下,我不会就这样露天席地、和衣而卧,更何况地上湿漉漉的。现在我却只能尽量避免仰面朝天地躺在地上,并且守卫也不允许我找棵树躲避一下刺骨的寒风和连绵的阴雨。就这样,所有人都焦急万分地盼着天亮。很难想象还有比这更难熬、更悲惨的夜晚了,所有人的心情都沮丧到了极点。天一亮,可怜的宿营地就被遗弃了,车马队开始向历史悠久的卡斯蒂尔高原走去,沿着塞哥维亚公路前进。在方达圣拉斐尔附近,让-弗朗索瓦·勒瓦尔将军率军超过了车马队,向埃斯皮纳尔前进。

在塞戈维亚附近,我们再次扎营过夜。开阔的田野上又下起了倾盆大雨,好在已经展开铺盖的马德里人向我伸出援手,帮助我遮风挡雨,这才相对好受了一些,度过了一夜。

塞戈维亚是个浪漫的城市,有许多有趣的地方,其壮观的渡槽是半岛上最宏伟的古代遗迹之一。在一块高耸而险峻的岩石上,坐落着一座同样引人注目的城堡,那是一所久负盛名的州立监狱,里面收容了各时期的罪犯和无辜者。

城堡气氛阴森,加上高高在上、盛气凌人的气势,似乎在彰显着打击和震

里珀达公爵约翰·威廉

慑的双重目的,并且在大多数情况下,也是为了确保经常与罪犯同住的无辜者的安全。深受爱戴的里珀达公爵约翰·威廉也在这城墙里面度过了一段传奇的人生经历。

塞戈维亚的渡槽是图拉真皇帝花费最大、最能彰显其品味的丰功伟绩之一,由两排约一百六十个拱门组成,横跨山谷,其间坐落着人口众多的塞戈维亚。如果要论城镇的规模及气派程度,那么只有里斯本能出其右。

马德里总督约瑟夫-利奥波德-西吉斯贝尔·雨果将军指挥护送车队,他认为,护送车队是个大累赘,于是对待盟友也毫不客气,轻蔑斥责。我现在坐在一辆西班牙人的私家的带篷车里,因此,有许多机会可以观察每个人的行为。除了直系亲友,约瑟夫-利奥波德-西吉斯贝尔·雨果将军总是拒绝任何人的请求,并且常常粗鲁无礼。有一次,我从马车上下来,准备经过崎岖陡峭的路段时,无意中听到一个西班牙侯爵对家人说,他遭受的屈辱和痛苦比死还难受。清晨,法军士兵或威胁或嘲弄,把分散在原野各处的人集结起来。混杂在一起的队伍又要出发了。人们还不习惯军人的生活习惯,尚且没有恢复体力,有时还忍受着疾病的折磨,但仍被迫向前。无论这些西班牙人做过什么,我都为他们感到难过:他们当初拥护法军,现在却受其凌辱,被其鄙夷,还被驱逐出了马德里。

1813年5月31日,一到库埃利亚尔,我便住进了监狱。离开马德里后,这是我获准进入的第一所房子。很明显,这里极不安全,令人格外痛苦。一个步兵警卫奉命看守我,时常还会再加派一个哨兵。自从这次长途跋涉开始以来,负责看守我的警卫们都时刻保持警惕,让我丝毫没有逃脱的可能。徒步前进时,步兵纵队总是紧挨着我。乘马车时,他们则将我团团围住。晚上在宿营地里,总会有个哨兵在我身边转悠。当这个哨兵抱着武器打个盹儿,其他人就又醒了。我一旦走到离营地较远的地方散步,就会被立刻警告。监狱的墙加上看守,可以说是给我上了双重保险。这样一来,让我一直殚精竭虑的逃跑计划算是没有了任何希望。我们连续赶路,不分昼夜。1813年6月2日,我们到达了巴利亚多利德附近,但没有进城。我们渡过皮苏埃加河,在河右岸扎营。"南方军"的主力部队从不同路线行经杜罗河,在周围集结起来,这都预示着法军将继续迅速撤退。车队只允许在瓦拉多里德附近休息两个小时,随即又开始继续向前。现在,我们被收入"南方军",与其一起行动。行动时又下起了大雨,虽然给我造成了困扰,但预示着法军肯定也会遭遇暴风雨,这令我非常高兴。1813年6月2日宿营时,一辆运输车载着一列巨大的火炮回到后方。我不无得意地问,这些大炮是往哪儿送,然后看到法军军官们的情绪有些沮丧。他们犹豫地说,这不过是为了转移阵地。在1813年6月2日的行军中,我们经过了人口稠密的锡加莱斯。锡加莱斯是约瑟夫·波拿巴的临时大本营,到处挤满了法军。锡加莱斯的面积似乎很大,供应充足。正好我们缺少粮食,于是,我派我的仆从骑上前一天买的一匹马驹前往市场,并命令他尽快赶回来。然而,从那以后,我再没有见过他,也没有收到过关于他的确切消息。法军千方百计地轮番调查,结果也是徒劳无功。后来,又来了一个人当我的仆从。法军对他也调查了一段时间,但仍然对先前那个仆从的下落毫无头绪。这进一步说明他很有可能是被抢劫并遭遇谋杀了。第二天行军过程中发生的一件事似乎可以证实这一点。第八十八团的一个士兵告诉我说,前一天他看到一个人倒在了队伍后面,没人过问。毫无疑问,他想告诉我他曾见过我的仆从,并且照他的说法,我的仆从第二天就回来了,因为首先,我的仆从不会说法语,其次,他骑着马,可以毫无困难地超过一个疲惫不堪的士兵。但毫无疑问,他已经被谋杀,而第八十八团的这个士兵是这件事的参与者。我对失去仆从深感遗憾——他已跟随我很久。在我们刚和法军一起度过的令人难忘的日子里,他心甘情愿、毫无怨言地留在我身边。

  由于未获许可观察其他部队,我只好通过观察第八十八团的情况,了解法军的习惯和纪律。士兵们在行军时没有任何规矩可言,似乎军官们也觉得没必要经常对士兵提出要求。他们混杂在一起,有的脱离队伍单独行动,自由散漫地走进村庄,既没有人阻止,返回时也没有人盘问。士兵们偶尔会缺勤几日,但总会再次出现。因此,从他们的行军风格来看,有人倒在队伍后面却无人问津就不奇怪了。

  每到一个地方宿营,士兵们就立刻自行解散,各做各的饭,想干什么就干什么。在我看来,这些士兵似乎太无视纪律了,但当接到命令或执行任务时,他们却又严守军纪,井然有序。

  1813年6月6日,车队抵达布尔戈斯,在阿尔兰松河岸的郊区短暂停留。我被送往监狱,好在看守们态度亲切。在这次行军中,第一次没有法军在屋里看守我。我很享受被发配到这里的孤独,并且不用多说,我也早已习惯那些并非自己选择的仆从。

  1813年6月10日早晨,我离开布尔戈斯监狱,踏上了前往布雷维斯卡的道路。

现在，法军全线撤退，都已知晓威灵顿公爵阿瑟·韦尔斯利正在迅速前进。第十骠骑兵团的一名中士在莫拉莱斯的一次战役中被俘，加入了俘虏的队伍。我很高兴能从他那里了解到战役的辉煌序幕。

皇家近卫骑兵团和皇家骑兵卫队都加入了威灵顿公爵阿瑟·韦尔斯利的大军，英军第十九团和英王德意志骑兵团则渡过杜罗河。反法联军新招募了步兵，迅速更新了装备，并配备了一支火炮数量众多的精锐炮兵部队。一支经验丰富、训练有素的给养队及充足的交通工具，使大军行进更加迅捷，有效削弱了法军力量，打击了法军的士气。此外，众多西班牙军队加入反法联军，并且强大的游击队领袖们也立即与威灵顿公爵阿瑟·韦尔斯利协同作战。

从拉梅古的杜罗河岸、罗德里戈城的阿基达河岸和科里亚的阿拉贡河岸出发，反法联军的各支部队展开了大规模的集中行动，对法军造成了致命的打击。在一年中最好的季节里，反法联军沿着法军仓皇撤退的路线，穿行在富饶而美丽的西班牙的大地上，着实令人振奋，前景一片光明。而这些都已完全实现，将被历史准确无误地记录下来。

在布尔戈斯，威灵顿公爵阿瑟·韦尔斯利看到的景象与去年撤离前的景象已截然不同。在第四步兵师和第五骑兵旅的护卫下，威灵顿公爵阿瑟·韦尔斯利侦察了法军的防御工事。法军迅速撤退，并炸毁了这些工事，造成了巨大的损耗，同时直接给先头部队造成了惨重的损失。

法军以约瑟夫·波拿巴的"中部军"为首，向埃布罗河撤退，接着是"南方军"，最后是"葡萄牙军"。在布雷韦斯卡，囚犯们都被安置在教堂里。我睡在教堂里的一个石制壁龛里。当时，我的命运只有某天被押往法军的某个港口。天一亮，几个法军军官来到教堂，宣布将即刻出发。我听见声音就从冰冷的壁龛里站了起来，即刻出发的消息令人欢喜，同时意味着下一步我将重获自由。我高兴得无以言表，重新回到壁龛里。不一会儿，教堂里就只剩我一个人了。囚犯和看守都不见了，法军偶尔夹杂着几句英语的喧哗也渐渐消失了。当最后一个人离开时，我听见大门关闭的声音在宽敞的教堂里回荡。

托马斯·米尼奥·德·拉马蒂尼埃将军

  我原本也能离开教堂——伯爵奥诺雷-泰奥多尔-马克西姆·加赞将军希望能用我交换一名在巴达霍斯被俘的法军炮兵上尉。不过,前一天晚上,伯爵奥诺雷-泰奥多尔-马克西姆·加赞将军给"葡萄牙军"的副参谋长托马斯·米尼奥·德·拉马蒂尼埃将军写了一封信,要求他下令把我拘禁在布雷维斯卡,直到他来为止。

门廊里又响起了脚步声。不久,一位法军军官出现了,命令我跟着他。我被领到一间小小的拱形房间里,里面连一件像样的家具也没有。地板上铺着稻草,但显然不怎么干净。稻草里的虫子看到一个受难者来了就高兴得飞起来,开始在我的四肢上肆虐。类似这种昆虫都很贪婪,肆无忌惮地不断叮咬我。这地方比雷蒂洛更糟,让待在里面的人完全无法忍受折磨。

第一百二十二线列兵团的德奥赛上校察看了监禁我的地牢,想要赦免我。德奥赛上校外表看起来非常时髦,他的绅士风度立刻点亮了我的信心。我觉得快要摆脱令人发指的窘境了。很快,德奥赛上校毫不犹豫地答应要释放我,并让他的副官陪我一起前往布雷维斯卡的大本营。碰巧,这位副官和托马斯·米尼奥·德·拉马蒂尼埃将军的人正好有矛盾。我看到他在房间里踱来踱去,显然心情不太愉快。副官认为在与其他法军军官谈话时,让一名英国军官在场是非常无礼的,于是,命令一名士兵把我暂时带走,并且盯紧我,直到接到下一步指示。

我对副官的容貌记忆犹新:浮肿的脸上流露着强烈的仇恨。我顺着窗户打量了他一眼,他转过身来,望着窗外,似乎恨不能立即施展刑罚。不过,他没有这个权力。他在任何场合都对英国人表现出明显的厌恶,这在军中无人不知。德奥赛上校给他的警告似乎没有什么效果,也没有让他产生敬畏之意。在布雷维斯卡的大街上,我最后一次不幸与他相遇。

德奥赛上校对这位副官表现出来的偏见表示遗憾,这足以看出一个绅士和一个背井离乡成长起来的武夫有明显的差别。德奥赛上校出身于显赫世家,生活在上流社会。他外表出众,彬彬有礼,举止大方,无拘无束。两天来,我受到了盛情款待,看起来德奥赛上校都是真心实意的。他与我畅所欲言,非常风趣。我对法兰西帝国的宫廷风俗习惯十分熟悉,对宫廷人物的轶事也很感兴趣。拿破仑·波拿巴在杜伊勒里宫向埃尔欣根公爵米歇尔·奈伊元帅致以崇高的敬意时,德奥赛上校正好在现场。埃尔欣根公爵米歇尔·奈伊元帅从莫斯科回来时,庆功会刚刚开始,皇帝拿破仑·波拿巴从来没有在这种场合露过面。

虽然埃尔欣根公爵米歇尔·奈伊来晚了,但皇帝拿破仑·波拿巴一看见他就朝他和周围的贵族及元帅们喊道:"勇敢的勇士们!"这句话意义非凡,是领袖对一个副官做出的最高赞赏。他们丝毫不会怀疑皇帝拿破仑·波拿巴英明而伟大的领导。

第一百二十二团是让-皮埃尔-弗朗索瓦·博内将军所辖师的一支部队,拉古萨公爵奥古斯特·马尔蒙元帅特别注意到这支部队在萨拉曼卡战役中的英勇行为。萨拉曼卡战役的灾难似乎给法军留下了深刻的印象,但与其他场合的失败不同,我从来没有听到过有人想否认事实或是去辩解为什么会发生这种事情,因为他们一般都毫无根据,无非是为了给自己开脱,或者减轻自己的窘迫。法军承认在萨拉曼卡战役被英属葡萄牙军击溃了。在战役中,法军大多数将军或死或伤,兵力锐减,几乎全军覆没,士兵们对此印象深刻。虽然,各军的表现都受到了批评,但让-皮埃尔-弗朗索瓦·博内将军的师在英军中以其刚强的意志与果断的行动引人注目,这让男爵德奥赛上校也非常兴奋。

1813年6月14日,"南方军"的大本营迁至布雷维埃斯卡。不久我奉命去见总指挥奥诺雷-泰奥多尔-马克西姆·加赞将军。我穿过挤满士兵的街道,接受了卫兵的盘问后,被带到了奥诺雷-泰奥多尔-马克西姆·加赞将军面前。从随行的军官那里得知我的身份后,奥诺雷-泰奥多尔-马克西姆·加赞将军立即开始批评我在托莱多的行为。与让-弗朗索瓦·勒瓦尔将军的措辞截然不同,奥诺雷-泰奥多尔-马克西姆·加赞将军的说教其实是迫不得已的。其和蔼可亲的态度表明,从个人角度来讲,奥诺雷-泰奥多尔-马克西姆·加赞将军对我并没有敌意。不过,他轻蔑地提到了反法联军,还肯定地对我说,"皇帝即使失去了一支军队,也仍然会有另一支。"在这次会见中,最令人愉快的就是结束时,奥诺雷-泰奥多尔-马克西姆·加赞将军说,威灵顿公爵阿瑟·韦尔斯利将推荐一名现役的英国军官来交换我。同时,他还想让我转交一封信,并且如果我同意,他答应立即派我到前线去。

1813年6月16日,"南方军"从布雷维斯卡向潘科尔沃前进。奥诺雷-泰奥多尔-马克西姆·加赞将军的首席副官阿诺德上校骑着马走在行军队伍中,对反法联军没有出现感到非常惊讶。威灵顿公爵阿瑟·韦尔斯利在盘算什么呢?居然允许全面撤退的法军沿大路悠闲地前进,既不来骚扰,也不追赶。法军连一辆马车都没有损失,这让阿诺德上校感到费解。不过,谜团注定会很快解开。

1813年6月16日,我在奥诺雷-泰奥多尔-马克西姆·加赞将军府里还会见了其他许多官员,其中包括达里索将军、马蒂将军和雷蒙德将军。奥诺雷-泰奥多尔-马克西姆·加赞将军的夫人似乎对塞维利亚和安达卢西亚的变化感到遗憾。在她看来,只有回到法兰西帝国才是让人高兴的事。连续行军的种种不适令她心烦意乱,加上一个三岁的孩子——与拿破仑·波拿巴同名——让她心力交瘁,最终,她彻底厌倦了战争。

在潘科尔沃,我又遇见了让-皮埃尔·马朗森将军,一整天都和他在一起。所有法军都聚集在潘科尔沃城内及其周围。一座坐落在巴约讷到布尔戈斯之间大路上的堡垒是潘科尔沃的防御要塞,耸立在陡峭的岩石上。山谷非常狭窄,几乎没有路;山涧湍急;整个山谷崎岖不平,保留了未经开垦、极其荒凉的原始样貌。

在法军缓慢后撤的同时,威灵顿公爵阿瑟·韦尔斯利积极地利用了这段时期。1813年6月1日到2日,他率军渡过了杜罗河,1813年6月7日渡过了卡里翁河,1813年6月8日到10日渡过了皮苏埃加河。威灵顿公爵阿瑟·韦尔斯利集结了许多精锐部队。1813年6月12日,威灵顿公爵阿瑟·韦尔斯利侦察了布尔戈斯。正如前面提到的,法军已经放弃布尔戈斯。此后,反法联军毫无阻碍地向埃布罗河岸挺进。法兰西将军们认为,反法联军不会走布尔戈斯到西班牙的维多利亚的主要交通线左侧的道路——农民的报告及当地人的小道消息都纷纷印证了这一点。再加上反法联军没有出现在法军立即撤退的线路上,更使人感到意外。尽管各种难以克服的困难,英国的将军们还是毫不犹豫地向前挺进,绕过潘科尔沃的坚固山口,绕过潘科尔沃和米兰达之间的所有障碍,越过法军右翼,通过圣马丁、罗卡蒙德和阿雷纳斯的桥,渡过了埃布罗河。1813

年6月18日晚,当奥诺雷-泰奥多尔-马克西姆·加赞将军获悉反法联军所有部队都在埃布罗河左岸时,法军才明白了威灵顿公爵阿瑟·韦尔斯利睿智而巧妙的部署。

从预先谋划的目标、执行任务时遇到的困难及成功带来的积极影响来看,反法联军在埃布罗河左岸集结可能是半岛战争期间最绝妙的一次军事行动。法军的一切既定安排顷刻间被打乱了,当知道发生了什么事之后,所有人都慌慌张张,紧接着就是连夜行军。鼓声从四面八方响起,骑兵鱼贯而行。潘科尔沃镇挤满了笨重的载有军用物资的运输车,呈现出一片异常混乱的景象。留下八百人驻守要塞后,奥诺雷-泰奥多尔-马克西姆·加赞将军率军直接向米兰达进发。米兰达仍然是法军"中部军"的大本营。我们在拂晓前到达米兰达,只休息了片刻。我现在由两队骑兵负责,可以骑马到队伍的任何位置。于是,我有机会在不同时间段观察整个法军的行动。随行的法兰西和西班牙政府官员让队伍看起来像一场盛大的制服展览:法军文职官员及其家属,以及西班牙的官员们都穿着刺绣的服饰。即使在上午,将军们也一直身着军装。在"南方军"的护卫下,许多身着军装、骑着马的女士也跟着伴侣继续前行。这些人鱼龙混杂,生活奢侈。法军默认第一个得到某个牲口的士兵可以将其据为私有财产,这在很大程度上阻碍了法军的行动。法军的高级将领们对此诟病已久。

在法军骑兵队伍中,身穿绿色制服,头戴黄铜头盔的重装龙骑兵比在西班牙服役的其他骑兵都要优秀。猎骑兵和轻骑兵除了制服不同,几乎没有差别,都是各自兵团里的精锐部队,其马匹都矮小、健壮。猎骑兵穿着各式各样的制服,轻骑兵也很少有制服一样的。马炮兵身着蓝黑相间的制服,装备精良,纪律严明。

法军步兵则只有轻步兵和线列兵。线列兵团的每个营都有一队掷弹兵和一队腾跃兵。轻步兵团在原先的基础上又增加了轻步兵连。这些步兵都没有配备来复枪。

腾跃兵执行的是轻装部队的任务，而冠以"轻"腾跃兵的队伍在前线表现最活跃。

在法军各部中，最有效率的当属炮兵部队。这次，我有机会分别观察到法军的骑兵、步兵和炮兵，其中，当属炮兵装备最好，看上去一切都井井有条。

法军近卫骑兵是从当时在西班牙人数众多的骑兵中精挑细选出来的精锐，个个眉清目秀，经常整装上阵——这是精兵强将与众不同的殊荣。他们身穿蓝色长衫，头戴三角帽，束着宽大的牛皮腰带，这使他们在众骑兵中显得与众不同。龙骑兵团的精锐，则戴着皮毛制成的掷弹兵帽，身材魁梧，威风凛凛。

法军的纪律看起来并不像传言中那么严苛，军官们显然也没有遵循良好的纪律要求并采取必要的管理手段。在英国军队中，士兵和军官高低有别，区别非常明显。但法军中的军官与士兵往往能打成一片，我就曾看到一名步兵中士与他的指挥官手挽着手亲密交谈。不过，与明显散漫的作风相比，法军在执行任务时的表现堪称完美，给我留下了深刻印象。一旦做好准备，士兵们就会迅速行动，雷厉风行。习惯成自然，即使在最无奈的情况下，法兰西士兵也不会嫌弃营地条件艰苦，他会拆下近身的帐篷顶用来生火。而面对同样恶劣的条件时，英国士兵决不会卸下自己的装备。当与自己的膝盖、桶帽挨得很近的木头被点着，开始噼啪作响时，法兰西士兵便会耸耸肩，没完没了地发牢骚，直到火正旺，煮好汤，他才有时间去有意无意地思考下一步的打算。

在行军时，法军步兵似乎不知疲倦，其前进速度非常惊人。他们穿着又长又重的大衣在路上疾行，不知疲倦。他们不在乎必需肩负的沉重装备，有时甚至能看到法军背着一些多余的、沉重的物品。在行进队伍中，我曾看到士兵们肩上扛着轮盘赌桌。

为了减轻携带食物带来的麻烦，法军用绳子把几块圆形的西班牙面包串起来，挂在交叉皮带上，或者来回晃荡着搭在背上，偶尔会绑在掷弹兵的短剑上。

经过三十二英里的长途跋涉，1813年6月19日晚，"南方军"进入西班牙的维多利亚。维多利亚城拥挤不堪：约瑟夫·波拿巴的宫廷成员及警卫、城中心的各支队伍、"中部军"的大本营和一些骑兵已经占满各座建筑；街道上更加混乱。奥诺雷-泰奥多尔-马克西姆·加赞将军的军队中也有许多后勤和文职人员难以管理，让局面更加混乱。

与我同时离开马德里的车队还没有抵达西班牙的维多利亚。法军似乎没有打算放弃埃布罗左岸的地区，因此，许多西班牙难民希望能在阿拉瓦省的首府结束这段时间以来迫不得已踏上的逃难之路。反法联军穿过埃布罗河，让法军指挥官们从美梦中惊醒。我去拜访了一些西班牙旧识，发现他们正在为第二天前往巴约讷的车队做准备。夜晚时分，为了庆祝法军的到来，西班牙的维多利亚灯火通明。每家每户都有法军入住，所以不难理解维多利亚人为什么要对法军表示敬意。整个晚上，法军军队摆开阵势，遍布全城。农民们被迫协助建造临时的地面工事，并向工事中运送了一百多门大炮。

1813年6月20日清晨，除了国王约瑟夫·波拿巴的车队，其他所有车队连同分属于各支军队的行李都即刻出发，离开了西班牙的维多利亚，前往伊伦。视线所及之处，马车和篷车连绵不绝，蜿蜒穿过富饶、美丽的山谷。

西班牙的维多利亚所处地势较高，被远处的山脉包围，就像一座圆形剧场。除了城市本身地势很高，它邻近的乡村也几乎处在同一高度，地势稍高。城市西北方向一英里外的地方是萨多拉河。萨多拉河一条相当大的河流，河上有几座桥。西南部较高的地方有一条宽阔的大道，连接普埃布拉与潘普洛纳。潘普洛纳地理位置特殊，位于山谷正对面，巍峨耸立在加马拉马约尔和阿贝丘科村上方。维多利亚风景优美。法军与反法联军的距离很近。在这种情况下，潘普洛纳周围极有可能成为异常惨烈的战场。

1813年6月20日上午，维多利亚民众似乎都沉浸在极度兴奋之中。他们已经得知，反法联军近在咫尺，还占领了让-巴普蒂斯特·茹尔当元帅所辖的多个阵地。看得出来，反法联军目前非常活跃，行动频繁。反法联军穿过城镇时，炮声和车轮声不断。离开维多利亚的庞大车队似乎也没能减轻该镇的拥挤状况，街道上仍然非常混乱，没有人来恢复秩序。一片混乱中，奥诺雷-泰奥多尔-马克西姆·加赞将军的副官来了，命令我立即到他的大本营去。振奋人心的消息是由一名陆军少校转达的。他指示我准备离开，并表示他打算跟我一同去奥诺雷-泰奥多尔-马克西姆·加赞将军的住处。离开维多利亚时，在通往城市的林荫大道左侧，我的注意力转向了法军的后备军械库。我从来没有见过这么多野战炮。壮观的大炮排列整齐，布置得相当有气势。陆军少校特别提醒我注意这个场景，仿佛他已断定这是我对法军的最后印象，之后又命令我立刻闭上眼睛。我们很快就到达了阿里涅兹，并被带到奥诺雷-泰奥多尔-马克西姆·加赞将军的住处。进行了一整夜的安排部署后，奥诺雷-泰奥多尔-马克西姆·加赞将军终于可以休息一会儿。他的夫人及手下的军官们都聚集在客厅里。我一直陪着他们，直到奥诺雷-泰奥多尔-马克西姆·加赞将军出现。

早晨，威灵顿公爵阿瑟·韦尔斯利的副官亚历山大·戈登上校带着一封威灵顿公爵阿瑟·韦尔斯利写的信，到达了前沿哨所。信中同意了奥诺雷-泰奥多尔-马克西姆·加赞将军提出的交换条件。奥诺雷-泰奥多尔-马克西姆·加赞将军信守诺言，立刻决定把我送到最近的反法联军驻地。在准备送我出发的这段时间里，法军军官们谈笑风生，十分亲切。奥诺雷-泰奥多尔-马克西姆·加赞将军的夫人认为这真是意料之外的事。讽刺的是，她请求我说，如果她被反法联军俘虏，我一定要尽最大努力为她争取优待。这番俏皮话引来了大家的一片欢声笑语。随后，大家目送我离开。我被蒙着眼睛，骑在一匹马驹上，戴着一顶当时英军戴的又低又小的三角帽。法军经常因为帽子而嘲笑我，因为在他们看来，这种装扮让我变成了一个稀奇古怪的人。然而，法军以友善而美好的祝愿结束了送别场面。一想到要回到同伴们中间去，我心里就高兴极了，所以不计较太多，再三跟法军告别后，就离开了这些看似无忧无虑的人。

护送我前往反法联军大本营前，法军为挑选护卫队颇费了一番周折。这支护卫队由精锐的第二轻骑兵团和第二十一猎骑兵团的人马组成，还包括了一名少校和一名小号手。一经过最后一个法军骑哨，我便被解开了绑带，终于有机会观察周围的情况了。道路崎岖但一路上风景如画。最后，在一个树木掩映的山谷里，出现了一队葡萄牙骑兵。法军号手一看到他们就开始铆足了劲儿吹号，还挥舞着一条白色的手绢，示意和平，但毫无效果。面对直接向着阵地逼近的法军，葡萄牙骑兵显然很惊慌，对法军发出的信号置之不理，急忙骑着马跑回去，到步兵营里发出警报，但其实这毫无必要。警报大作，我们只得谨慎前进，直到有些葡萄牙骑兵停下来才发现只不过是一支举着一面免战旗的队伍，但对葡萄牙人来说，这显然是一次不受欢迎的意外。这次我注意到葡萄牙骑兵十分鲁莽，有失军人风范。不过，我这样说也并不指望能对这支部队产生什么影响。在此之前，我曾目睹过他们在战场上的英姿，也曾对他们在任何场合都保持良好的举止表示过我的敬意，但刚才他们见到稍有风吹草动就如临大敌，说明他们对法军已经恨之入骨。

一个反法联军军官模样的人过来确认发生了什么事。在告知举休战旗的目的后，法军护卫表示没有必要继续往前了。于是，我们又寒暄了几句，便分开了。随后，法军护送队伍消失在了两军阵地之间的山林中。从第十八骠骑兵团的欧文上尉那里得到了有关部队的近况后，我感到很好奇，便决定到前线去寻找第四师。会见了劳里·科尔爵士之后，我和他一起朝前线进发。一到奥诺雷-泰奥多尔-马克西姆·加赞将军的住处，我就如愿见到了罗兰·希尔爵士、威廉·贝雷斯福德爵士、鲁克上校和查尔斯·菲茨罗伊勋爵。一名副官传达了我被放回来的消息后，威灵顿公爵阿瑟·韦尔斯利即刻接见了我。我把在法军阵营里的所见所闻告诉了他。他听了以后非常高兴。我认为最重要的一条就是法军将领们站在各自立场上各执己见。对此，我提出了一些佐证。

我和不同的法军部队一起行军，从每支部队那里都得到了情报，也许还了解到法军的真实实力和兵力。虽然我的观察不够完善，但通常这种确定性的情报很少能在作战前夕得到。

奥诺雷-泰奥多尔-马克西姆·加赞将军曾委托我给威灵顿公爵阿瑟·韦尔斯利捎一封信。信中说他已按照协议恢复了我的自由，但在和我做交换的军官离开英国前，我仍必须继续保持假释，不能以任何身份对抗法军。

这当然令人不快，但在这种情况下能够回来已是一件幸事。威灵顿公爵阿瑟·韦尔斯利一直都想方设法营救我，现在终于能够毫无顾忌地对法军采取行动了。毫无疑问，奥诺雷-泰奥多尔-马克西姆·加赞将军偶尔有些意气用事，但整体来说，他对我态度友善，也算照顾有加。

基于上述情况，我注定要在即将发生的战役中做一个旁观者了。傍晚时分，在查尔斯·菲茨罗伊勋爵的陪同下，我骑马来到罗兰·希尔爵士的住处，焦急地等待着明天即将发生的重大战役。

查尔斯·菲茨罗伊勋爵

第 6 章 维多利亚战役 | 343

非常巧合的是，1813年6月4日皇帝拿破仑·波拿巴在德意志达成停战协议的情报本应及时传到西班牙的维多利亚，但威灵顿公爵阿瑟·韦尔斯利在大战即将爆发的前一天才得知，幸好有一名英国军官向他原原本本地报告了此事。

1813年6月21日早晨阳光灿烂，清新怡人的空气并不能阻挡一场大战的来临。罗兰·希尔爵士的部队沿着布尔戈斯到维多利亚的大路前进，穿过了附近的拉普埃布拉。这条路正是我两天前跟随法军走过的。罗兰·希尔爵士指挥的是右翼，肩负着击溃法军左翼的重任。

法军占领了从拉普埃布拉高地到加马拉马约尔高地的广大地区。最前面的是"葡萄牙军和南方军"，部署为"中军"，还有骑兵作为后备，除了少数部队，整个军队部署在萨多拉河左岸和西班牙的维多利亚前方。

戈米查村附近是阵地上最易受攻击的地方，所以法军已经部署了大量的火炮。由于前面有萨多拉河作掩护，后面有一条通往巴约讷和潘普洛纳的大路，所以即使在最危及的时刻，也可以确保全身而退。从法军阵地的一方到另一方的通信顺畅无阻。比勒陀利亚附近的洼地是骑兵的唯一战场，一旦战斗打响，便会横尸遍地，双方更是僵持不下。法军因阵线拉得过宽犯了严重的错误，特别是当多支部队同时对其防线进行机动进攻时，这一点就更加明显。

1813年6月21日上午，罗兰·希尔爵士的部队已经接近米兰达后，在其与萨多拉河上的磨坊之间的地方停了下来。他派遣巴勃罗·莫里略将军率西班牙团的一部分士兵进攻法军左翼，把法军赶下拉普埃布拉的制高点。在一片树林的掩护下，西班牙人登上了陡峭的山坡，在山顶上与法军短兵相接。几乎就在同一地点，步枪时断时续地射击了一段时间，这证明我军已开始对法军施加压力。巴勃罗·莫里略将军凭借素有的无畏气概带头发起进攻，虽然身上两处受伤，但只是请求增援，拒绝离开战场。罗兰·希尔爵士命令亨利·卡多根上校临时率领一个旅上去增援，以确保取胜。在这种情况下，法军开始担心侧翼的安全，便从中路军队分兵，在拉普埃布拉高地的山顶上集结部队，与英西联军狭

1813年6月21日的战斗

路相逢，展开了一场遮天蔽日的激烈战斗。亨利·卡多根上校率领的旅向前推进，被一颗毛瑟枪子弹击中，受了致命伤。他知道生还的希望渺茫，便没有想着让人把他抬出战场，而是满腔热血地留在原地，想要目睹战友们赢得胜利的一幕。他的阵亡令人深感遗憾。这个鲜活的例子说明了一切皆无定数，也诠释了理想和现实之间的可望而不可即。战斗前的一个晚上，当得知将要上战场时，亨利·卡多根上校欣喜若狂。当作为英雄旅的指挥官时，这位杰出的先锋官达到了理想的顶峰。而当战斗结束后，他却被列入了死亡名单！

英军第二师的一个旅由第二十八团、第三十四团和第三十九团组成，在奥卡拉汉上校的指挥下，奉命攻占阿拉瓦省的苏比哈纳。尽管法军负隅顽抗，第二师还是很快完成了任务。英军攻占苏比哈纳后，法军不断试图夺回控制权，这使奥卡拉汉上校不得不面对艰苦的拉锯战。然而，他英勇地坚持了很长一段时间，直到法军中路军队和左翼都被包围，这为威灵顿公爵阿瑟·韦尔斯利争取到了发动决定性进攻的时机。

英军有几个师在离战场相当远的地方扎营过夜，之前谁都没有预料到这条线路会造成延误，结果却对法军左翼的进攻开始地略微早了一些，主要是因为他们不能确定法军中路军队确切的行动时间。

可能是因为我刚刚离开法军，所以威灵顿公爵阿瑟·韦尔斯利想问我几个问题。战斗刚刚开始，在征求了罗兰·希尔爵士的同意之后，我就去参见了威灵顿公爵阿瑟·韦尔斯利，并有幸在这最重要的一天里一直跟随着他。

我上马时，指挥部的将军们都站在一处高地上。高地距离萨多拉河右岸很远，正好在阿里涅兹的对面。威灵顿公爵阿瑟·韦尔斯利带着望远镜，步行前往视察两军战况，特别是在拉普埃布拉高地上的战况。

威灵顿公爵阿瑟·韦尔斯利穿着一件灰色的短大衣，西班牙刺绣腰带扣得很紧，一顶羽毛帽子彰显了他的身份。当你走近时就会不由得感慨：这位伟人将会主宰英国、葡萄牙和西班牙的命运。有人说，罗兰·希尔爵士的部队似乎没有给法军造成严重的损失，威灵顿公爵阿瑟·韦尔斯利却说，事实正好相

维多利亚战场上的威灵顿公爵阿瑟·韦尔斯利

反,他看见高地上的将士们正在奋勇向前。我听到他对这些对将士们的赞扬时,心里激动万分。从望远镜里可以看到,第九十二团的士兵挥舞着军旗,沿着拉普埃布拉高地的山脊追击法军。尽管他们离我很远,但我能想象得出他们步履坚定,在山顶上英勇作战,正如他们的大不列颠祖先那般永不屈服。

在苏比哈纳德阿拉瓦的英军不断受到猛烈进攻,对法军中军的到来更加担心。尤其是托马斯·格雷厄姆爵士的炮火声宣告左翼的战斗也已开始。最后,有人向威灵顿公爵阿瑟·韦尔斯利报告说:"达尔豪西勋爵乔治·拉姆齐率领第三师和第七师到达门多萨,轻步兵师和第四师已经通过纳克劳斯和特雷斯蓬特斯之间的桥,渡过了萨多拉河。"托马斯·皮克顿爵士和达尔豪西勋爵乔

英军通过纳克劳斯和特雷斯蓬特斯之间的桥

英军与法军在维多利亚战场上展开厮杀

治·拉姆齐很快就跟上来了。战斗打响,最激动人心的时刻到了。反法联军开始渡河,展现出前所未有的场面:灿烂的阳光下,一列列士兵遍布整片大地,什么都不能遮蔽这辉煌灿烂的景象。在已经投入战斗或正在迅速投入战斗的部队之间,枪炮声接连不断。法军的大炮还没有开火,但战火已经非常猛烈了。

渡过萨多拉河后不久,第三师查尔斯·科尔维尔将军的旅遇到了大量法军,但很快将其击败。不过,由于急于追击,一片混乱之中,查尔斯·科尔维尔将军在一座山顶上又遇到了整装待发、准备迎击的两列法军步兵。我们也站到了高处,局势十分明显,根本不用瞻前顾后地考虑进攻的结果。威灵顿公爵阿瑟·韦尔斯利说,他能够预料会发生什么灾难,但他的冷静和沉着源于内心坚定的信心,并且他有办法迅速地补救预料之中的短暂失利。他继续观察着这支部队稍显混乱的进攻,令他惊奇的是,英勇的士兵很快恢复了阵型和纪律,竟然像早有准备一样迅速击溃法军。

阿里涅兹防御森严，让法军一度成功地抵挡了一切进攻。第八十八团是第三师最英勇的部队，一贯表现得十分出色，但还是退下阵来。最终，第七十四团和第四十五团攻占了阿里涅兹。在阿里涅兹上方的高地上，威灵顿公爵阿瑟·韦尔斯利在枪林弹雨中下达了下一步作战命令。一天中唯一一次有悬念的战斗即将打响。在这种情况下，公正地说，法军"南方军"的确下定决心，背水一战。

在此，我必须说明一件事。此事虽然看似无关紧要，但足以说明威灵顿公爵阿瑟·韦尔斯利的沉着冷静。

第一次进攻阿里涅兹被击退后，威灵顿公爵阿瑟·韦尔斯利在漫天枪林弹雨中想要下达命令，便当即转身指示我去传令。他突然想起了我当时的处境，说："不行，不能让你这样做。"这件事更令人惊奇的地方就在于，在当时混乱的场面中，当一次进攻不成，胜负未卜之际，他还能记起我这个无足轻重的人，并且把我与其他军官从烟雾火海中区分开来，可见他头脑非常清晰，面对紧急情况仍泰然自若。

上述事件发生后不久，米格尔·阿拉瓦将军及其手下的机要警卫回来时，发现威灵顿公爵阿瑟·韦尔斯利当时所处位置很容易暴露，感到非常震惊。但威灵顿公爵阿瑟·韦尔斯利无动于衷，继续待在原地发号施令，直到英军攻占阿里涅兹，法军全面向西班牙的维多利亚撤退。

放弃了第一个阵地之后，法军炮兵才开始向反法联军的进攻部队开炮。威灵顿公爵阿瑟·韦尔斯利不得不穿过大片火海，向右翼疾驰，以便查明战况。好在他的行进路线几乎全是平地，在经受了约八十门大炮的攻击后，威灵顿公爵阿瑟·韦尔斯利幸运地逃了出来，并且毫发无损。

经过阿里涅兹村时，我审问了一个法军第十二轻步兵团的伤兵，从而得知法军"南方军"的先头部队在阿里涅兹遭受了沉重的打击。

截至目前，法军的撤退还算有条不紊。直到放弃了大炮之后，他们的阵型才开始变乱。而与此同时，反法联军正以最整齐有序的队型挺进。威灵顿公爵阿瑟·韦尔斯利看清楚了右翼的情况，便登上大路南边的高地，距离西班牙的维多利亚约一英里。他发现，在离城不远的平原上，法军已乱作一团，便派人去叫科洪·格兰特上校，命令他率骠骑兵旅沿卡米诺-雷亚尔河全速前进。途中，科洪·格兰特上校接到命令，要他向左边迂回，追击迅速撤退的法军。缴获大量火炮的报告不断传来。法军也正在匆忙穿过西班牙的维多利亚，向四面八方转移。为了阻止法军大炮立即派上用场，多数情况下，反法联军都把它们

法军转移的过程中，约瑟夫·波拿巴将珍宝装上王室马车

第 6 章 维多利亚战役 | 351

扔进了壕沟和狭窄的峡谷里。在那里，掀翻的大炮、车辆与伤亡士兵的尸体混在一起，法军败迹已非常明显。毫无疑问，这是法军全军覆没的证据，也是反法联军取得胜利的证据。现在，一长队马车、篷车和驮满物品的牲口从西班牙的维多利亚出来。威灵顿公爵阿瑟·韦尔斯利观察着法军的动向，感到十分惊讶，便向我询问前往伊伦的方向——他认为那条路应该更偏向左边。当他得知

法军逃离维多利亚战场

约瑟夫·波拿巴在败军的保护下仓惶撤退

这一大批逃亡者正在前往潘普洛纳的路上,又了解到托马斯·格雷厄姆爵士一定会切断法军前往巴约讷的退路时,他就更加兴奋地催促军队追击。

这时,英军第二师的队伍向右侧高地扩散。辉煌的景象真是无与伦比。克服了一切障碍把法军从前线赶出去之后,战斗就停止了。只待威灵顿公爵阿瑟·韦尔斯利一声令下,士兵们就会继续前进,以赢得更大的胜利。为首的罗兰·希尔爵士在任何情况下都坚定不移地专注于肩负的特殊使命,一刻也不曾分心,始终以最出色的表现履行自己的职责。

法军完全消失在了维多利亚的前方,威灵顿公爵阿瑟·韦尔斯利便向维多利亚城前进,目的是让获胜的英军各部都继续向前推进。维多利亚城很少出现这种混乱的景象,但我没有时间去弄清原因了。英军采取的每一步行动都加速了法军的溃败。翻倒的大炮和马车、破烂不堪的篷车、被遗弃的囚车、受伤的士兵、平民、妇女、儿童及死掉的马和骡子,都让整个维多利亚城满目疮痍。人们已经开始忙着清扫战场。从前很少出现如此丰富的物资：除了来自安达卢西亚的军队的战利品，还有其他军队的战利品，国王的私人行李，上面写有"皇帝御座"的四轮马车及一个装着一大笔钱——还没来得及分发的军饷——的军用箱子。珠宝、画作、刺绣和丝绸，凡是昂贵而轻便的东西，似乎都要小心翼翼地运送。正是有了这些碍手碍脚的东西，才让法军更加缺乏战斗力。

英军士兵们在约瑟夫·波拿巴的马车上发现了一些皇家收藏的意大利名画，便从画框里拿出画卷了起来。

在一次追击中，威灵顿公爵阿瑟·韦尔斯利手下的一名军官奉命去左翼打探战况，回来时带来了一把西班牙长剑，剑尖上约有三分之一都是血。这把剑是在战场上发现的。从奇特的形状可以看出，它是特威代尔勋爵乔治·海伊将军的剑。在疾行追击的混乱中，特威代尔勋爵乔治·海伊将军率领几个重装龙骑兵深入法军骑兵聚集的一条巷子里，因寡不敌众而无法脱身。危急时刻，特威代尔勋爵乔治·海伊将军下定必死的决心，冲向法军骑兵，在混战中被击倒在地，当场昏迷不醒，遭到了人踩马踏，过了很长时间才被人发现。被人从满是死人和死马的狭窄道路上拉出来时，特威代尔勋爵乔治·海伊将军身上已经满是淤青。

以上事情都发生在追击法军的过程中。而此时，托马斯·格雷厄姆爵士领导下的反法联军左翼也遭遇到法军"葡萄牙军"的顽强抵抗。"葡萄牙军"各师严阵以待，准备采取防御行动。他们已经占据非常有利的位置，并且在数量上也占了上风。

法军步兵虽然负隅顽抗，但还是被击退了。到了中午，法军被迫放弃了巴约讷公路上的重要据点。这样一来，反法联军不仅有效地切断了法军的撤退路线，而且直接危及法军整个阵地，使法军处于被动。反法联军第一次大规模的进攻就正中法军要害。维多利亚全面开战，法军各方几乎同时遭到攻击。四处开花的战果让英军相当满意。

早晨，托马斯·格雷厄姆爵士沿着从毕尔巴鄂到西班牙的维多利亚的大路前进时，发现阿贝丘科的高地上有大量法军。约翰·奥斯瓦尔德将军命令第五师、丹尼斯·帕克将军率领的旅、隆加上校的西班牙军队及乔治·安森将军率领的骑兵旅迅速击退了法军。

占领高地后不久，反法联军就向加马拉马约尔和阿贝丘科等被封锁的城镇发起进攻。法军则全力加强了这些地方的防御，以确保萨多拉桥畅通无阻。

第五师弗雷德里克·腓力斯·鲁滨孙将军率部对加马拉发起猛攻。这支部队冒着猛烈的枪炮火力，平稳有序地全力向法军逼近，用刺刀逼退了狼狈的法军，把法军赶出了阵地，缴获了三门大炮。虽然弗雷德里克·腓力斯·鲁滨孙将军攻占了加马拉，但他的兵力不足以夺取加马拉桥，毕竟法军已经在桥的另一端集结起来。新的部队赶来增援弗雷德里克·腓力斯·鲁滨孙将军，加上特威代尔勋爵乔治·海伊将军率领的旅加强了进攻，使战斗变得更加激烈，并且伤亡惨重。为了争夺加马拉的控制权，在双方反复拉锯下，英军第五师坚韧不拔的勇气终于使法军的努力付之东流。加马拉桥及其附近尸横遍野，满目疮痍，留下了双方殊死搏斗的证据。在这次战役中，英军第五师伤亡近五百人。

几天后，英军第五十九团的亨利·费恩上校去世了，令大家很遗憾。皇家卫队的阿奇博尔德·坎贝尔上校虽然头部有一处非常严重的枪伤，但还是逐渐恢复了健康。

乔治·海伊上尉在加马拉桥上英勇地组织强攻，受了致命伤，被送到了维多利亚。海伊将军在完成了白天的任务后，整夜都在维多利亚寻自己的儿子乔治·海伊上尉。然而，找到乔治·海伊上尉时，海伊将军才发现几分钟前他刚刚死去。

阿贝丘科村由英王直辖德意志团的科林·霍尔基特上校率领的轻步兵营据守，托马斯·布拉德福德将军的旅负责支援，并得到拉姆齐上尉的马炮部队和杜布尔迪厄上尉的火炮旅提供火力支援。法军似乎并不认为阿贝丘科与加马拉同等重要，没像在加马拉那样努力保卫靠近阿贝丘科的大桥，恢复这条横贯萨多拉河的战线。在这条战线上，至少有六座桥横跨萨多拉河，而反法联军的一部分队伍已经渡过了萨多拉河。罗兰·希尔爵士沿布尔戈斯大路出发，率领部队占领了萨多拉河左岸。劳里·科尔爵士率领第四师渡过纳克劳斯桥。轻步兵团从特雷斯·普恩特斯桥通过。达尔豪西勋爵乔治·拉姆齐和托马斯·皮克顿爵士在特雷斯·普恩特斯和阿贝丘科之间通过。托马斯·格雷厄姆爵士率领阿贝丘科和加马拉马约尔的部队。在这两支部队中，只有在加马拉马约尔的部队遇到了顽强的抵抗。

　　法军没有在阵地上集结。经过维多利亚后，再也没有任何障碍能阻挡反法联军的迅速追击，而法军唯一的行动就是逃跑。虽然反法联军一开始缴获的法军大炮并不多，但随后法军完全抛弃了所有大炮。战场上的法军都觉得大炮带不走了，于是，炮手们都丢下大炮，在连绵起伏的广阔大地四散奔逃，然后任由随之而来的进攻部队占领炮台。

　　在维多利亚战役之前，从未有过如此大规模的英国炮兵部队参战。当然，每个旅都有伤亡。

第 7 章

封锁潘普洛纳

威灵顿公爵阿瑟·韦尔斯利沿维特多利亚的潘普洛纳一侧向前走了很远,骑马来到一座山顶上,看到撤退的法军队伍约有一英里多长。我们永远不会忘记上山时所看到的景象:下面的山谷中是密密麻麻的一片绿树,地势平缓,绵延几百英亩。现在,混乱的人群不再仓皇逃跑,几乎看不出法军有什么动静了,约两万人正面临着难以逃避的灭顶之灾。几分钟后,休·罗斯上尉的部队登上了制高点,将炮弹和榴弹炮扔向惊恐万状的法军。就这样,屠杀的速度越来越快。

托马斯·格雷厄姆爵士打断了法军队伍的前进,加上从伊伦到潘普洛纳的交通要道几乎无法通行,给法军造成了混乱和延误。因此,法军辎重和后备大炮都被缴获。

威灵顿公爵阿瑟·韦尔斯利从来没有像现在这样急于向法军发起猛攻。在令人振奋的情况下,战役在如火如荼地进行。人们似乎对没有完全摧毁法军感到遗憾,这可能是俘虏人数相对较少的原因。由于没有任何遮挡,法军各部都迅速撤退,因此,俘虏人数与英军伤亡人数不成正比,似乎整场战役中损失的军备物资也没有物尽其用。

威灵顿公爵阿瑟·韦尔斯利不情愿地下令停止追击。这时,我们离维多利亚还有两里格路。因为天色已暗,所以强行追击并不是明智之举。在这次战役中,我们走了三里格的乡村小路,每一段都有不同的经历。在这种情况下,我们可以想象威灵顿公爵阿瑟·韦尔斯利有多么疲乏。记得天一亮他就骑马一直前进，中途只有短暂的休息，他的大脑一定一直处于活跃的兴奋状态。待回到维多利亚时，已是21时了。

1813年6月20日，我曾亲眼看见维多利亚为了庆祝约瑟夫·波拿巴胜利而灯火通明，现在却因为法军在这里彻底落败再次灯火闪烁。军队秩序已基本恢复，威灵顿公爵阿瑟·韦尔斯利和随从们牵着疲乏的马来到街上，虽然非常拥挤，但没有出现大的乱子。进城不久，先前来过的一个副官告诉我，留在战场上的法军的马车中，有一辆是奥诺雷-泰奥多尔-马克西姆·加赞将军夫人的。我是她是唯一认识的英国人，她相信我会施以援手，便多方打听我的下落。

得知消息后，我立刻前去帮助她。很难想象还有比现在更糟糕的情况了，但她并没有表现出太多负面情绪，也许是因为她对西班牙无感吧。马车疾驰，枪声逼近。在一片混乱中，一个猎击兵疾驰而来救援奥诺雷-泰奥多尔-马克西姆·加赞将军夫人。她的第一反应是要保护孩子的安全。于是，猎击兵答应好好看护孩子，然后带孩子走了，不久就消失在人群中。达里索将军受了伤，从战场上退了下来，骑马向奥诺雷-泰奥多尔-马克西姆·加赞将军夫人走来，跟她攀谈了几句。他想把她的马车拉出来，却没有成功。她一直待在马车里，直到被英国骑兵包围。被带回维多利亚后，奥诺雷-泰奥多尔-马克西姆·加赞将军夫人就到从前认识的两位西班牙小姐家里住下了。

奥诺雷-泰奥多尔-马克西姆·加赞将军夫人请求我到监狱看看，于是，我放走了她的仆人，然后把她留下的马车停放在安全的地方，竭力减少她对孩子安全的担忧，向她保证威灵顿公爵阿瑟·韦尔斯利一定会来的。然后，我找来一个警卫，在她的住处门口站岗，以防有人闯入，接着就告辞了。

1813年6月22日清晨，我陪奥诺雷-泰奥多尔-马克西姆·加赞将军夫人去了前一天马车被截获的地方。她还以为能找回一些东西。这些战利品是从安达卢西亚运来的，装了三辆马车，充实了阿拉瓦居民和反法联军的物资。田野上散落着地图、破碎的箱子及散了架的马车，很显然没必要运走了。于是，我们回到西班牙的维多利亚，沿着军队向萨尔瓦铁拉的路线继续前进。我很荣幸有机会报答奥诺雷-泰奥多尔-马克西姆·加赞将军的恩情，保护他夫人的安全，所以整个上午我都跟在她的马车附近，或者骑行在能看见马车的地方。威灵顿公爵阿瑟·韦尔斯利让我请奥诺雷-泰奥多尔-马克西姆·加赞将军夫人1813年6月22日和他共同进餐。到了这天，我陪同奥诺雷-泰奥多尔-马克西姆·加赞将军夫人来到营地。这是个令人愉快的夜晚，奥诺雷-泰奥多尔-马克西姆·加赞将军夫人受到了盛情款待。1813年6月23日早晨，奥诺雷-泰奥多尔-马克西姆·加赞将军夫人回到了丈夫和孩子身边。

从西班牙的维多利亚向萨尔瓦铁拉进军时，大家期望能像前一天一样大败法军，但没能实现。法军不知所踪，所有东西都不见了。法军逃得如此之快，以至于英军一枪都没来得及开。前进的反法联军并未看到法军一兵一卒，也就无法重复1813年6月21日大败法军的狂欢。

起初，威灵顿公爵阿瑟·韦尔斯利是直接紧随法军追击。他认为，在西班牙的维多利亚被打败的法军已不堪一击，所以派遣了一些轻装部队向龙塞斯瓦列斯进军。第三师、第四师和第七师的轻装部队与科洪·格兰特上校和威廉·庞森比上校的骑兵旅共同向图德拉的埃布罗进军，追击撤退的贝特朗·克劳塞尔将军。第五师、第六师和骑兵部队从另一条路线出发，以确保能俘虏他。但几经周折，身处险境的贝特朗·克劳塞尔将军还是成功逃脱了，这多少挽回了拉古萨公爵奥古斯特·马尔蒙元帅在萨拉曼卡战役后溃败的颜面。追击迅速撤退的法军看来是没有希望了。现在，在阿尔比费拉公爵路易-加布里埃尔·絮歇元帅的指挥下，法军加入加泰罗尼亚军队的道路已经畅通无阻。于是，威灵顿公爵阿瑟·韦尔斯利转向比利牛斯山脉，离开米兰达继续跟在撤退的法军后方，并在潘普洛纳附近建立了指挥部。

西班牙的维多利亚战役之后，法军在越过边界线之前，皮埃尔·卡桑将军和一些守备部队驻守在潘普洛纳坚固的堡垒里。反法联军一到，这座堡垒就被罗兰·希尔爵士率领的部队包围了。

托马斯·格雷厄姆爵士被派往巴约讷,目的是击退马克西米利安·塞巴斯蒂安·福伊将军的部队,迫使其撤出西班牙。于是,托马斯·格雷厄姆爵士找到了驻扎在托洛萨的马克西米利安·塞巴斯蒂安·福伊将军。为了确保顺利进攻,他精心策划,用大炮炸开了城门,强行打出一个通道。法军在黑夜的掩护下撤退,沿着比达索阿的路线继续前进,没有做任何抵抗。

1813年7月1日,潘科尔沃的圣恩格拉西娅堡垒向拉比斯瓦尔伯爵恩里克·奥唐奈率领的西班牙军队投降。除了潘普洛纳和圣塞巴斯蒂安的要塞,没

拉比斯瓦尔伯爵恩里克·奥唐奈

潘普洛纳

有一名法军士兵继续留在西班牙北部各省了。进入伊比利亚半岛执行征服任务的四十万法军将士现在只剩下人数锐减的阿尔比费拉公爵路易-加布里埃尔·絮歇元帅的军队和上面提到的两支驻军!

潘普洛纳,古代被称为庞培奥波利斯,由罗马共和国伟大的庞培建立,现在是一个广阔的城市,也是伊比利亚半岛上防守最严密的地方之一。潘普诺纳所处位置非常有利，不受任何邻近高地的影响。潘普洛纳的要塞建在最南端，从外面很难发觉，其护城墙与周围的平原海拔相同，所以能躲避大炮的攻击。由于要塞易守难攻，所以威灵顿公爵阿瑟·韦尔斯利准备围攻，但后来还是作罢，以包围为主。

第六师和第七师的达尔豪西勋爵乔治·拉姆齐率先被委以建堡垒的任务，环绕潘普洛纳的高地建造了九座堡垒，都距离城市约一千二百或一千五百码。古德芬少校负责监督这些工程。在西班牙的维多利亚缴获的一些法兰西野战炮被运送进堡垒以加强防御。

法军很可能重新行动，从而撤出驻守部队。因此，在前线集结整个英国军队显得极其重要。达尔豪西勋爵乔治·拉姆齐把围攻法军的重任交给了卡洛斯·德·埃斯帕尼亚将军——他的部队约有九千名西班牙士兵。

第 8 章

比利牛斯战役

我未获准随军而行,便离开罗兰·希尔爵士在奥尔卡扬的大本营。1813年7月2日,我前往马德里。我决定留在马德里,直到战争大臣通知我英国传来了一份俘虏交换条约,于是,我终于恢复了自由,不受限制了。

1813年7月2日晚,我来到纳瓦拉王国的一个小城市——塔法利亚。1813年7月3日,我渡过埃布罗河,在靠近佩拉尔塔人口稠密的辛特鲁埃尼戈小镇上过夜。埃布罗河右岸有一部分属于纳瓦拉王国,人口众多,耕地广阔。卡拉奥拉和阿尔法罗都有城墙环绕,两座城市从平原拔地而起,河流沿城流过,景色壮丽。我进入索里亚,然后途经塞尔韦拉,1813年7月4日经过格里达,在帕雷德斯停了下来。1813年7月5日早晨,我继续前进,穿过瓜达拉哈拉肥沃的平原。1813年7月7日,我来到了美丽的埃纳雷斯堡,傍晚抵达马德里。

就这样,我再次来到西班牙首都。1813年7月8日,里维拉·吉耶达公爵收留了我,让我体验了公爵夫妇接待英国人时的亲切和好客。自1812年反法联军撤离以来,尽管法军对此表示怀疑和厌恶,但里维拉·吉耶达公爵和夫人仍继续居住在马德里。在详细叙述冬天发生的一些事件时,有一件狂妄自大的事似乎令人最感兴趣。法军夺回马德里不久,约瑟夫·波拿巴的一个副官就在宫殿里住了下来。但约瑟夫·波拿巴随后宣布,手下的任何军官都不许住

奥兰治亲王威廉·弗雷德里克

在奥兰治亲王威廉·弗雷德里克曾经住过的地方！后来，这个副官不得不换地方。

维多利亚战役使舆论发生了很大变化。现在，约瑟夫·波拿巴想要回归是不现实的，因此，许多曾被流放到加的斯的贵族决定返回马德里。

曾被流放到加的斯的贵族回来了，越来越多的人来到里维拉·吉耶达公爵家中。这里逐渐热闹起来,每天都有一些有权势或有影响力的家族来到这里。马德里仍然需要梅迪纳塞利家族、阿尔塔米拉家族、奥苏纳家族或因凡塔多家族。年迈的奥苏纳公爵夫人和贝内文特公爵夫人留在加的斯,但她那富于进取心的女儿,美丽的圣克鲁斯侯爵夫人华金娜·特列斯·希龙则带着昔日的辉煌又回到了从前上流社会的生活。

圣克鲁斯侯爵夫人华金娜·特列斯·希龙

许多法军将士仍然潜伏在马德里，但由于战略失策成了散兵游勇，所以行动格外谨慎。

西班牙政府获悉北部发生的重大事件后，向威灵顿公爵阿瑟·韦尔斯利致以诚挚的感谢，授予他一个头衔——西班牙的维多利亚公爵，以格林纳达附近的美丽的索托德罗姆作为嘉奖。在受到西班牙波旁王朝格外垂青时，曼努埃尔·德戈多伊把西班牙最宝贵的两处地产据为己有。其中一处由皇帝拿破仑·波拿巴授予阿尔比费拉公爵路易-加布里埃尔·絮歇元帅，并以阿尔比费拉作为其公爵头衔。另一处现在被授予反法联军卓越的领袖威灵顿公爵阿瑟·韦尔斯利。

德意志方面暂停了对法敌对行动，使冲突暂时得到缓和。拿破仑·波拿巴虽然在俄罗斯损失惨重，但仍精神百倍继续作战。他惊人的军事天才和不服输的精神确实让人望而却步。虽然北方的雪灾对他打击不小，但他仍然率领法军取得了一次次胜利，让其他欧洲国家产生了从未有过的恐惧感。

拿破仑·波拿巴也曾休战：在取得辉煌战绩的意大利，在维也纳的城墙下，在占领腓特烈大帝的都城时，休战是他使对手蒙羞的前奏。虽然拿破仑·波拿巴也在遭受了各种不幸的损失后减弱了攻势，但吕岑战役和包岑战役的辉煌胜利，以及马伦戈战役、奥斯特利茨战役和耶拿战役的压倒性胜利使俄罗斯和普鲁士内阁疲于应战。法军渴望暂时休战，从而使人误解事态的真实情况，使人相信皇帝拿破仑·波拿巴在与这些国家缔结和平的前夕，将会再次把全部精力倾注在伊比利亚半岛战争中。在这种情况下，西班牙的维多利亚战役真可谓是及时雨：给皇帝拿破仑·波拿巴的哥哥约瑟夫·波拿巴送停战通知的信使再次见到皇帝拿破仑·波拿巴时，向他报告了在西班牙的法军已全军覆没，被赶出了西班牙，不再承认他至高无上的地位。如果再推迟一个月，埃布罗河上的法军就会有六万兵力增援，幸好反法联军及时大力推进，一举夺取胜利。

我们可以想象，当拿破仑·波拿巴在比利牛斯山脚下了解到事情的经过：

他的哥哥约瑟夫·波拿巴和将军们被赶出了西班牙，使军心动摇，只得在加斯科涅平原上寻找避难所。皇帝拿破仑·波拿巴听惯了来自伊比利亚半岛的胜利消息，但现在这些报告令他十分不满，打破了他对自己攻无不克的信心。很明显，法军正在进行的大面积撤退一定是出乎他意料的，也是灾难性的。然而，皇帝拿破仑·波拿巴并没有向不利的形势屈服，而是以一个天才军事家的敏锐反应发出号令，要求继续英勇作战，重新夺回维多利亚，激发将士的斗志。皇帝拿破仑·波拿巴从内陆调来增援部队。储备的大炮也已准备好战斗。

重新开始的反击行动由达尔马提亚公爵尼古拉·让·德迪厄·苏尔特元帅指挥，由奥诺雷-泰奥多尔-马克西姆·加赞将军重新担任参谋长。这支军队由雷埃尔伯爵、埃尔隆伯爵让-巴普蒂斯特·德鲁埃将军和贝特朗·克劳塞尔将军率领，由欧仁-卡西米尔·维拉特将军率领的预备队和三个骑兵师组成，分为三队，准备强攻山口，进军潘普洛纳。为了鼓舞士气，在指挥西班牙军队时，达尔马提亚公爵尼古拉·让·德迪厄·苏尔特元帅效仿拿破仑·波拿巴发表了一份宣言，可惜他缺乏拿破仑·波拿巴的影响力，所以宣言没什么明显的效果。当皇帝拿破仑·波拿巴在战鼓声中提醒大家注意他强调的话语时，士兵们知道他将履行率领法军走向胜利的诺言，因为他总是简明扼要地说出他的意图和期望的结果。而达尔马提亚公爵尼古拉·让·德迪厄·苏尔特元帅发表宣言时，就像一个普通人在向士兵们承诺一些自己根本做不到的事。

从1813年6月25日起，英军开始对潘普洛纳实行严密封锁。

1813年7月12日，威灵顿公爵阿瑟·韦尔斯利侦察了圣塞巴斯蒂安之后，下令围城。1813年7月13日晚，英军开始有条不紊地挖战壕。由约翰·奥斯瓦尔德将军指挥的第五师及由托马斯·布拉德福德将军和威尔逊将军组成的葡萄牙旅执行，由托马斯·格雷厄姆爵士指挥。

1813年7月17日，第一次重要行动是攻占圣巴托洛梅奥修道院，由第九团、三个苏格兰皇家连和一些葡萄牙步兵分遣队共同执行。

1813年7月23日，圣塞巴斯蒂安附近已经挖出两个突破口可供通行。附近

包岑战场上的拿破仑·波拿巴

马伦戈战役

奥地利军队在奥斯特利茨战役中战败，向拿破仑·波拿巴投降

耶拿战场上的拿破仑·波拿巴

的房屋也着火了，并且火势迅猛，于是，英军准备在此发动袭击。但因为后来出现了一些重要的情况，所以行动推迟到1813年7月25日。1813年7月25日5时，第五师集合起来准备从战壕出发。很快，一枚地雷爆炸了，摧毁了相当长一段外崖和斜堤，引起了守军短暂的骚动。在法军还没有恢复火力射击之前，反法联军已经到达缺口。但要走到被毁坏的城墙，必须经过一段非常难走的路：大块的岩石被海藻覆盖，阻挡了反法联军前进的脚步。两侧是相当高的炮塔，炮塔里火力十足，火药味刺鼻。反法联军历尽千难万险到达了缺口处，但炮弹和步枪猛烈射击，给反法联军造成了严重的损失。由于无法向前推进，反法联军乱作一团。面对麦肯齐·弗雷泽少校失守及指挥工程师约翰·托马斯·琼斯中尉被俘，反法联军放弃进攻，撤到了战壕，损失了约五百人。

许多伤员躺在城墙缺口的坡上，或者躺在缺口底部的岩石沙地上，无法动弹，暴露在法军持续的炮火之下。如果不是詹姆斯·斯图尔特上尉不惜暴露

英军围攻圣塞巴斯蒂安

自己，毅然决然地挺身而出，猛烈打击了法军，使其暂时偃旗息鼓，伤员们就不可能有足够的时间转移到战壕里，否则他们的处境就相当危险了。

围攻圣塞巴斯蒂安和封锁潘普洛纳的反法联军分队没有参与上述行动，被派去守卫比利牛斯山脉的关口。最右侧的罗兰·希尔爵士率领约翰·宾将军的英国步兵旅占领了龙塞斯瓦列斯峡谷的山口。巴勃罗·莫里略将军的军队与普林格尔将军的旅驻扎在巴斯坦山谷。阿马兰特伯爵的葡萄牙师和第二师乔治·汤曾德·沃克将军的旅在马亚山口附近扎营。

约翰·宾将军

劳里·科尔爵士和第四师一起驻扎在龙塞斯瓦列斯后方的维斯卡莱特,作为罗兰·希尔爵士的预备队。

在托马斯·皮克顿爵士的指挥下,第三师负责支援马亚山口的军队。

作为预备部队,第六师驻扎在圣埃斯特万。轻骑兵部队和第七师在维拉和埃舍拉尔。隆加将军的西班牙师与第一师保持联系。第一师与佩德罗·阿古斯丁·希龙将军的军队在通往巴约讷的河口处及其右边的高地上。

佩德罗·阿古斯丁·希龙将军

反法联军就这样占据了大片土地。其间有山有谷，在各个方向都难以接近，同时无法迅速取得联络——唯一的办法是穿过比利牛斯山。很明显，达尔马提亚公爵尼古拉·让·德迪厄·苏尔特元帅可以选择一条路线，指挥一支可以迅速集结的大部队进行抵抗，因为反法联军能在此地集结的人数与之相差甚远。从某种程度上讲，兵力就是取得胜利的保障。但从西班牙的地理状况和法军集中撤退的情况来看，法军不可能长期保持优势。

1813年7月25日，圣塞巴斯蒂安的失败让人铭记于心，这天也是达尔马提亚公爵尼古拉·让·德迪厄·苏尔特元帅开始对反法联军阵地采取行动的日子。他希望以此来解救潘普洛纳，并再次渗透到西班牙的维多利亚。达尔马提亚公爵尼古拉·让·德迪厄·苏尔特元帅在圣让彼德港集结了一支庞大的军队，登上比利牛斯山。天一亮，他就在龙塞斯瓦列斯山口大力攻打约翰·宾将军的旅。面对三、四万名法军，约翰·宾将军毫不畏惧地坚守阵地。达尔马提亚公爵

英军与法军在龙塞斯瓦列斯山口交战

尼古拉·让·德迪厄·苏尔特元帅即使竭尽全力也无法击退约翰·宾将军的英勇之师。数小时过去了，法军仍然久攻不下。其间，反法联军被俘步兵的数量达到了顶峰。

劳里·科尔爵士率第四师前去支援，有效地封锁通道，阻碍法军前进，坚持了九个小时。直到1813年7月25日下午晚些时候，达尔马提亚公爵尼古拉·让·德迪厄·苏尔特元帅才通过迂回战术，绕过了这块阵地。

1813年7月25日傍晚，埃尔隆伯爵让-巴普蒂斯特·德鲁埃将军率领两个向驻扎在马亚约阿斯的乔治·汤曾德·沃克将军和普林格尔将军率领的第二师的两个旅发起进攻。有段时间，法军悄悄向前推进，引发了一场非常严重的冲突。一天早晨，威廉·斯图尔特爵士一回来就去了龙塞斯瓦列斯。他向来英勇善战，不顾人数上的劣势，集结士兵多次向法军发起冲锋。在爱德华·巴恩斯将军的支援下，第二师与法军进行了长达七个小时的势均力敌的决战。在这次非常惨烈的战斗中，数支英军部队遭受了严重损失。第三十四团的芬威克上校、罗兰·希尔爵士和格兰特上尉均受重伤。卡梅伦上校、米切尔少校和麦克弗森少校及其他十六名第九十二团的军官也都负伤。罗兰·希尔爵士得知龙塞斯瓦列斯的情况后，便让伤员撤回伊鲁里塔。

1813年7月25日晚，威灵顿公爵阿瑟·韦尔斯利得知军队正在撤退，便立即下令停止进一步围剿圣塞巴斯蒂安，离开莱扎卡，然后集结各部队，因为只有这样才能有效地抵抗法军。有人认为，英军现在所处位置的中间和右边都受到了攻击，路上需要很长时间才能穿越高山和山谷。当时威灵顿公爵阿瑟·韦尔斯利一定非常焦急，但仍然保持一贯的镇定。直到1813年7月25日早晨，他的出现使集结在潘普洛纳高地不远处的瓦尔特附近的反法联军有了信心。

当威灵顿公爵阿瑟·韦尔斯利到达时，第三、第四师正在全力占领阵地。前面山上的法军迅速进攻了一个由第四师的一部分人防守的重要高地，但没有成功。在山顶上，三支反法联军部队各司其职。连续两天，英国第四十团、葡萄牙第四团及西班牙的埃尔普林西比营和普拉维亚营击退了法军多次进攻。

比利牛斯战役中的威灵顿公爵阿瑟·韦尔斯利

斯特普尔顿·科顿爵士和英国骑兵在瓦尔特右面，同时，法军也展示了雄厚的实力，但由于地势不利，双方没有发生冲突。

1813年7月28日上午，占领阵地时，反法联军第六师遭到法军进攻，丹尼斯·帕克将军受了重伤。这次，法军是从索洛伦村来的，绝非一次明智的行动。从反法联军的阵地可以看到，法军前方、侧翼和后方都受到了攻击，不仅被击退，而且损失惨重。

随后，勇敢的第四师在其占领的高地上遭到了法军的全面进攻。

1813年7月28日白天，唯一的反转是驻扎着第十葡萄牙步兵团的高地被法军占领。不过，埃尔隆伯爵让-巴普蒂斯特·德鲁埃将军的胜利是暂时的。威灵顿公爵阿瑟·韦尔斯利派第二十七团和第四十八团向法军发起冲锋，不仅把埃尔隆伯爵让-巴普蒂斯特·德鲁埃将军的部队赶下山头，而且用刺刀将其赶到高地的最左边。劳里·科尔爵士率领第四十团、第七团、第二十团和第二十三团，不断对高地发起进攻，出色地完成了任务，证明了英军过去赢得的声誉名不虚传。在比利牛斯山的竞争已胜券在握。反法联军的状况逐渐好转，新的部队也已整装待发。达尔马提亚公爵尼古拉·让·德迪厄·苏尔特元帅无论如何都实现不了自吹自擂的那些目标了。后来奉命保卫法兰西的势力范围时，他一定会为在山区作战中战死的英勇士兵而痛心疾首。

发现解救潘普洛纳无望后，达尔马提亚公爵尼古拉·让·德迪厄·苏尔特元帅决定改变作战路线。1813年7月28日晚，达尔马提亚公爵尼古拉·让·德迪厄·苏尔特元帅把大炮、伤兵和其他步兵送回圣彼德港。1813年7月30日，反法联军变成进攻者，涉水而过，穿过茂密的树林，强攻山顶。随着胜利的浪潮，反法联军以非凡的胆识和进取精神，从一个阵地打到另一个阵地，直到英军的旗帜重新飘扬在加斯科涅平原的宏伟建筑上。

如果达尔马提亚公爵尼古拉·让·德迪厄·苏尔特元帅没有自大地展开这些行动，如果他指挥部队保持一贯的保守作风，那么，他的失败也许不会受到严厉的批评。如果他能在战略部署上保持严谨的态度，那么即使失败了，也依

英军发起进攻

然会受到子孙后代的赞扬。但当他专横地想要纠正别人的错误,宣称自己言出必行时,虽然全军将士以无限忠诚的态度毫不迟疑支持他的军事策略,但比利牛斯山战役失败的结果证明,作为一个领导者,他根本无法与拿破仑·波拿巴相提并论。至于维多利亚战役的失败,尚且可以归咎于其他原因,而不全是当时的帝国指挥官无能。

战争的自然结果是两军都损失惨重,尤其是在一个多山的国家进行现代战争时,因为地势会给军队造成相当大的困难。由于攀登高峰是一件非常困难的事,所以登上顶峰必然会产生严重的损失。然而,未能占据高地的部队可能到最后也无法成功抵抗进攻。在比利牛斯山战役中,地理条件正是如此。虽然进攻方和防守方的结果有时是运气使然,但双方都可谓一流的军队。两军之间的每次冲突都被后来的描述者固执地赋予了血腥的色彩。

法军撤退时，爱德华·巴恩斯将军率领第七师表现格外出色。他的对手是一支非常强大的部队，驻扎在地势险峻的地方。爱德华·巴恩斯将军的胜利证明了他部队的英勇精神，同时反衬出法军部队反复受挫产生的沮丧情绪。

越过比利牛斯山的隘口，法军原路撤退。埃尔隆伯爵让-巴普蒂斯特·德鲁埃将军率军沿马亚撤退，奥诺雷·夏尔·米歇尔·约瑟夫·雷耶将军从龙塞斯瓦列斯撤退，贝特朗·克劳塞尔将军从埃斯特拉撤退。至此，达尔马提亚公爵

奥诺雷·夏尔·米歇尔·约瑟夫·雷耶将军

尼古拉·让·德迪厄·苏尔特元帅的军队中，再没有一名全副武装的士兵继续留在西班牙领土上。

莱扎卡再次成为英军的大本营。反法联军也几乎恢复了法军进攻之前的阵地。

反法联军驻扎在比利牛斯山的浪漫高地和美丽的山谷里，没有继续采取任何行动。由于最近一次的行动受挫，反法联军不可能再做任何新的尝试。在圣塞巴斯蒂安和潘普洛纳沦陷之前，反法联军也不可能提前采取任何行动。

一回到莱扎卡，威灵顿公爵阿瑟·韦尔斯利就下令继续围攻法军。由于比利牛斯山的局势不明朗，军械和补给品已在1813年8月5日装上船。运来加农炮和弹药后，重炮部队目前有一百一十七门大炮。毫无疑问，现在能确保迅速摧毁法军防御工事——工兵部队和炮兵部队都已准备就绪。

1813年8月24日，进攻又开始了。

圣塞巴斯蒂安坐落在在半岛的尽头，被比斯开湾汹涌的海水冲刷着。一个引人注目的圆锥形岩石高地——奥古洛山耸立其间。奥古洛山顶上矗立着拉摩塔堡。圣塞巴斯蒂安南部高地上的炮台保护了该地区主体的防御工事。在围城之前，圣塞巴斯蒂安人口众多，街道整齐，广场宽敞，房屋美观，人民安居乐业。

从圣塞巴斯蒂安到拉摩塔堡的主要道路从圣特雷莎修道院延伸到米拉多尔炮台。炮台位于山脊东端的岩石上。从米拉多尔炮台到海拔更高的德尔普林西比，几乎和德拉雷纳炮台在一条直线上。

圣特雷莎修道院、兵工厂和圣埃尔莫炮台占据了圣塞巴斯蒂安的北线，是其与拉摩塔堡最近的交通点。

圣塞巴斯蒂安东部的防御工事邻乌鲁米河而建，西部靠海，南部横跨地峡，范围约三百五十码，在其中心有一个棱堡，附近设有角堡与之呼应，中间有一道斜坡。通往伊比利亚半岛的各个防御工事朝东而建，周围有防御土墙，建在乌鲁米河右岸的沙丘里，各防御工事间的距离从五百码到一千码不等。

在圣塞巴斯蒂安地峡的南端，离斜坡几百码远的地方，耸立着圣巴尔托洛梅奥修道院。在圣巴尔托洛梅奥修道院后面，进攻法军左翼的部队已经开始行动，反法联军第五师的部队猛攻并占领了这个修道院。

离圣塞巴斯蒂安一百五十码的地方是圣马丁的郊区。斜坡向东延伸处坐落着圣卡塔利娜村，此时村庄已被摧毁。从前乌鲁米河上有一座桥就在圣卡塔利娜村，通往伦特里亚镇。

拉摩塔堡以东约一千码是圣克拉拉，海拔很高，自然很难接近。

1813年8月26日9时，炮兵连接到信号，齐发五十七枚炮弹，开始猛烈的炮击。士兵们精神百倍，持续命中目标，很快就将法军防御工事夷为平地。

1813年8月26日夜，卡梅伦上尉指挥第九团，协同亨德森船长率领工程师指挥一支步兵分队突袭并占领了圣克拉拉的岩石岛。

英勇的卡梅伦上尉顺利完成任务，他长期担任第九掷弹兵团团长，指挥这支精锐部队奋勇杀敌。

在此期间，英军顺利封锁潘普洛纳。我们必须高度赞扬完成封锁任务的工程师们，也要高度赞扬部队的工兵们，尽管法军方阵很近，但他们决不允许法军有任何突击行动，也决不允许其驻军和外界建立任何联系。

比利牛斯山战役在马德里引起了轩然大波。人们认为，在比利牛斯山作战的西班牙军队不仅杰出，而且值得称颂。从前那种仿佛灾难来临前的焦虑现在大大减轻了。维多利亚战役曾对法军在西班牙的势力造成沉重的打击。约瑟夫·波拿巴再也不会重返马德里了，毕竟法军一度大败被驱逐出境。因此，人们没有预料到法军会重获优势，再次渗透到这个国家的中心。

马德里逐渐恢复了原来的面貌：普拉多大街再次变得拥挤不堪；剧院人满为患——西班牙贵族的出现使歌剧再次大放异彩；斗牛竞技场使马德里的人们兴奋起来，似乎忘了战争仍在继续；宫殿都已准备就绪，准备迎接曼努埃尔·德戈多伊重新摄政——报告说他会从加的斯提前到达。

一封信使我从这些场面中回过神来，里面附有交换条约，称炮兵团的舍维尔上尉已被送到法军阵营。我终于能重新加入军队了。1813年8月27日,我离开马德里,再次穿越索莫谢拉山,1813年8月28日到达了布尔戈斯。1813年8月29日,我和米格尔·阿拉瓦将军同住在西班牙的维多利亚。1813年9月1日24时,我到达了圣塞巴斯蒂安。第四团的一些军官告诉我,这座城镇在前一天遭到了袭击。

1813年8月29日,詹姆斯·利思爵士重掌指挥权,负责指挥所有部队迅速展开行动。

1813年8月30日下午仔细侦察情况后,威灵顿公爵阿瑟·韦尔斯利下令1813年8月31日11时攻打圣塞巴斯蒂安。

1813年8月31日2时,英国工程师引爆了三枚地雷,彻底炸毁了朝西的海堤。工兵们立刻行动起来,不到10时就为部队开辟了一条开阔的通道。随后,士兵们纷纷从战壕中出来准备出发。

开始围攻圣塞巴斯蒂安时,托马斯·格雷厄姆爵士指挥部队奋不顾身地进攻拉摩塔堡。詹姆斯·利思爵士率领第五师向乌鲁米河左侧发起进攻。托马斯·格雷厄姆爵士进攻乌鲁米河左方的方向告诉了詹姆斯·利思爵士越过乌鲁米河,指挥炮兵连进攻乌鲁米河右侧。

除了那道大缺口,在相同的地方还多了一道较小的缺口,离圣埃尔莫堡垒更近。攻击准备同时进行。

1813年7月25日进攻失败了,引起了一些人的愤怒。于是,其他师的一些将士自愿组成一支队伍,来协助第五师,从而保证进攻的胜利。与其他师协同作战时,第五师的将士并未觉得丢面,也不嫉妒,因为所有人都热情高涨,准备好完成这项危险的任务,为军队争得荣誉。

1813年8月31日清晨,圣塞巴斯蒂安城里笼罩着一层浓雾,影响了英国炮兵的演习。约9时,视线才清晰起来,终于能让炮兵精确命中目标了。于是,炮兵开始连继续射击,士兵们则冲出战壕开始进攻。

1813年8月31日11时,第五师的先头部队从战壕里冲了出来。弗雷德里克·腓力斯·鲁滨孙将军的旅占据了重要位置,率先登上大缺口。在葡萄牙第五师的配合下,纵队向右方进攻较小的缺口。

从壕沟口到大缺口约有一百八十码,到另一端约有二百二十码。从退潮时的情况看,退潮时宽阔河滩上的航道畅通无阻。

法军想痛击前进的英军纵队,企图用堡垒上被炸下来的砖石切断通道,并且在堡垒左半部分掩蔽处的凸起处下埋了地雷。第一批反法联军刚一出现,就引爆了地雷。地雷炸塌了一堵巨大的墙,将经过的士兵埋在废墟里。幸运的是,由于地雷爆炸得过早,所以待反法联军大部队到达现场时,它们已失去了巨大的破坏性。

弗雷德里克·腓力斯·鲁滨孙将军的旅不受影响,毫不犹豫地向缺口挺进,不顾四面八方的火力,有条不紊地登上了大缺口的最高处。然而,这只是危险和困难的开始。除了角楼、横贯的城墙和正前方的拉摩塔堡里不断地传来火枪的射击声,德拉雷纳、德尔普林西比和米拉多尔的炮兵连发出的子弹和炮弹像暴风雨般倾泻而下。一些强攻的幸存者也许已经冒着枪林弹雨走到拉摩塔堡顶端,结果却发现,在大炮的轰击下,从拉摩塔堡进城比围城开始时要困难得多。

现在,第五师第二旅就站在圣塞巴斯蒂安的城楼上。城楼比城墙低十六英尺到三十英尺不等,内部由挡土墙加固守卫着圣塞巴斯蒂安城。为了增加进城的难度,靠墙而建的房屋都被拆除,只有一小部分被破坏了的隔墙与缺口背面相连,形成一条通道,帮助反法联军进城。正对着的环壁房屋与城墙相距不到四十码,从那里不断地发出枪炮的射击声。在这种情况下,想从突破口的正前方强行进入完全行不通,沿着两侧的掩蔽墙前进就成了进入此地唯一可行的办法。

第五师决定沿着缺口左边的城墙前进,却遇到了难以克服的困难:法军在垒道上建了几条横贯的小道,并且每条小道相隔很近,一次只能过一个人。垒道后面驻扎着法军掷弹兵。掷弹兵们躲避在大炮后面,将想要闯过通道的

英军攻打圣塞巴斯蒂安

勇士置于死地。除了这些几乎无法逾越的障碍,第五师的勇士们还暴露在四方的火海之中,不断地受到猛烈攻击,但仍勇敢地瞄准并且击中法军。

英军开拔之前,詹姆斯·利思爵士向理查德·弗莱彻上校咨询了指挥第五师进攻乌鲁米河左侧的最佳地形。理查德·弗莱彻上校建议他驻扎在壕沟前面的河滩上,因为河滩比进攻开始时法军炸开的角堡更接近缺口。理查德·弗莱彻上校陪同詹姆斯·利思爵士继续前进,全然不顾种种猛烈的炮火袭击。

法军向壕沟口猛烈射击。詹姆斯·利思爵士准备派一名副官前去清除阻塞通道的死尸,并且抬走垂死的伤员。

不一会儿,詹姆斯·利思爵士的胸部突然遭到严重的撞击,可能是被反弹下来的子弹击中,或者是被一块石头碎片击中。身边的军官们惊呆了,不知道该怎么办,都怕这伤害是致命的,好在詹姆斯·利思爵士很快就恢复了呼吸和意识。他坚决不同意参谋们提出的撤退计划,继续全力以赴,沉着冷静地发号施令。这次受伤使他虚弱得几乎站不起来,差点跌倒在地。弗雷德里克·腓力斯·鲁滨孙将军受了重伤,其率领的士兵有一半已经躺在缺口上。待到进城时,即使是没有阵亡的士兵也都身负重伤。

轻骑兵部队、第一师和第四师的特遣队英勇地捍卫了反法联军的荣誉,尽最大的努力寻找安全的地方扎营,但截至目前还未成功。法军遭受了相当大的损失,但没有第五师的损失惨重。

詹姆斯·利思爵士坚定地认为,与其他国家的军队相比,英军绝对无懈可击,而他的经历也证实了这个看法,所以即使是上面叙述的灾难性的袭击也不会使他动摇。在最坏的情况下,他仍然对最后的胜利充满信心,命令士兵从战壕中尽快发出支援,避免在已经被无数人覆盖的土地上拥挤混乱。此次战斗既艰苦又光荣。

进攻持续了两个小时,士兵们以最强的毅力继续攻城,尽管每分钟都有许多最勇敢的人阵亡。两小时后,城墙仍久攻不下,从壕沟口到缺口的整片地方布满了尸体及受重伤痛苦扭动的士兵。在这片废墟中心,既没有一个士兵退缩，也没有一个士兵投降。詹姆斯·利思爵士继续一马当先鼓舞士气，走过士兵身边时就留下鼓励的话语。士兵们又充满了力量，跨过阵亡士兵的尸体，冲向充满杀气的上坡路。长时间几乎一动不动地暴露在枪林弹雨中，詹姆斯·利思爵士不可能毫发无伤。指挥战壕里的士兵出来支援时，一颗炮弹在詹姆斯·利思爵士身边爆炸，撕裂了他的左手，同时把他的手臂撕成两半。这次重伤耗尽了他剩下的所有力气。就在詹姆斯·利思爵士快要倒下时，副官贝尔希斯上尉赶紧搀扶着他。不久，由于失血过多，詹姆斯·利思爵士昏迷了。当参谋把詹姆斯·利思爵士带离硝烟弥漫的战场时，他仍不愿离开战场。穿过战壕时，他遇到了第九团的将士们。他们正向前推进，准备参加进攻。士兵们认出了曾经鼓励过他们的詹姆斯·利思将军，见到此情此景，决心继续战斗，直到攻城胜利为止。托马斯·格雷厄姆爵士详细描述了这次攻城事件，对詹姆斯·利思爵士的壮举做了以下评价："詹姆斯·利思中将以久经考验的判断力和英勇无畏的意志力指挥进攻，直到胸部受了重伤，左臂断了，才勉强同意被抬离战场。"

斯诺德格拉斯少校率领一支葡萄牙部队越过乌鲁米河，在较小的缺口处与部队会合。由麦克宾上校指挥的另一支纵队也从右边的攻击点越过，进入阵中。

士兵们舍生忘死渡过乌鲁米河，秩序井然，可惜他们的增援并没有产生明显的有益效果。

每次尝试和努力都没能成功，并且新部队的加入使损失更大。人们看不到成功的希望，开始怀疑暴风行动是否能取得胜利。绝望之中，托马斯·格雷厄姆爵士和炮兵高级军官商量后，一致决定进行最后的尝试。他们把右方的全部大炮对准大缺口的左边，然后向反法联军头顶上的破砖石顶逼近。

但在目前的情况下，幸运的是还有援兵。提出这一措施展现了英军将领们的决心和自信；英国炮兵随即完美准确地执行命令，令人赞叹不已。

托马斯·格雷厄姆爵士得到了亚历山大·迪克森上校的帮助。在半岛战争初期，亚历山大·迪克森上校已经表现出杰出的军事才能，战争结束之前已身居高位。

部署完毕后，军官们立刻派出四十七门重型大炮从乔弗雷沙丘处——位于半棱堡缺口的上方——开火。效果很快显现出来：法军无法抵御如此猛烈的炮火，只好撤退，放弃先前攻占的重要阵地，其步兵团很快被击垮。

詹姆斯·利思爵士受伤后，第五师的指挥权移交给特威代尔勋爵乔治·海伊将军。虽然詹姆斯·利思爵士重返军队取代了约翰·奥斯瓦尔德将军，但他自

亚历山大·迪克森上校

英军进攻到圣塞巴斯蒂安城下

愿在进攻中提供协助,继续与詹姆斯·利思爵士一起暴露在法军火力下,并且在行动中也受了伤。

炮击从右边开始。约二十分钟后,大缺口左边的乔弗雷沙丘起火爆炸了。可能是炮弹爆炸引燃了一些可燃物。英军进攻之前,为了做好充分的物资准备,法军在横断面后方堆放了大量火枪、手榴弹和炮弹。火苗沿整堵墙蔓延,阻挡了英军的进攻,同时给法军制造了麻烦。特威代尔勋爵乔治·海伊将军敏捷地抓住了这个有利时机:在迈尔斯上校的指挥下,团长格雷维尔上校迅速前进到缺口的最高处。爱德华·巴恩斯上校率领的苏格兰皇家卫队很幸运地与第三十八团一起强行通过,抵达乔弗雷沙丘安营扎寨。在卡梅伦上校指挥下的第九团紧随其后。

最接近缺口的是一个装满泥土的大桶构成的护墙。大桶的一侧有一门黄铜大炮。靠近圣塞巴斯蒂安的大桶和矮护墙之间及大桶和大炮之间都封锁得

英军攻上圣塞巴斯蒂安城墙

严严实实。沿着乔弗雷沙丘的唯一通道靠近外墙,一次只能容纳一人通过。不过,特威代尔勋爵乔治·海伊将军率领的士兵还是成功地从狭窄的入口进入了圣塞巴斯蒂安城。然而,勇敢的圣塞巴斯蒂安守军重新冲锋陷阵,仍然竭力抵抗。一站稳脚跟,英军就开始向前推进,把法军从一处逼退到另一处,直到用刺刀把法军刺死在从城楼通往城里的台阶上。英军为来之不易的胜利欢欣鼓舞,急切地向前冲去。守军已经放弃角楼,从缺口前面的狭窄处撤退了。一些英军步兵从房屋的残片上顺势而下,急切地走上街头,追赶溃败的法军。

在此期间,葡萄牙的分遣队突破了较小的缺口。进攻乌鲁米河左侧在各方面都取得了阶段性胜利。这是一次孤注一掷的战斗,攻占圣塞巴斯蒂安的战斗结束时,最壮观的自然景观也随之而来:雷声隆隆——尘世间再响亮的声音与这雷声相比也变得微不足道了,闪电划过,大雨倾盆。虽然现在城墙已被拆除,但英军仍未完全攻下圣塞巴斯蒂安城——守军似乎决心坚持抵抗到底。

路易·埃曼努埃尔·雷伊将军下令在圣塞巴斯蒂安各个街道设置路障。他从被毁坏的房屋中取材，建造了一段石头屏障，并设大炮进行防守，形成了部分防线。他在石头屏障上凿了射击孔，让法军步兵预备队隐蔽其后。多次交战后，法军终于被赶出了圣塞巴斯蒂安。除了圣特蕾莎修道院，反法联军占领了整座城市。在圣特蕾莎修道院前，与法军卫戍部队作战时，勇敢的第九团遭受了严重的打击。在圣塞巴斯蒂安攻城战中，反法联军共俘获了六百七十名俘虏。

1813年8月31日15时，一场持续了四个小时的战斗结束了。各方都以非凡的勇气和毅力坚持到最后。在此期间，反法联军克服了可怕的重重障碍，法军驻军也坚决抵抗捍卫了自己的荣誉。

路易·埃曼努埃尔·雷伊将军

理查德·弗莱彻上校曾作为陆军总工程师指挥伊比利亚半岛战争期间的各种攻城行动,可惜他注定无法目睹圣塞巴斯蒂安战役的结束了。就在詹姆斯·利思爵士受伤前不久,理查德·弗莱彻上校在己方阵地附近被一颗毛瑟枪子弹刺穿了心脏。还有五名工程师军官在战斗中阵亡或负伤,其中罗兹上尉和科利尔上尉都死在了缺口附近。

在圣塞巴斯蒂安攻城战中,英军阵亡五百人,受伤一千五百人,可见法军火力有多猛。其中,第五团伤亡一千三百七十六人,近卫军伤亡九十九人,轻骑兵部队和第四团伤亡一百零五人,法属德意志团伤亡五十四人,葡萄牙部队伤亡三百六十六人。

英军在大缺口下发现了一个很大的矿井,里面装着一千二百磅火药。幸运的是,也许出于某种意外情况,法军并未引爆这些火药,否则每次进攻时,只要在火药的影响范围之内,一定会有数百人被炸到空中。

第五师将士为阵亡的第九团克劳福德上校、第三十八团韦格少校、第四十七团凯利少校和第五十九团斯科特少校举行了哀悼仪式。

第二十团的罗斯少校负责指挥第四特遣队,在小缺口附近受了重伤,从将近三十英尺高的地方坠落,当场丧命。

第五十二团的亨特上校在率领轻装师预备兵团前进的过程中受伤。弗雷德里克·腓力斯·鲁滨孙将军率领部队英勇奋进到达缺口的顶端,然后脸上受了重伤,不得不退出战场。

第九团的菲利普·卡梅伦上校和第四团的派珀上校也受了伤。

幸运的是,托马斯·格雷厄姆爵士决意开炮,扭转战局,最终反败为胜。约翰·托马斯·琼斯上校曾对圣塞巴斯蒂安攻城行动做如下详细描述:"在侦察堡楼时,我们发现高高的乔弗雷沙丘上的猛烈炮火虽然只持续了二十分钟,但已将法军打得只剩下两支枪了。许多炮口都被打掉了,炮兵们也成了残废。此外,石砌的护墙已经损坏得很厉害;射击孔已被打得残缺不全;垒道被打断,上面满是无头的尸体。大炮的轰击使整个前线变成一片废墟。"

如果这些牺牲只是动摇了法军部分防线，那么最初一定会有一些难以攻克的障碍吧？对圣塞巴斯蒂安英勇的法军守军来说，再多的溢美之词都并非言过其实。面对反法联军周密的安排和猛烈的进攻，法军卫戍部队在圣塞巴斯蒂安的城墙内英勇无畏地誓死抵抗。

反法联军刚占领圣塞巴斯蒂安，一场最激励的掠夺就开始了。这是野蛮的战争的必然结果：允许掠夺行为的原始动机是不言而喻的——通过提供个人致富的前景来刺激士兵们继续拼杀。这一定对某些唯利是图的雇佣军士兵产生了相当大的影响，并且可能对加速攻城也很重要。然而，在战壕里时，勤勤恳恳、纪律严明的英军并不需要物质刺激。面对残酷战争期间的危险和重重困难，士兵们是否愿意只为获胜后的掠夺财富而舍生忘死呢？我认为，即使巴达霍斯或圣塞巴斯蒂安没有什么战备资源，攻城的英军在进行光荣的战斗时也不会有任何松懈。我无法证明他们的进攻娴熟有序，但他们表现的勇气、毅力和不可征服的力量有目共睹。

像历史的历次战斗一样，圣塞巴斯蒂安攻城战胜利之后，这座城市已被夷为平地。许多地方着了火，随之而来的是各种破坏，而无法无天的士兵却沉浸在放纵之中，这让不幸的盟友城民们痛心疾首。

反法联军加入风暴行动的第一天，达尔马提亚公爵尼古拉·让·德迪厄·苏尔特元帅曾试图解救圣塞巴斯蒂安，虽然他在伊比利亚半岛上的成就引人注目，但这次并没有成功。他率领大部分军队经过比达索阿河，进攻弗雷雷将军指挥的西班牙师的阵地，后被击退。

英军从左右两侧支援西班牙部队，他们的阵地在非常有利的制高点上，顽强地抵抗了法军的进攻，经受住了法军的冲击。不过，法军也得到了增援，暂时出现了一些不确定因素。在这个关键时刻，威灵顿公爵阿瑟·韦尔斯利来到圣马西亚尔高地。他的出现恢复了士兵们的信心，鼓舞了部队的士气。在没有任何其他部队协助的情况下，英军在他的英明指挥下，把法军赶回了大本营。这是达尔马提亚公爵尼古拉·让·德迪厄·苏尔特元帅入侵西班牙领土时做出的最后一次努力——本来是西班牙部队与其单独交战的,没想到威灵顿公爵阿瑟·韦尔斯利竟然前来助阵。在漫长而多变的战争期间,贝伦和圣马西亚尔的胜利给西班牙兵团带来了崇高的荣誉。在一些中等规模的战役中,除了极个别例外情况,西班牙士兵遭遇的不幸主要是信心不足,加上散漫的纪律和可悲的暴政造成的。

  虽然圣塞巴斯蒂安已经沦陷,但从风暴行动中逃脱出来躲在拉摩塔堡里的法军守军似乎有意拖延投降的时间。虽然投降已是大势所趋,但法军坚持着英勇的防御精神,决定拖延到最后一刻,从而阻挠反法联军前进及胜利的进程。

  1813年9月1日,圣塞巴斯蒂安边境地区又恢复了平静。威灵顿公爵阿瑟·韦尔斯利到达战壕,决定采取措施,以便迅速削减拉摩塔堡的法军力量。

  炮兵连奉命进攻拉摩塔堡的防御工事。在迫击炮的不断射击下,法军迅速减少,败势已成必然。

  1813年9月2日早晨,为了了解圣塞巴斯蒂安城里的情况,我离开了詹姆斯·利思爵士的住处,沿着地峡,穿过战壕,一直走到詹姆斯·利思爵士受伤的地方。这里的景象给人留下了深刻的印象:整个缺口的上坡都是死尸,战争期间无法埋葬他们,因此,他们一丝不挂地躺在各自倒下的地方。尸横遍野,圣塞巴斯蒂安从未有过比这更可怕的屠杀场面。后面蒸腾起的烟雾中掺杂着烟灰,偶尔还能从雾气中分辨出高耸的拉摩塔堡。炮台不时发射炮弹,间或听到步枪射击的声音。最重要的是,其中可以分辨出英国迫击炮的轰鸣声。英军从右侧攻击,把炮弹投向岩石。由于遭到反复轰炸,岩石变得四分五裂,表面坑坑洼洼。

  我走上缺口,沿着乔弗雷沙丘往前走。墙上呈现出浩劫后残破的景象。燃烧的房屋发出的热量太大了,士兵们在大火中的呐喊声,给这座城市增加了新的伤痛。在战争史上,从来没有一次战役比圣塞巴斯蒂安城的毁灭更加彻底。圣塞巴斯蒂安的所有建筑相互连接,规划得很密,使大火越烧越大。屋顶塌了，残垣断壁哗啦啦地倒了，有时甚至堵住了街道。即使在正午时分，笼罩这片残垣断壁和荒凉景象的浓烟仍遮天蔽日。四周一片黑暗，让人叹为观止。

混乱之中，我从乔弗雷沙丘经过一段长长的楼梯走到外面，看见特威代尔勋爵乔治·海伊将军浑身被烟和灰尘熏黑。他一刻也没有休息，还在忙着恢复部队的秩序，徒劳地试图阻挡四面八方包围着他的无尽的火焰。

从地峡到圣塞巴斯蒂安入口的广场上竖立着一排长戟，明确地昭示着：虽然战争取得胜利，但要恢复秩序绝对难上加难。

圣特蕾莎修道院可以与法军直接联络，其下层被第九团的一支部队占领，上层由法军步兵占领。到达圣特蕾莎修道院朝东的主要入口，必须穿过一条直角转弯的街道——拉摩塔堡和防御墙后都向这条街道发射一排排子弹。为了有效地挡住射击手的视线，从而躲避火枪的射击，通向高处的街道已被匆忙地用木桶、床垫和尸体堵住了。傍晚时分，特威代尔勋爵乔治·海伊将军、詹姆斯·斯图尔特上尉和我走过了圣塞巴斯蒂安城里的几个地方，穿过广场，向广场的西北角走去。我们来到圣特蕾莎修道院里的第九团。詹姆斯·斯图尔特上尉向特威代尔勋爵乔治·海伊将军详细阐述了把法军从圣特蕾莎修道院的上层驱逐出去及压制驻扎在山坡上法军哨兵炮火的计划。随后，詹姆斯·斯图尔特上尉把特威代尔勋爵乔治·海伊将军领到舷墙附近，指出法军哨所的情况，讲述他攻击哨所的建议。一个距此不到五十码远的法军哨兵看见两个军官在侦察，便故意瞄准射击。子弹射中詹姆斯·斯图尔特上尉的左太阳穴，射穿了脑袋。昏迷了几分钟后，詹姆斯·斯图尔特上尉断气了。

托马斯·格雷厄姆爵士认为，路易·埃曼努埃尔·雷伊将军应该能得出一个结论：两军将士肯定都支持他投降，因为进一步的抵抗毫无意义。1813年9月3日下午早些时候，托马斯·格雷厄姆爵士高悬免战旗，并提议进行谈判。我们给了路易·埃曼努埃尔·雷伊将军几个小时的时间，让他能够慎重做出决定。考虑时间结束，迫击炮连的射击声宣告了敌对行动的大幕再一次拉开。大炮高耸，离乔弗雷沙丘有两英里远。詹姆斯·利思爵士所在地位置极佳，能清楚地看到下面一片狼藉。路易·埃曼努埃尔·雷伊将军继续顽固不化。炮弹接连不断地在天空中飞来飞去。周围一片黑暗，我们的视线也随着炮弹来来回回——它们并没有以应有的速度和动力穿过空气，而是庄严而缓慢地划过天际。

很明显，路易·埃曼努埃尔·雷伊将军不会投降了，打开了准备进攻拉摩塔堡的炮台。其中最引人注目的是，角堡几乎占据了整个垒道，可以容纳十七门二十四磅重炮。这个强大的炮兵连是由越过乌鲁米河的大炮武装起来的，准备向米拉多尔和德拉雷纳炮台开火。

对拉摩塔堡发动猛烈进攻已准备就绪。炮兵连将在1813年9月8日9时30分开炮。我和亚历山大·迪克森上校来到角垒。紧挨在二十四磅重炮后面，炮台里不断地发出震耳欲聋的声音，让我们都听不见其他炮台的声音了。环顾四周，烟柱从四面八方升起，灰尘和石头碎片从米拉多尔的砖石中飞出，体现了英国炮兵弹无虚发、压倒一切的威力。

法军显然对大炮的巨大威力感到震惊，在德拉雷纳炮台回击了几次，但见效甚微，便很快停止回击。每隔半个小时，我们就会满意地看到短时间内米拉多尔已被打得破败不堪。没有什么比角堡上的英军火力更精准、更持久了角堡上的英军弹无虚发，持续作战。

1813年9月8日13时左右，一面免战旗出现在米拉多炮台上，枪声停止了。法军卫戍部队的舍瓦利耶·松容上校及其参谋长不久就下了城，在圣塞巴斯蒂安会见了德·兰西上校、亚历山大·迪克森上校和布弗里上校——法军奉托马斯·格雷厄姆爵士之命代表反法联军前去谈判。1813年9月8日16时，英军占领米拉多和德尔格本那多炮台。

1813年9月9日早晨，法军卫戍部队倍感荣光地出发了。路易·埃曼努埃尔·雷伊将军拔出剑，迈着坚定的步伐走在队伍前头，由舍瓦利耶·松容上校及其参谋军官们陪同。路易·埃曼努埃尔·雷伊将军经过时，我们向他敬礼以示敬意。为了答谢英军将领的款待，路易·埃曼努埃尔·雷伊将军放下佩剑，率领

路易·埃曼努埃尔·雷伊将军率军投降

几支残余部队向斜堤进发,在那里卸下了武器。这支法军卫戍部队有充分的理由相信,他们是法兰西帝国的骄傲,因为他们已经履行职责,坚持不懈地进行了有力的防御。

圣塞巴斯蒂安的最后行动结束了。圣塞巴斯蒂安的堡垒并不属一流,但正如已经证明的那样,如果法军能巧妙部署,坚持战斗,那么这些堡垒也能够长期抵御下去。

圣塞巴斯蒂安守卫战消耗了法军七万发子弹,虽然败了,但不是因为法军防御不利,也不是因为法军卫戍部队胆小怕死,而是因为法军遭到了最威武的军队的袭击——换作欧洲的其他任何一个军队都无法在类似的情况下攻破圣塞巴斯蒂安。只有最坚定的毅力、最执着的勇气和对将军的绝对信任,才能使反法联军克服种种似乎难以逾越的困难。

在围攻圣塞巴斯蒂的过程中,有三千五百名反法联军将士伤亡。法军卫戍部队最初有三千四百人,但最后来到斜堤缴械的却只有五十七名军官和一千二百四十四名士兵。在长期艰苦的战争中,双方都为争夺塞巴斯蒂安付出了惨重的代价。

正如每次攻城战一样,反法联军在圣塞巴斯蒂安战役也损失了一些优秀的将士。在战场上,无论勇士或是懦夫,伤亡的概率是相等的。事实上,胆小的懦夫由于执行任务时行动迟缓而最有可能死亡,从而为对手提供时间。在围城中,最勇敢、最有活力和最有天赋的人,必然会奔向最危险的前线,也往往会受伤。

1813年9月9日晚,西班牙国旗在圣塞巴斯蒂安的断壁残垣上飘扬。一场持续了十天的大火并没有完全摧毁这座城市。国旗周围景色如画,美不胜收:郁郁葱葱的果园和大面积的橄榄树种植园使到处都变得生机勃勃,而破碎险峻的岩石高地也把壮丽的比利牛斯山点缀得更加生动。

在拉摩塔堡倒塌后的三个星期里,圣塞巴斯蒂安附近没有发生什么重要的事。1813年9月29日早晨,我告别詹姆斯·利思爵士,穿过乌鲁米河,来到丹尼斯·帕克将军身边,想看看这个充满浪漫气息的国家,然后再去看看那些通往法兰西帝国的路。丹尼斯·帕克将军伤愈后,决定与我同行,继续指挥驻扎在马亚的第六旅。我们决定沿途经莱萨卡的路线前进,1813年9月29日晚上在奥亚赞停留,通过前往巴约讷的大道,来到达托马斯·格雷厄姆爵士的大本营。从托马斯·格雷厄姆爵士的大本营到莱萨卡要经过一个相当大的山谷,然后到达哈亚山的山脚或夸特库隆内斯山的山脚。道路逐渐向上,蜿蜒穿过峡谷,越过被壮丽树木覆盖的高地。在这片荒凉而美丽的土地上,一个最偏僻的地方驻

艾尔默勋爵马修·惠特沃思－艾尔默

扎着艾尔默勋爵马修·惠特沃思-艾尔默的旅。部队的白色帐篷与栗树和冬青的深色树叶形成了强烈的对比,而士兵们都各自忙碌着,为这幅阴郁的景象增添了生气。

在莱萨卡,我们失望地得知,威灵顿公爵阿瑟·韦尔斯利已在前一天前往朗塞瓦尔峡谷视察阵地,便决心等他归来。我和阿奇博尔德·坎贝尔上校及其手下的军官参加了由奥兰治亲王威廉·弗雷德里克举办的各种宴会。这是我最后一次见到爱德华·帕克南将军,将士们都爱戴他、尊重他。在战场的硝烟和炮火中,他坚强勇敢;在战场之外,他温和善良。

在大本营待了三天后,1813年10月4日,我和丹尼斯·帕克将军到达了马亚。丹尼斯·帕克将军在通往法兰西帝国的山口正下方的山谷里扎营。离边境稍远一点的地方,丹尼斯·帕克将军营地右边的一个村子里驻扎着科尔维尔将军的部队及第六师的大本营。英军的另一个旅也在附近。

1813年10月6日，我骑马去了朗塞瓦尔峡谷，满怀敬意地拜访了风度翩翩又富有诗情画意的罗兰·希尔爵士。当时，他的大本营正驻扎在那里。

马亚山脚下有一座修道院。修道院周围是修士们的住所，形成了一片相当大的村落。修道院由政府建造，宽敞方便，可供旅客居住。通往法兰西帝国的道路上，风景大多宏伟壮丽。潘普洛纳方向却颇具温柔秀美的风情。柏格特平原植被丰富，都是珍贵的树种，一眼望去，绵延不断。太阳照亮了各种色彩，与朗塞瓦尔峡谷的暗淡形成鲜明对比。峡谷顶上是大片松树和其他树种，部分隐藏在雾气中，使原本高大的树木显得更加挺拔。

从朗塞瓦尔峡谷的修道院开始，道路逐渐攀升，直到阿尔托比斯卡山的顶峰。从顶峰向下走三里格就是圣彼德港。

从路的最高处可以看见壮丽的景色：右边是比利牛斯山绵延到哈卡山，包括南部山峰和其他一些引人注目的山峰。道路向左前方延伸到法兰西海岸，巴约讷点缀其间。远远望去，道路正前方是肥沃的加斯科涅平原。道路附近的山谷里有各种植被、瀑布、岩石，壮美的山景浑然天成。

1813年10月7日，威灵顿公爵阿瑟·韦尔斯利攻入法兰西帝国。第五师是第一批在拿破仑·波拿巴的"神圣领土"上空挥舞旗帜的英军。不管比达索阿河有多深，也不管对岸法军的火力有多猛，整齐的英军仍然坚定地渡过比达索阿河。在英军枪炮的掩护下，弗雷德里克·腓力斯·鲁滨孙将军率领部队步行过河，冒着法军的枪林弹雨，直冲到河中央，继续奋勇向前。在令人振奋的时刻，随着热烈的欢呼和乐队奏响的国歌，勇敢的士兵们踏上了这片"神圣"的领地。在拿破仑·波拿巴统治时期，这片土地还未曾有他国侵入。

法军挤满了防御阵地，曾三次试图阻止特威代尔勋爵乔治·海伊将军的旅继续前进，但特威代尔勋爵乔治·海伊将军都成功克敌。由于这是我最后一次亲历第五师的战斗，我不妨再谈谈第五师的事迹。像在伊比利亚半岛的任何一支英军部队一样，第五师也得到了充分的赞扬和肯定。无论是保卫布萨库高地，攀登巴达霍斯的城墙，还是在萨拉曼卡的胜利进攻；无论是在比利亚穆列

英军强渡比达索阿河

尔追击法军，在维多利亚强行渡过萨多拉河，在圣塞巴斯蒂安攻城略地，还是在法兰西帝国领地插上英国国旗，他们英勇的气概、奉献精神和铁的纪律都让人刮目相看。虽然这支部队已经解散多年，但其丰功伟绩早已铭刻在历史的丰碑上。每每回想起这些激动人心的情景，我都激动得难以自持。我对第五师的敬意与日俱增，并且为与该师英勇的士兵一起服役深感荣幸。我坚定地认为，正是因为有威灵顿公爵阿瑟·韦尔斯利这样的领袖，第五师的将士们才能充满信心，无往不胜。

比达索阿河沿法兰西帝国的边境绵延几里，发源于巴斯坦山谷，蜿蜒流入丰特阿比亚附近的海域。在比达索阿河右岸，托马斯·格雷厄姆爵士率领第一师、第五师及一些葡萄牙军队建立了一个据点，很少受到法军的骚扰。当反法联军的左翼在法兰西帝国发动进攻时，其中军和右翼却按兵不动。这也可说明在不同情况下，同一支军队在一条广泛的战线上的不同表现。据说，在托马斯·格雷厄姆爵士渡过比达索阿河的当天，罗兰·希尔爵士的军官们在柏格特平原上疾行。对河岸附近正在进行的战斗，罗兰·希尔爵士毫不知情，法军的任何行动都无法阻止他们前进。

维多利亚战役后，马克西米利安·塞巴斯蒂安·福伊将军的部队撤退时摧毁了巴约讷路上的伊伦大木桥。但反法联军在比达索阿河右岸扎营后，立即恢复了比达索阿河两岸的联络——部队带有一座浮桥。

达尔马提亚公爵尼古拉·让·德迪厄·苏尔特元帅驻扎在圣让-德吕兹，从比达索阿河岸到圣彼德港。威灵顿公爵阿瑟·韦尔斯利的大军部署如下：

第一师和第五师，连同艾尔默勋爵马修·惠特沃思-艾尔默旅、托马斯·布拉德福德和威尔逊将军的葡萄牙部队，以及佩德罗·阿古斯丁·希龙将军的西班牙部队驻扎在法兰西帝国境内，一直延伸到洛尼山脉。轻骑兵部队和第四师占据了维拉前面的高地。安达卢西亚后备军和第七师在法军右边，靠近埃舍拉尔。埃舍拉尔和马亚之间是第三师。第六师驻扎在阿里斯孔。约翰·汉密尔顿爵士率领的葡萄牙师作为后备。第二师的一个旅在阿尔迪德，其余部分和西班牙的巴勃罗·莫里略将军率领的部队在朗塞瓦尔峡谷。骑兵在军队后方，主要驻扎在埃布罗河谷。大本营从莱萨卡转移到维拉。

达尔马提亚公爵尼古拉·让·德迪厄·苏尔特元帅意识到，潘普洛纳沦陷后，敌对双方将立即展开行动。于是，他开始在讷韦尔沿线——从圣让-德吕兹经塞尔到艾恩霍高地，形成一个迂回营地，一直延伸到马亚山口东北方向的比利牛斯山脉的一个分支。在比达索阿河左岸，坚固的堡垒加强了拉珀蒂特如尼山的驻军力量。阿斯坎高地周围数不清的堡垒占据了河流的大部分通道，与艾恩霍的高地相邻，向东延伸，与法军最左边的堡垒连通，形成了坚固的防御链。

在令人生畏的法军阵地前，反法联军的第一师和第五师驻扎在比斯开湾岸边的安达耶。法军很有可能发起进攻，迫使反法联军从比达索阿河右岸撤退，因此，英军进一步加强了安达耶的野战工事，大批炮兵部队已做好充分的防御准备。1813年10月25日，我和查尔斯·菲茨罗伊勋爵从朗塞瓦尔峡谷回来，后从伊伦进入法兰西帝国境内，沿着宽阔的大路前进，一直到达英军阵地。在弗雷德里克·腓力斯·鲁滨孙将军的陪同下，我骑马向前线阵地出发，密切关注法军阵地的情况。我清楚地看到法军正在进行大规模整顿，以确保阵地坚不可摧。

1813年10月25日，皮埃尔·卡桑将军提出了交出潘普洛纳的条件——长期严密包围已使潘普洛纳陷入最后的绝境。反法联军意识到，在这种情况下，法军卫戍部队已是强弩之末，于是，决定拒绝皮埃尔·卡桑将军的提议。皮埃尔·卡桑将军坚持抵抗直到粮草耗尽。终于在1813年10月31日，他交出了潘普洛纳。在潘普洛纳，反法联军俘虏了一支四千人的守备部队，缴获了在垛口一字排开的二百门大炮。尽管潘普洛纳的防御工事完美无缺，但反法联军不费吹灰之力就取得了胜利。

就这样，法军在西班牙北部省份的最后一个据点被夺走了，可以说，伊比利亚半岛战争在这里合上了帷幕。

在威灵顿公爵阿瑟·韦尔斯利辉煌的战斗生涯中，我并不完全了解所有最重要的事件，所以无法总结出一篇完美的文章来讲清楚每个光辉成就之间的关系，让后人为他歌功颂德。但历史无法否认那些最值得纪念和最光荣的胜利。当他一次次获胜，声望与时俱增时，任何人都能感受到士兵们对这位伟大指挥官的全部热情。

对威灵顿公爵阿瑟·韦尔斯利一生中的种种事件，人们有许多不同的看法。他经历的大大小小的战争在不同程度上影响了许多欧洲人。矛盾的情感并不能抑制人们对他的钦佩，尽管有人认为因为他麾下的英勇之师，又或者是运气眷顾的偶然情况，威灵顿公爵阿瑟·韦尔斯利才能取得一次次的胜利。他军事生涯的种种事件与他人、军队和国家的形势密切相关，因此，可能有人会对他个人的功绩不加区分，但威灵顿公爵阿瑟·韦尔斯利采用的和平调停战术将永载史册。为了国泰民安，他不顾早期人们对他的错误印象，投身于舆论的斗争中，勇敢地消除了历史上最黑暗的污点，拨散了威胁英国人民自由的最可怕的阴云。他正义、充满智慧和正确的决策无可匹敌。历史不会否认，英国著名的军事领袖，大不列颠唯一能够以少胜多、坚定地战胜偏见、迷信和无知的人，其胜利在他头顶不朽的花冠上缀上了最高贵的花环，是他——威灵顿公爵阿瑟·韦尔斯利——使人民获得了真正的自由。

附录1　萨拉曼卡战役

拉古萨公爵奥古斯特·马尔蒙元帅向战争大臣的报告

1812年7月31日于图德拉

亨利·克拉克先生：

　　自从战役开始以来，由于与法军大部队通信中断，我无法向您连续讲述发生的事件。我的报告将从英国人开始行动的时间说起。我将向您详细介绍一下刚才发生的不幸事件，这完全出乎我们的意料。

　　1812年5月，我获悉英国军队将展开强大的攻势，便向国王约瑟夫·波拿巴报告了该情况，供其参考以进行适当的部署。我还把这个消息告诉了马里·弗朗索瓦·奥古斯特·德·卡法雷利将军，让他在必要时为我提供援助。

　　由于物资匮乏，部队集结时无法获得足够给养。尽管如此，我在萨拉曼卡仅有的八、九个营都已准备好几天后迎战英军。

　　1812年6月12日，英军经过阿格达。1812年6月14日早晨，我得到消息，随即命令部队集合。1812年6月16日，英军到达萨拉曼卡前方。

　　1812年6月16日晚到1812年6月17日，我撤离萨拉曼卡，但仍然在堡垒中留下了一支守备部队。建造这座堡垒时，大家非常卖力。现在它处于防御状态。我从萨拉曼卡继续向前走了六法里,然后集结了五个师。我将英军的前哨部队拦截下来,了解到对方下一步的行动计划。看来,英军似乎已经下定决心要在圣克里斯托瓦尔美丽的高地和坚固的阵地上开始围攻萨拉曼卡堡垒。其余部队都加入了我的部队。我虽然知道到处都是难以克服的障碍,但仍在萨拉曼卡城外六法里① 处迂回。把英军逼到另一个战场上,总比在其占绝对优势的地方开战好。此外,考虑到各种情况,我希望延长作战时间,因为我刚刚收到马里·弗朗索瓦·奥古斯特·卡法雷利·杜法尔加将军的一封信,得知他已集合部队准备来支援我。我再次率军来到萨拉曼卡。英军的围攻暂时停止。对峙持续几天后,英军再次开始围攻萨拉曼卡堡垒。

我离萨拉曼卡堡垒不远,通过约定的信号每天都能了解到那里的情况。1812年6月26日和1812年6月27日的报告称,萨拉曼卡堡垒还能坚持五天。于是,我决定经托尔梅斯河,在左岸采取行动。我严密把守阿尔瓦要塞,它为我开辟了一条渡河通道,开拓了一条新的作战路线,提供了一个重要的据点。1812年6月28日晚到1812年6月29日,我部署准备渡过托尔梅斯河。

1812年6月27日晚,火力更猛了。英军虽已疲惫不堪,但仍全然不顾,继续向堡垒发射炮弹。不幸的是,萨拉曼卡堡垒因存放了大量木材,不一会儿变成了一片火海。尽管勇敢的卫戍部队抵挡英军的进攻,但凶猛的火力摧毁了防御工事、弹药库和给养,使士兵们陷入最可怕的境地。1812年6月28日中午,光荣地击退了英军两次进攻,并使其损失了一千三百多人——两倍于法军的兵力之后,我们才不得不投降。

一方面,英军在托尔梅斯河以外的行动已没有更进一步的目的。另一方面,一切迹象表明,我现在应静待北方军的增援。因此,

---

① 法里,长度单位,1法里约等于4千米。——译者注

我决定重新接近杜罗河的军队，然后安全地渡河，以防英军进攻我们。杜罗河附近有一条绝佳的防线，于是，我们静待时机准备反击。

1812年6月28日，我率军在瓜雷尼亚河岸扎营，1812年6月29日来到特拉班霍。英军倾全军之力随后追击，并在萨帕迭尔河占据了一个阵地。1812年7月2日，英军经过了托德西利亚斯的杜罗河，于是，我选择将杜罗河作为我行动的中心。杜罗河防线严密——我在可能进入杜罗河的每条路线都详细地部署了防御措施。我确信法军能够击败英军的每次进攻，以防英军过河。

1812年7月3日，在我们渡过杜罗河的第二天，英军几次试图通过波略斯。对英军来说，波略斯是个非常有利的地方。不过，我布置的部队，加上几发炮弹，就足以使其立即放弃计划。

我一直期待能从北方军得到一些补给品，因为北方军曾多次向我庄严许诺此事，所以我继续努力试图增加军队的力量。我的骑兵数量远不如英军。除了在西班牙的战马，英国人有近五千匹马。此外，英军还与法属德意志团合并一处。而我军战马不超过两千匹，面对如此悬殊的兵力，怎样才能克敌？如何利用可能获得的优势？我只有一个办法来扩充我的骑兵部队，那就是征用平民的马去服役，或者征召那些无权配备战马的人的马。有些人养马的数量已超过规定，我也把他们的马征用了。我毫不犹豫地这样做是因为这关系到军队的切身利益，关系到行动的成败，所以我下令扣押那些马匹。后来，我又从安达卢西亚护卫队那里搜罗来许多马匹，并且评估了这些马的价值，依此付了征用款。这项措施执行得很顺利。在八天的时间里，部队增加了一千名骑兵。我重新集结骑兵，总共有三千多人。

与此同时，我仍然希望北方军能向我伸出援手，北方军似乎已经开始履行诺言，但我还没有看到任何效果。

葡萄牙军第八师占领了阿斯图里亚斯。莱昂省和贝尼芬特省驻军从驻地撤退,与其他军队完全隔绝了——没有任何补给品,与北方军也没有任何联系。一方面,本应从巴约讷来的特林卡多斯无法前往希洪;另一方面,北方军的指挥官虽然已正式答应派兵增援,却没有在底巴河上架起浮桥,设立岗哨。由于缺乏运输工具,撤退部队只能带很少的弹药——消耗完就没有供给了。部队据点的情况变得越来越危急——英军很可能顷刻间占领此地。这里孤立无援,仿佛完全与发生在卡斯蒂尔平原上的重大事件无关一般。

考虑到目前的形势,加上自身对西班牙的了解,让-皮埃尔-弗朗索瓦·博内将军认为撤离比前进困难得多。英军随时可能进攻,于是,让-皮埃尔-弗朗索瓦·博内将军决定撤离阿斯图里亚斯,并在雷诺萨驻扎。当知道法军葡萄牙军第八师正与英军针锋相对,一触即发时,他毫不犹豫地开始行动,并重新加入了战斗。

我知道此时增援对我的骑兵有多重要,可惜后来再没有听到关于北方军的任何正面消息。此外,我还听说了英军加利西亚军队的行军情况。过几天,我就得派一支部队去将其击退,这是我义不容辞的责任。虽然目前情况已经大大改善,但我仍非常担心贻误战机会导致形势进一步恶化,而这时英军正在逐渐占据优势。

因此,我决定重新夺回杜罗河。不过此次行动非常困难,需要极其谨慎,因为如果没有周密的策划,那么在随时准备应战的英军面前,我们是不可能重新夺回杜罗河的。1812年7月13日到1812年7月16日,我们进行了多次前进与撤退,以蒙蔽英军。我假装要经托罗转道而行,却在托德西利亚斯转道,并迅速前进。这一行动非常成功,使整个军队全部渡河,并向远处移动,其间未遭遇英军一兵一卒。

1812年7月17日,法军占领了纳瓦-德尔雷伊。正在全力进攻托罗的英军,只能迅速把两个师派到托雷西利亚的奥登,其他部队则从各地重新集结。"

1812年7月18日早晨，我们在托雷西利亚的奥登发现了这两个师。因为它们没有料到法军全员参战，还以为能平安无事地争取一些时间。然而，当看到我们向前进发时，英军就设法退到一个山脊上，俯瞰着我们前进的村庄。

彼时，我们已经离英军非常近了。如果我有一支比英军更强的骑兵，就能轻易消灭这两个师。尽管兵力相差悬殊，我们并没有停止对英军穷追猛打。在三小时的行军中，英军一直被我们的炮火压制。我下令从后方和侧面追击英军，令其难以招架。在众骑兵的掩护下，英军分散开来，想要重回瓜雷纳河。

到达瓜雷纳河谷的高地时，我们看到河左岸聚集了一支英军。瓜雷纳河谷地形非常崎岖，宽度中等。不知是因为天气太热，还是其他原因，英军大部分人都在山谷底部，离我们据守的高地只有半门大炮的距离。因此，我一到高地就立即下令部署四十门大炮排成一排，给英军造成重大伤亡，并击退了英军。部队分两列行进，由贝特朗·克劳塞尔将军指挥的右路纵队离左路纵队有一段距离。贝特朗·克劳塞尔将军到达时，其麾下兵力已不足，但仍然以为自己能够攻占瓜雷纳河左岸的两个高地作为掩护。然而，由于这次进攻兵力匮乏，贝特朗·克劳塞尔将军的部队无法形成阵势。英军觉察到这一点，就向他的先头部队进攻，迫使其后撤。这次短兵相接中，我们遭受了一些损失。尽管支援步兵的龙骑兵师向英国骑兵发起猛烈冲锋，但卡里耶将军在离第十三团稍远的地方被俘。

1812年7月19日整晚，部队都坚守阵地，1812年7月20日一整天仍是如此。历经1812年7月18日的极度高温和极度疲劳后，士兵们也该休整一下，等待掉队的队伍重新会合。

1812年7月19日16时，受了重创的左路纵队又重新拿起武器，向瓜雷纳河上游进发，集结在奥尔莫。我希望能同时给英军造成威胁，便继续率军向瓜雷纳河上游推进，以便顺利渡河。如果英军大举进攻瓜雷纳河上游，我们就能迅速占领其阵地。英军在后紧紧跟随。

1812年7月20日，天还没亮，部队就开始向瓜雷纳河进发。先头部队迅速渡河，河的那一段很浅，河岸边是一片广阔的平原，一直延伸到萨拉曼卡附近。英军也试图占领瓜雷纳河上游，但没有成功，接着又企图沿一条平行的高地前进。该高地与英军刚刚离开的阵地相连，所以如果我发起进攻，这里处处都能给英军提供阵地。于是，两军只好尽可能迅速地平行前进，始终保持部队间的联络，以便随时战斗。英军想先于我们到达达坎塔皮诺斯，就派了一列纵队进攻那里，但没有得逞。因为我派往达坎塔皮诺斯的轻骑兵和先头部队第八师行进迅速，所以英军不得不放弃抢先计划。此外，从另一个平原延伸过来的一条路离我们太近了，位置正合适。我们可以用几门大炮控制此处，这让英军很恼火。英军大部分部队不得不冒着炮火前进，其余的人则必须重新翻越群山以避开炮火的袭击。最后，我派龙骑兵进攻英军阵地。我们的骑兵数量如果能再增加一些，就有机会俘虏英军三千名掉队的骑兵了。为了阻止我们追击，英军步兵拼死抵抗，运走了伤员。尽管如此，我们仍俘虏了三百多人，缴获了一些物资。晚上，我们在鲁维奥村的高地安营扎寨，在托梅斯地区驻扎下来。英军则到达圣克里斯托瓦尔。

1812年7月21日，我得知英军没有控制阿尔瓦的托尔梅斯河，便派一支部队驻扎在那里。当天，我分两队过河，沿着树林的边缘前进，在阿尔瓦的托尔梅斯河和萨拉曼卡之间扎营。朝这个方向走的目的是向左继续前进，以便把英军赶出萨拉曼卡，争取更大的作战优势。我决定加强防御，从而使英军束手无策。总之，我要尽可能地接近英军，利用其可能犯的一次错误，对其迎头痛击。

1812年7月22日早晨，我到卡尔巴拉卡的阿巴约高地上去侦察英军。我发现有一个师刚刚到达，其他部队也正在向相同的方向集结。两军的观察哨各开了几枪，很明显，英军打算占领离自己后方一里格远的特赫雷斯的阵地，在离萨拉曼卡有1.5里格远的特赫雷斯，英军聚集了大批部队。而且，如果法军集结一处，那么在特赫雷斯的行动可能会很困难。我下令所有部队做好准备，根据情况采取行动。

我们和英军之间有一些孤立的据点，即阿拉皮莱斯高地。我命令让-皮埃尔-弗朗索瓦·博内将军攻打其中一个的据点。他率部迅速而轻松地完成了任务。英军下令守护阵地，但被我们控制在二百五十英里以外的地方。如果法军左翼与英军开战，这里就能作为右翼的据点。第一师奉命占领并保卫卡尔巴拉卡的山脊。该山脊四周是一个又大又深的峡谷。第三师在后方负责支援第一师，而第二师、第四师、第五师和第六师都在树林的最前面，即阿拉皮莱斯据点后方，可以同时向各方出击。第七师占据了树林的左前方，那里地势极不平坦，很难进入，我排好了二十门大炮。轻骑兵被派去清剿英军左翼，并在第七师前面就位。龙骑兵留在了军队右边的第二排。这就是1812年7月22日中午的作战部署情况。

英军与法军平行相对，其右翼向特赫雷斯山靠近，而英军撤退时总会在那里设立据点。

在炮兵占领的卡尔巴拉卡山脊前面，有另一个宽大的山脊便于防御，对英军的行动有更直接的影响。有了这种有利地势，傍晚时分我就可以设法利用英军在塔马梅斯的通道发起进攻。虽然英军把守严密，几乎无法靠近，但我们必须完成使命占领这里，因为英军已经巩固其核心部队，可以集结进而展开攻击。

因此，我命令第五师在卡尔巴拉卡山脊右侧，对抗来自阿拉皮莱斯的火力；第七师负责支援第五师；第二师作为后备部队支援第七师；第六师负责占领树林顶端的山脊，那里还有大量大炮。我给让-

皮埃尔-弗朗索瓦·博内将军下达了同样的命令，命令第一百二十二团占领卡尔巴拉卡山脊和阿拉皮莱斯之间的一个据点，该据点直通阿拉皮莱斯村的入口。最后，我命令龙骑兵司令皮埃尔·弗朗索瓦·格扎维埃·布瓦耶将军派一个团进攻马克西米利安·塞巴斯蒂安·福伊将军的右翼，另外三个团来到树林前面第二团的侧翼。这样一来，万一英军进攻卡尔巴拉卡山脊，法军就可以从山脊右侧进攻，而轻骑兵则可以从左侧进攻。

遗憾的是，这次行动大部分都未能有序执行。接到命令后，第五师向左翼前进。奉命支援的第七师向阵地挺进，而第二师仍然留在后方。我很清楚这些违背命令的行动可能造成什么后果，决定当场自行补救。补救是件很容易的事，因为英军还没有采取任何行动。与此同时，我接到报告说，英军已经有新的部队从其左翼行进到右翼。我命令第三师和第四师沿着树林边缘前进，以便在需要时部署兵力。1812年7月22日16时30分，我来到卡尔巴拉卡山脊上，遭到了很多人的反对。就在这时，一颗炮弹打中了我，打断了我的右臂。因此，我再也不能指挥法军作战了。

我本来要把宝贵的时间用在整顿左翼的部署上，但毫无成效。指挥官的缺位造成了群龙无首，引发一阵混乱。时间在流逝，英军却没有采取任何行动。最后，1812年7月22日17时，英军认为此时形势有利，便猛攻法军兵力不足的左翼。左翼几个师击退了英军，但自己也乱了阵脚，因为它们没有协调统一的行动，缺乏有效战术。我派来支援的后备师后来也加入了战斗。

每位将军都做出了极大的努力，尽其所能顾全大局，结果却顾此失彼，难以挽回大局。炮兵英勇进攻，捍卫了法军的荣誉，使英军遭受巨大损失。勇敢的第一百二十团负责守卫据点。炮兵被击退后，三百多人当场阵亡。从山脊撤退到树林边缘后，英军又展开新的攻击。马克西米利安·塞巴斯蒂安·福伊追击法军炮兵团。炮兵团奋力还击，打退了英军。我们应该把最崇高的赞美献给这支炮兵团的将士们。从这时起，法军向阿尔瓦的托尔梅斯撤退，没有受到英军的袭击。我们损失了约六千人。

由于没有拆卸，大炮是无法运走的，于是，法军放弃了九门大炮。所有其余的行李、炮兵物资及所有属于军队的物资都被运走了。

尊敬的战争大臣，我很难向你表达我断臂时的心绪起伏。我多么希望那天受到的是致命伤，一命呜呼便不用再忍受分离。我离不开我的军队！我深知这件事情的重要性，也深知在两军随时都会开战时，总指挥是多么重要。

1812年7月23日，军队从阿尔瓦托尔梅斯河撤退，在佩内兰达向杜罗河方向前进。英军的全部骑兵集结起来袭击我军的侧翼卫队。这支卫队由第一师的骑兵组成，后撤并排成方阵抵抗英军。其中一路被打垮了，其他几路仍在坚持抵抗，尤其是第六十九师的骑兵用刺刀杀死了两百匹英军的战马。从那以后，英军再没有对我们发起任何进攻。

贝特朗·克劳塞尔将军负责指挥侧翼卫队进行此次抵抗。我将前往布尔戈斯好好休息，接受照顾，从严重创伤中恢复过来。伤口使我痛苦，而我的伤对军队的可怕影响更令我饱受折磨。

将军们英勇作战的勇气及在困难情况下做出的周密部署，都远非我语言能够充分说明。我特别要提一下让-皮埃尔-弗朗索瓦·博内将军。他已在军中久负盛名，受人爱戴。我还应该提到指挥第六师的埃卢瓦·夏尔马涅·托潘将军。贝特朗·克劳塞尔将军虽然受了伤，但并没有退出战场，最后表现出了非凡的勇气。炮兵的将军们非常出色。虽然我们遭遇了不幸，但卓越的军官们值得铭记。我要记下他们的姓名，并请求皇帝奖赏这些勇士们。我还必须要提到第一百一十八团勇敢的副中尉吉耶莫。他跳上英军阵地砍下了拿旗人的胳膊，夺取了旗帜，尽管受了严重的枪伤，但仍坚持把旗帜带了回来。

我们为失去了以下英雄而无比遗憾：死于枪伤的师长克洛德·弗朗索瓦·弗雷将军、战死沙场的让-纪尧姆-巴泰勒米·特雷莫利埃将军、负伤的让-皮埃尔-弗朗索瓦·博内将军、贝特朗·克劳塞尔将军及旅长梅内将军。

请您接受我的崇高敬意。

拉古萨公爵奥古斯特·马尔蒙元帅

附录2　尼古拉·让·德迪厄·苏尔特元帅公告

士兵们：

由于最近发生的战事，1813年7月1日，皇帝陛下发布诏书，授予我西班牙军队的指挥权，并授予我"皇帝的中尉"头衔。这崇高的荣誉使我万分感激、满怀喜悦。在陛下看来，西班牙发生的一连串事情使他有必要做出这样的任命。

士兵们，你们都知道，因为在欧洲大陆战无不胜的法军激起了俄罗斯人的敌意，所以今春反法联军在德意志集结了众多部队。为此，你们的许多战友都被召回。皇帝亲自接过了指挥权。在他伟大军事才能的指挥下，法军取得了一连串辉煌大捷，堪比任何载入史册的胜利。反法联军的野心破灭了，提出了和解的建议。皇帝总是考虑臣民的安危，于是召开了调停会议，听取敌人的建议。

然而，伊比利亚半岛上的反法联军打着让这里的人民安居乐业的幌子肆意妄为。实际上，这会毁了这里的人民。反法联军将半岛上所有部队——英国人的部队、西班牙人的部队和葡萄牙人的部队——都集结在最有经验的将军麾下，凭借人数上的优势，以三个师的兵力紧逼驻扎在杜罗河的法军。我们的士兵对自己的指挥官很有信心。因为前线和后方都有坚固的堡垒，指挥官可以选择最佳地点，勇敢地应对混乱的战局。但不幸的是，在关键时期，人们听从了胆小怕事、优柔寡断的劝告，堡垒被遗弃和炸毁，仓促而混乱的行军让反法联军气焰更盛。在西班牙每个省战斗、流血和取得胜利的军队经验丰富，其人数虽少，但拥有坚定的信念。当看到军队荣誉受损，将士们感到愤怒，但又不得不放弃所有的战利品——那是身经百战、流血牺牲换来的。

当将士们愤怒的声音终于制止了可耻的溃逃，指挥官羞愧难当，只得顺从大家的意愿，决定在西班牙的维多利亚附近打一仗。如果指挥官能配得上英勇的士兵们慷慨的热情和强烈的荣誉感，结果又会如何？简而言之，如果他能部署好部队，使部队之间互相支援配合，结果又会如何？

我们也应当给予反法联军应有的赞美：其将军的部署和安排是迅速、巧妙和连续的，其部队的英勇和坚定是值得赞扬的。不过，不要忘记，是因为向你们学习，敌人才有了现在的巧妙部署。如果我军将士能出色地履行职责，那么敌人除了逃跑又能如何！

士兵们！你们的悲痛，你们的哀伤，你们的愤怒，我都感同身受。我知道，军队目前的处境是别人造成的，但你们有能力扭转一切，我已经向皇帝证明了你们的勇敢和热情。他命令我们把敌人从高山上赶走，然后在埃布罗河上追击他们，让皇帝能自豪地勘察肥沃的山谷。我们必须在西班牙扎起营地，并从这里获取资源。你们只要足够勇敢，乐于奉献，就没有克服不了的困难。那么，让我们用热情勉励自己吧！请相信，对于拥有一颗慈父之心的皇帝来说，这些就是他最大的幸福：辉煌的胜利、日增的荣耀及为法兰西帝国无上荣光艰苦奋斗的精神。

为解要塞之围，大规模联合行动即将展开，几天内就要完成这些使命。让我们的胜利之战从西班牙的维多利亚开始，让我们在维多利亚庆祝陛下尊贵皇权的新生！让我们将这个难忘的时代永载史册！

译名对照表

Abechuco	阿贝丘科村
Abenojar	阿韦诺哈
Abrantes	阿布兰特什
Aguda	阿古达村
Agueda	阿格达
Ainhoa	艾恩霍高地
Airis	埃里斯村
Alameda	阿拉米达
Alan Cameron	艾伦·卡梅伦
Alava	阿拉瓦
Alba	阿尔瓦
Alberche	阿尔贝切河
Albert Dürer	阿尔布雷特·杜勒
Albicore	"金枪鱼"号
Alcalá de Henares	埃纳雷斯堡
Alcanhede	阿尔坎赫德
Alcantara	阿尔坎塔拉
Alcazar	阿尔卡萨宫
Alcobaca	阿尔科巴萨
Alcobendas	阿尔科文达斯
Alcoentre	阿尔科恩特雷
Alcuntrinha	阿尔昆特林哈
Aldea Gallega	加尔勒加村

Aldea Lengua	伦瓜村
Aldea Rubio	鲁维奥村
Aldea Seca	塞卡村
Aldegula	阿尔德古拉
Aldudes	阿尔迪德
Alenquer	阿伦克尔
Alentejo	阿连特茹
Alexander Campbell	亚历山大·坎贝尔
Alexander Dickson	亚历山大·迪克森
Alexander I	亚历山大一世
Alexander Mackenzie	亚历山大·麦肯齐
Alfaro	阿尔法罗
Alhandra	阿良德拉
Alias	阿利亚斯
Aliseda	阿利塞达路
Aljubarrota	阿尔茹巴罗塔
Aljucén	阿尔胡森河
Almada	阿尔马达
Almagro	阿尔马格罗
Almanza	阿尔曼萨
Almanzor	阿尔曼索尔
Almaraz	阿尔马拉斯
Almarez	阿尔马雷斯
Almeida	阿尔梅达
Almendralejo	阿尔门德拉莱霍
Almonacid	阿尔莫纳西
Alpedrinha	阿尔佩德里尼亚
Alphonso VI	阿方索六世
Alta	阿尔塔
Altamira	阿尔塔米拉
Altamiras	阿尔塔米拉家族
Altobiscar	阿尔托比斯卡山

Alverca	阿尔韦
Anchuras	安楚拉
Andalusia	安达卢西亚
Andaye	安达耶
André Masséna	安德烈·马塞纳
Andrea del Sarto	安德烈·德尔·萨托
Andrea Sachi	安德烈安·萨基
Andrew Leith Hay	安德鲁·利思·海伊
Angulo	安古洛村
Anne-François-Charles Trelliard	阿内-弗朗索瓦-夏尔·格里利亚
Annibal Caracci	阿尼巴尔·卡拉齐
Anthony Mackenzie	安东尼·麦肯齐
Anthony Vandyke Copley Fielding	安东尼·范戴克·科普利·菲尔丁
Antoine Louis Popon de Maucune	安东尼·路易·波旁·德·莫屈
Anton Raphael Meng	安东·拉斐尔·门斯
Antonio da Correggio	安东尼奥·达·柯勒乔
Aranda	阿兰达
Aranjuez	阿兰胡埃斯
Arenas	阿雷纳斯
Arévalo	阿雷瓦洛
Arganda	阿尔甘达
Ariales	阿瑞尔斯
Ariñez	阿里涅兹
Ariscoon	阿里斯孔
Arlanzón	阿尔兰松
Armand Philippon	阿曼德·菲利蓬
Arronches	阿龙希什
Arroyo del Puerco	阿罗约德尔普埃科
Arruda	阿鲁达
Arthur Wellesley	阿瑟·韦尔斯利
Ascain	阿斯坎高地
Astorga	阿斯托尔加

Asturias	阿斯图里亚斯
Asturica Augusta	阿斯图里卡·奥古斯塔
Atalaya	阿塔拉亚
Ataulfo	阿陶尔福
Atkins	阿特金斯
Augustine Friars	奥古斯丁修士团
Austerlitz	奥斯特利茨
Aveiro de Baxo and De Cima	阿韦罗德巴克斯村和德西马村
Avilans do Cima	阿维兰多西马
Azambuja	阿赞布雅
Azanza	阿赞扎
Babilafuente	巴维拉丰特
Badajos	巴达霍斯
Balbastro	巴尔巴斯特罗
Baltanás	巴尔塔纳斯
Barca de Conselha	巴尔卡德孔塞略
Barcelona	巴塞罗那
Barfleur	"巴夫勒尔"号
Bargas	巴尔加斯
Baron Almendarez	阿尔门达雷斯男爵
Bastions of La Trinidad and San Pedro	拉特立尼达和圣·佩德罗堡垒
Battle of Bailén	贝伦战役
Battle of Borodino	波罗底诺战役
Battle of Erfurt	埃尔福特战役
Battle of Malo-Yaroslawetz	马洛–亚罗斯拉韦茨战役
Battle of Medina de Ríoseco	里奥塞科战役
Battle of Wagram	瓦格拉姆战役
Bautzen	包岑
Bayonne	巴约讷
Bazagona	巴扎戈纳
Beira	贝拉
Bembibre	本比夫雷

Benevente	贝内文特
Benjamin D'Urban	本杰明·杜尔班
Bernardino Fernández de Velasco	贝尔纳迪诺·费尔南德斯·德·贝拉斯科
Bertrand Clausel	贝特朗·克劳塞尔
Betanzos	贝坦索斯
Bidassoa	比达索阿
Bierzo	别尔索镇
Bilbao	毕尔巴鄂
Biscay	比斯开
Blascho Sancho	布拉斯乔·桑乔
Boa Vista	博阿维斯塔
Bocacara	博卡卡拉
Bonillos	博尼略
Bourbon family	波旁家族
Bowes	鲍伊斯
Breviesca	布雷维斯卡
Bridge of Castro Gonzalo	卡斯特罗贡萨洛桥
Bridge of Tordesillas	托德西利亚斯桥
Briviesca	布里维耶斯卡
Brozas	布罗萨斯
Brunswick Oels	不伦瑞克·奥尔斯
Buçaco	布萨库
BucellasBucelas	布塞拉什
Buiza	布伊萨
Burgos	布尔戈斯
Burguete	柏格特平原
Cabaços	卡巴索斯
Cabeça de Montachique	卡贝萨德蒙塔希克
Cabezón	卡韦松
Cabinet of Natural History	自然历史陈列馆
Cabrerizos	卡布里利佐斯
Cabrillas	卡夫里利亚斯

Cacabelos	卡卡韦洛斯
Cáceres	卡塞雷斯
Cadiz	加的斯
Calahorra	卡拉奥拉
Calatrava	卡拉特拉瓦
Calavassos	卡拉瓦索斯
Calbaraca	卡尔巴拉卡
Calcabelos	卡尔卡贝洛斯
Caldas	卡尔达斯
Calhandriz	卡尔汉德里兹
Calle Alcalá	阿尔卡拉大街
Calle de Atocha	阿托查街
Calle Mayor	马约尔大街
Called Los Caños del Pera	洛斯·卡尼奥斯·德尔佩拉尔
Calvarassa de Ariba	卡尔瓦拉萨德阿里巴
Camino Real	卡米诺雷亚尔大道
Camino-real	卡米诺－雷亚尔
Campo d'Ourique	坎普德欧里基
Campo Henestrosa	坎波·埃内斯特罗萨
Campo Mayor	坎普马约尔
Canizal	卡尼萨尔
Cantalpinos	坎塔皮诺斯
Cantaracilla	坎塔拉西利亚
Cape Mayor	马约尔角
Captain Acoste	阿科斯特上尉
Captain Belshes	贝尔希斯上尉
Captain Burgh	伯格上尉
Captain Cameron	卡梅伦上尉
Captain Carrol	卡罗尔上尉
Captain Cheville	舍维尔上尉
Captain Collyer	科利尔上尉
Captain Dowson	道森上尉

Captain Doyle	多伊尔上尉
Captain Dubourdieu	杜布尔迪厄上尉
Captain Dudley	杜德利船长
Captain Fenwick	芬威克上尉
Captain Gauntlet	甘特莱特上尉
Captain Gell	盖尔上尉
Captain Holloway	霍洛韦上尉
Captain Lawson	劳森上尉
Captain M'Kenzie Fraser	麦肯齐·弗雷泽上尉
Captain Powis	波伊斯上尉
Captain Ramsay	拉姆齐上尉
Captain Rhodes	罗兹上尉
Captain Symphe	辛弗上尉
Captain Todd	托德上尉
Captain Tomkinson	汤姆金森上尉
Captain Tucker	塔克上尉
Captain White	怀特上尉
Cardigos	卡尔迪古什
Caridad	卡里达迪
Carlos de Españ	卡洛斯·德·埃斯帕尼亚
Carlos II	卡洛斯二世
Carlos III	卡洛斯三世
Carlos IV	卡洛斯四世
Carlos O'Donnell	卡洛斯·奥唐奈
Carneiro	卡尔内鲁
Carpetanos Mountains	喀尔本塔诺斯山
Carpio	卡皮奥
Carrier	卡里耶
Carrión	卡里翁河
Cartamo	卡尔塔莫
Cartaxo	卡尔塔舒
Carteillo	卡蒂略

Carvalhal	卡瓦蓝
Carvalho	卡瓦略
Casa de las Llomas	卡萨拉斯洛马斯
Casa del Campo	田园之家
Casa Nova	卡萨诺瓦
Casel de Maria	卡塞尔德玛丽亚
Castel Mendo	卡斯特尔门多
Castelblanco	卡斯特布兰科
Castellão-branco	布朗库堡
Castillejo	卡斯蒂列霍
Castillo de las Guardias	拉斯瓜迪亚斯堡
Castle of Almiroh	阿尔米洛城堡
Castle of La Mota	拉摩塔堡
Castrajon	卡斯特拉贡
Castrejon	卡斯特雷洪
Castro Urdiales	乌迪亚莱斯堡
Castronuevo	卡斯特罗努埃沃
Castronuño	卡斯特罗努尼奥
Cataluna	加泰罗尼亚
Catlin Crawford	卡特林·克劳福德
Cavaliere Gian Lorenzo Bernino	卡瓦列雷·吉安·洛伦佐·贝尔尼尼
Caxieras	卡西埃拉
Ceclavín	塞克拉温
Celorico	塞洛里库
Cervera	塞尔韦拉
César Alexandre Debelle	塞萨尔·亚历山大·德贝莱
Ceuta	休达
Cevico Navero	塞维科纳韦罗
Chaleco	查拉科
Chamartín	查马丁
Chamboran hussars	尚博朗骠骑兵团
Champion	"冠军"号

Charles Alte	查尔斯·阿尔滕
Charles Colville	查尔斯·科尔维尔
Charles Fitzroy	查尔斯·菲茨罗伊
Charles Gardanne	查尔斯·加尔达纳
Charles Lefebvre-Desnouettes	夏尔·勒菲弗-德努埃特
Charles V	查理五世
Charles V	《查理五世》
Chinchilla	钦奇利亚城堡
Church of Nuestra Senhora de Monte Alto	蒙特阿尔托圣母教堂
Ciempozuelos	西恩波苏埃洛斯
Cigales	锡加莱斯
Cintruénigo	辛特鲁埃尼戈
Ciudad Real	雷阿尔城
Ciudad Rodrigo	罗德里戈城
Claude François Ferey	克洛德·弗朗索瓦·弗雷
Claude Victor-Perrin	克洛德·维克托-佩兰
Coimbra	科英布拉
Colbert-Chabanais	科尔伯特-沙巴纳
Colmenar stone	科尔梅纳尔石
Colonel Arnaud	阿诺德上校
Colonel Barnard	巴纳德上校
Colonel Bathurst	巴瑟斯特上校
Colonel Birch	伯奇上校
Colonel Bouverie	布弗里上校
Colonel Chevalier Songeon	舍瓦利耶·松容上校
Colonel de Lancey	德·兰西上校
Colonel Douglas	道格拉斯上校
Colonel Elley	埃利上校
Colonel Graham	格雷厄姆上校
Colonel Greville	格雷维尔上校
Colonel Colin Halkett	科林·霍尔基特上校
Colonel Hunt	亨特上校

Colonel Jones	琼斯上校
Colonel Leith	利思上校
Colonel Longa	隆加上校
Colonel Macbean	麦克宾上校
Colonel Miles	迈尔斯上校
Colonel M'Leod	麦克劳德上校
Colonel Nichols	尼科尔斯上校
Colonel Nugent	纽金特上校
Colonel O'Callaghan	奥卡拉汉上校
Colonel Paisley	佩斯利上校
Colonel Piper	派珀上校
Colonel Reynell	雷纳尔上校
Colonel Ridge	里奇上校
Colonel Robe	罗布上校
Colonel Rooke	鲁克上校
Colonel Skerrett	斯科里特上校
Colonel Stirling	斯特灵上校
Colonel Stubbs	斯塔布斯上校
Colonel Sturgeon	斯特金上校
Colonel Trant	特朗特上校
Colonel White	怀特上校
Colquhoun Grant	科洪·格兰特
Colunga	科伦加
Compostela	德孔波斯特拉
Comte Reille	雷埃尔伯爵
Conde de Amarante	阿马兰特伯爵
Conde de la Bisbal	拉比斯瓦尔伯爵
Conde de Luna	卢纳伯爵
Conde de San Roman Caro	圣罗曼伯爵卡罗
Conde de Villa Neuva	比利亚努埃瓦伯爵
Condeixa	孔代沙
Constantin	康斯坦丁

Convent of Oña	奥尼亚修道院
Convent of San Nicolas	圣尼古拉修道院
Convent of Santa Teresa	圣特雷莎修道院
Coote Manningham	库特·曼宁厄姆
Cordovilla	科尔多村
Coria	科里亚
Corral	科拉尔
Coruña	科鲁尼亚港
Cuéllar	库埃利亚尔
Cura	库拉
Daimiel	代米耶尔
David Baird	大卫·贝尔德
David Teniers	大卫·特尼斯
de los Ojos	德洛斯奥霍斯
Deba	底巴河
Defiance	反抗军
Del Castillo	德尔·卡斯蒂略
Del Gobernador	德尔格本那多
Del Rey	德尔雷
Deleitosa	德莱托萨
Denis Pack	丹尼斯·帕克
Diantura	迪安图拉
Diego Rodríguez de Silva Velázquez	迭戈·罗德里格斯·德·席尔瓦·委拉斯开兹
Diogo Pinheiro	迪奥戈·皮涅罗
Doctor Curtis	柯蒂斯博士
Dominican friars	多明我会修士
Don Alvaro	阿尔瓦罗
Don Benito	唐贝尼托
Don Vencislaus	文塞斯劳先生
Doric and Ionic oredrs	多立斯和爱奥尼亚柱式
D'Orsay	德奥赛
Douro	杜罗

Duchess of Alba	阿尔瓦公爵夫人
Duchess of Benevente	贝内文特公爵夫人
Duchess of Ossuna	奥苏纳公爵夫人
Dueñas de Medina	杜埃尼亚斯德梅迪纳
Duero	杜罗河
Duke of Frías	弗里亚斯公爵
Duke of Treviso	特雷维索公爵
Duque de Uceda	乌塞达公爵
Duque del Infantado	因凡塔多公爵
Duque del Parque	德尔帕尔克公爵
Duques de San Juan	圣胡安公爵
Durango	杜兰戈
Ebro	埃布罗河
Echelar	埃舍拉尔
Édouard Simon	爱德华·西蒙
Edward Barnes	爱德华·巴恩斯
Edward Paget	爱德华·佩吉特
Edward Pakenham	爱德华·帕克南
El Burgo	埃尔布尔戈
El Principe	埃尔普林西比营
Éloi Charlemagne Taupin	埃卢瓦·夏尔马涅·托潘
Elvas	埃尔瓦什
Emerita Augusta	埃梅里塔·奥古斯
Emery	埃默里
Encinas	恩西纳斯
Enexara dos Cavalleros	恩沙拉多斯卡瓦雷罗斯
Engracia at Pancorbo	潘科尔沃的圣恩格拉西娅堡垒
Enrique O'Donnell	恩里克·奥唐奈
Erjas	埃尔哈斯河
Ernani	埃尔纳尼
Escavillas	埃斯卡维利亚斯
Escorial	埃斯科里亚尔

Escudo	埃斯库多路
Esla	埃斯拉河
Espeja	埃斯佩哈
Espinar	埃斯皮纳
Espinhal	埃斯皮纳尔
Espinosa	埃斯皮诺萨
Estremadura	埃斯特雷马杜拉
Estremos	埃斯特雷莫什
Étienne Heudelet de Bierre	艾蒂安·厄德莱·德比埃伯爵
Eugène Antoine François Merlin	欧仁·安托万·弗朗索瓦·梅兰
Eugene-Casimir Villatte	欧仁-卡西米尔·维拉特
Felix Blanco	费利克斯·布兰科
Fernan Nuñez	费尔南·努涅斯
Fernancaballero	费尔南卡瓦列罗
Fernando VII	斐迪南七世
Figueras	菲格拉斯
Filippo Juvarra	菲利普·尤瓦拉
FitzRoy James Henry Somerset	菲茨罗伊·詹姆斯·亨利·萨默塞特
Flemish schools	佛兰芒学派
Foix	富瓦
Foncastin	丰卡斯丁
Fonda San Rafael	方达圣拉斐尔
Fontiveros	丰蒂韦罗斯
Foriera	福列拉
Fort La Merced	拉梅尔塞堡
Fort Napoleon	拿破仑要塞
Fort Picurina	皮古里纳要塞
Fort San Cristóbal	圣克里斯托瓦尔堡
Foz d'Arouse	福斯·达罗萨
Francisco Ballesteros	弗朗西斯科·巴列斯特罗斯
Francisco Espoz y Mina	弗朗西斯科·埃斯波斯·米纳
Francisco Javier Castaños	弗朗西斯科·哈维尔·卡斯塔尼奥斯

Francisco Javier Venegas	弗朗西斯科·哈维尔·贝内加斯
Francisco Marcó del Pont	弗朗西斯科·马尔科·德尔·庞特
Francisco Pizarro	弗朗西斯科·皮萨罗
François Amable Ruffin	弗朗索瓦·阿马布勒·吕芬
François Gédéon Bailly de Monthyon	弗朗索瓦·热代翁·巴伊·德·蒙蒂永
François Joseph Lefebvre	弗朗索瓦·约瑟夫·勒菲弗
Frederick Berkeley	弗雷德里克·伯克利
Frederick Philipse Robinson	弗雷德里克·腓力斯·鲁滨孙
Frederick Ponsonby	弗雷德里克·庞森比
Freixedas	弗雷谢达什
Fresnillo de la Fuente	弗雷斯尼约·德拉丰特
Frías	弗里亚斯
Frugiuli	弗鲁古利村
Fuentarabia	丰特阿比亚
Fuente Guinaldo	丰特吉纳尔多
Fuente la Peña Fuentelapeña	丰特拉佩尼亚
Fuentelcaño	丰特卡尼奥
Fuentelfresno	丰特弗雷斯诺
Galicia	加利西亚
Galinduste	加林杜斯特
Galisteo	加利斯特奥
Gamarra Mayor	加马拉马约尔
Gamonal	加莫纳尔
Gata	加塔镇
Gayetano	加耶塔诺
Gebora	格博拉河
General Ariesaga	阿雷萨加将军
General George Bock	乔治·博克将军
General Cahigal	卡西加尔将军
General Chowne	乔恩将军
General Colman	科尔曼将军
General Darriceau	达里索将军

General Desgraviers	达斯格拉威尔将军
General Dunlop	邓洛普将军
General Freyre	弗雷雷将军
General Le Merchant	勒麦钱特将军
General Madden	马登将军
General Marti	马蒂将军
General Pringle	普林格尔将军
General Requelme	里克尔梅将军
General Reymond	雷蒙德将军
General St. Croix	圣克鲁瓦将军
General Tilson	蒂尔森将军
General Vinot	维诺将军
George Anson	乔治·安森
George Canning	乔治·坎宁
George Colquhoun	乔治·科洪
George Cranfield Berkeley	乔治·克兰菲尔德·伯克利
George Hay	乔治·海伊
George III	乔治三世
George Prevost	乔治·普雷沃斯特
George Ramsay	乔治·拉姆齐
George Rochfort	乔治·罗奇福特
George Townshend Walker	乔治·汤曾德·沃克
Gerona	热罗那
Gihon	希洪
Giovanni Battista Tiepolo	乔瓦尼·巴蒂斯塔·提埃坡罗
Giovanni Bologna	乔瓦尼·博洛尼亚
Gomecha	戈米查
Gouvea	戈韦亚
Grand army from Germany	法属德意志团
Great Convent of Batalha	巴塔利亚大修道院
Gregorio García de la Cuesta	格雷戈里奥·加西亚·德拉·奎斯塔
Guadalajara	瓜达拉哈拉省

译名对照表 | 431

Guadalupe	瓜达卢佩
Guadarrama	瓜达拉马山
Guadiana	瓜迪亚纳
Gualdim Pais	瓜尔迪姆·佩斯
Guarda	瓜达
Guareña	瓜雷尼亚
Güeñes	圭涅斯
Guernsey	根西岛
Guido Rheni	圭多·雷尼
Guillemot	吉耶莫
Guipascoa	吉普斯夸
Guitiriz	吉蒂里斯
Hadrian	哈德良
Hardyman	哈代曼
Haya	哈亚山
Helvetic Republic	海尔维第共和国
Henderson	亨德森
Henry Cadogan	亨利·卡多根
Henry Clinton	亨利·克林顿
Henry Fane	亨利·费恩
Henry II	亨利二世
Henry IV	亨利四世
Henry William Paget	亨利·威廉·佩吉特
Hercules	赫拉克勒斯
Herrerias	埃雷里亚斯
Hew Ross	休·罗斯
Hijar	伊哈尔
History of the Peninsular War	《半岛战争史》
Honoré Charles Michel Joseph Reille	奥诺雷·夏尔·米歇尔·约瑟夫·雷耶
Honoré-Théodore-Maxime Gazan	奥诺雷－泰奥多尔－马克西姆·加赞
Honorius	霍诺留
Horace Sebastiani	奥拉斯·塞巴斯蒂亚尼

Hornachos	奥纳乔斯
Hotham	霍瑟姆
Huarte	瓦尔特
Huerta	韦尔塔河
Iberian Peninsula	伊比利亚半岛
Idanha-a-Nova	新伊达尼亚
Ignacio Maria de Álava	伊格纳西奥·马利亚·德·阿拉瓦
Illescas	伊列斯卡斯
Infantados	因凡塔多家族
Infante	因凡特
Infiesto	因菲耶斯托
Iris	"鸢尾花"号
Irun	伊伦
Irurita	伊鲁里塔
Jaca	哈卡山
Jacopo Robusti	雅各布·罗布斯蒂
James Kempt	詹姆斯·肯普特
James Leith	詹姆斯·利思
James Long	詹姆斯·朗
Jaraicejo	哈赖塞霍
Jarama	哈拉马河
Jean Baptiste Eblé	让·巴普蒂斯特·埃布莱
Jean François Graindorge	让·弗朗索瓦·格兰多热
Jean Lannes	让·拉纳
Jean Louis Dubreton	让·路易·迪布勒东
Jean Louis Ebénézer Reynier	让·路易·埃伯纳泽·雷尼耶
Jean Marchand	让·马尔尚
Jean-Andoche Junot	让-安多什·朱诺
Jean-Baptiste Bessieres	让·巴普蒂斯特·贝西埃
Jean-Baptiste Drouet	让-巴普蒂斯特·德鲁埃
Jean-Baptiste Jourdan	让-巴普蒂斯特·茹尔当
Jean-Baptiste Solignac	让-巴普蒂斯特·索利尼亚克

Jean-François Leval	让-弗朗索瓦·勒瓦尔
Jean-Guillaume-Barthélemy Thomières	让-纪尧姆-巴泰勒米·托米耶雷
Jean-Joseph Dessolles	让-约瑟夫·德索勒
Jean-Pierre Maransin	让-皮埃尔·马朗森
Jean-Pierre-François Bonet	让-皮埃尔-弗朗索瓦·博内
Jena	耶拿
Joaquín Blakey Joyes	华金·布莱克·乔伊斯
Joaquina Téllez-Girón	华金娜·特列斯·希龙
John Coape Sherbrooke	约翰·科普·舍布鲁克
John Hamilton	约翰·汉密尔顿
John Hookham Frere	约翰·胡卡姆·弗里尔
John Hope	约翰·霍普
John I	若昂一世
John II	若昂二世
John Oswald	约翰·奥斯瓦尔德
John Slade	约翰·斯莱德
John Thomas Jones	约翰·托马斯·琼斯
John William	约翰·威廉
José de Mendizábal	何塞·门迪萨瓦尔
José Imaz	何塞·伊马斯
Jose María de la Cueva	何塞·马利亚·德拉·奎瓦
José María Queipo de Llano	何塞·玛利亚·凯波·德·利亚诺
Joseph Bonaparte	约瑟夫·波拿巴
Joseph Souham	约瑟夫·苏昂
Joseph-Léopold-Sigisbert Hugo	约瑟夫-利奥波德-西吉斯贝尔·雨果
Juan Bautista Sachetti	胡安·包蒂斯塔·萨克蒂
Juan de O'Donojú y O'Ryan	胡安·德奥多诺格·奥利安
Juan Martín Díez	胡安·马丁·迪亚斯
Juan Perez	胡安·佩雷斯
Judith with the Head of Holofernes	《犹滴和荷罗孚尼头》
Julian Sanchez	朱利安·桑切斯
Julien Augustin Joseph Mermet	朱利安·奥古斯丁·约瑟夫·梅尔梅

Juramentados	誓言之徒
Kenneth Howard	肯尼思·霍华德
King's German Legion	英王直辖德意志团
La Baňeza	拉巴涅萨
La Lamia	拉拉米亚
La Mancha	拉曼查
la Pena	拉佩尼亚
La Petite Rune	拉珀蒂特如尼山
La Pola	拉波拉
La Puebla de la Calgada	拉普埃夫拉·德拉卡尔萨达村
La Robla	拉罗夫拉
La Roca	拉罗卡
La Rune	洛尼山脉
La Trinidad and Santa Maria	拉特立尼达和圣特马里堡垒
Labajos	拉瓦霍斯
Ladoeir	拉杜埃鲁
L'Aigle	"雄鹰"号
Lamego	拉梅古
Laranjeiras	拉兰热拉斯
Las Montañas	拉斯蒙塔尼亚斯
Las Navas de San Antonia	拉斯纳瓦斯德圣安东尼亚
Lastres de la Torre	拉斯特雷斯德拉托雷
Leiria	莱里亚
León	莱昂
Leonardo da Vinci	莱昂纳多·达·芬奇
Lerida	莱里达
Lerma	莱尔马
Lesaca	莱萨卡
Lieutenant Lascelles	拉塞勒斯中尉
Lieutenant Leith	利思中尉
Lieutenant-Colonel Gre	格雷中校
Lisbon	里斯本

Llanes	利亚内斯
Llerena	列雷纳
Lobón	洛翁
Loftus Otway	洛夫特斯·奥特韦
Logroño	洛格罗尼奥
Lord Dalhousie	达尔豪西勋爵
Los Santos	洛斯桑托斯
Louis Emmanuel Rey	路易·埃曼努埃尔·雷伊
Louis Henri Loison	路易·亨利·卢瓦宗
Louis-Gabriel Suchet	路易-加布里埃尔·絮歇
Louis-Pierre Montbrun	路易-皮埃尔·蒙布兰
Lowry Cole	劳里·科尔
Luciana	卢西亚娜
Luco Giordano	路加·乔尔达诺
Lucus Augusti	卢克斯奥古斯
Lugo	卢戈
Lusitania	卢西塔尼亚
Lützen	吕岑
Madrid	马德里
Madrid Gazette	《马德里公报》
Mafra	马夫拉
Majadas	马哈达斯村
Major Birmingham	伯明翰少校
Major Brotherton	布拉泽顿少校
Major Cocks	科克斯少校
Major Cox	考克斯少校
Major Goldfinch	古德芬少校
Major Gomm	戈姆少校
Major Kelley	凯利少校
Major Laurie	劳里少校
Major Lefebure	莱弗比尔少校
Major Macpherson	麦克弗森少校

Major Mitchel	米切尔少校
Major Rose	罗斯少校
Major Scott	斯科特少校
Major Snodgrass	斯诺德格拉斯少校
Major Vigoureux	维古勒少校
Major Werge	韦格少校
Major Wood	伍德少校
Malaga	马拉加
Malpartid	马尔帕蒂达
Mansilla	曼西利亚
Mansilla de las Mulas	曼西利亚-德拉斯穆拉斯
Manuel de Godoy	曼努埃尔·德戈多伊
Manuel I	曼努埃尔一世
Manzanal	曼萨纳尔山
Manzanares	曼萨纳雷斯河
Marati	马拉蒂
Marengo	马伦戈
María Josefa Pimentel	玛丽亚·约瑟法·皮门特尔
Maria Louisa	玛丽亚·路易莎
Marie-François Auguste de Caffarelli	马里-弗朗索瓦·奥古斯特·德·卡法雷利
Marques de Alcanizas	阿尔卡尼斯侯爵
Marques de Astorga	阿斯托尔加侯爵
Marques de Campo Segrado	坎波·塞格拉多侯爵
Marques de Canalejas	卡纳莱哈斯侯爵
Marques de Caracena	卡拉塞纳侯爵
Marques de Porlier	波利耶侯爵
Marques de Portago	波塔戈侯爵
Marques de St.Iago	圣雅各侯爵
Marques Escalla	埃斯卡拉侯爵
Marquise of Santa Cruz	圣克鲁斯侯爵夫人
Martín Javier Mina y Larrea	马丁·哈维尔·米纳·拉雷亚
Martinchel	马蒂切尔

Martinez	马丁内斯
Matagorda	马塔戈达
Matthew Whitworth-Aylmer	马修·惠特沃思-艾尔默
Maximilien Sébastien Foy	马克西米利安·塞巴斯蒂安·福伊
Maya	马亚
Mayorga	马约尔加
Medellin	麦德林
Medico	梅迪科
Medina Celi	梅迪纳·塞利
Medina Celis	梅迪纳塞利家族
Medina del Campo	梅迪纳德尔坎波
Melgar	梅尔加
Mendonza	门多萨
Merida	梅里达
Mesa de Ibor	梅萨德伊沃尔
Miajadas	米亚哈达斯
Michel Marie Claparède	米歇尔·马里·克拉帕雷德
Michel Ney	米歇尔·奈伊
Miguel Ricardo de Álava	米格尔·里卡多·德·阿拉瓦
Miguelturra	米格尔图拉
Minho	米尼奥河
Mirador	米拉多尔
Miravete	米拉韦特
M'Kenzie Fraser	麦肯齐·弗雷泽
Mocejón	莫塞洪
Mondego	蒙德古河
Monsieur Dubois	迪布瓦先生
Monte Agraça	阿格拉萨山
Monte Orgullo	奥古洛山
Montemor	蒙特莫尔
Montijo	蒙蒂霍
Moraleja	莫拉莱哈

Morales	莫拉莱斯
Mortágua	莫尔塔瓜
Mozárbez	莫萨韦斯
Mr.Hunter	亨特先生
Mr.Guthrie	格斯里先生
Murillo Bartolomé Esteban	莫利罗·巴托洛梅·埃斯特万
Nanclaus	纳克劳斯
Napoléon Bonaparte	拿破仑·波拿巴
Nava	纳瓦
Nava del Rey	纳瓦-德尔雷伊
Naval Serrana	纳瓦尔瑟拉纳
Navalmoral	纳瓦尔莫拉尔
Navalucillos	纳瓦尔莫拉莱斯
Navansi	纳瓦西河
Navarre	纳瓦拉王国
Netherlands	尼德兰
New Testament	《新约》
Nicolas Jean de Dieu Soult	尼古拉·让·德迪厄·苏尔特
Nicolas Poussin	尼古拉·普桑
Nivernais	讷韦尔
Nogales	诺加莱斯
Nuestra Señora de Guadalupe	瓜达卢佩圣母画像
Nuestra Señora de la Peña	德拉佩尼亚圣母高地
Óbidos	奥比杜什
Obrado	奥布拉多
Ocaña	奥卡尼亚
Old Castille	卡斯蒂尔老城
Olías	奥利亚斯
Onrubia	翁鲁维亚
Oporto	波尔图
Orcayan	奥尔卡扬
Ordoño II	奥多尼奥二世

Orense	奥伦塞
Oropesa	奥罗佩萨
Ossunas	奥苏纳家族
Osuna	奥苏纳
Otta	奥塔
Ourém	欧伦
Ovetum	奥维多
Oviedo	奥维耶多
Pablo Morillo	巴勃罗·莫里略
Pajares	帕哈雷斯
Palace of Bueno Vista	布埃诺维斯塔宫
Palacio Nuevo	新王宫
Palavio Abaxo	帕拉维奥阿巴索村
Pamplona	潘普洛纳
Pancorbo	潘科尔沃
Pardaleras	帕尔德勒拉什
Paredes	帕雷德斯
Paul Veronese	保罗·委罗内塞
Pedro Agustín Girón	佩德罗·阿古斯丁·希龙
Pedro Caroy	佩德罗·卡罗
Pena Cova	佩纳科瓦
Penafiel	佩尼亚菲耶尔
Peňaranda	佩尼亚兰达
Peňascosa	佩尼亚斯科萨
Peneranda	佩内兰达
Peralta	佩拉尔塔
Perdigão	佩尔迪冈
Pernes	佩尔内什
Peruvian brig-of-war	"秘鲁人"号双桅军舰
Peter Paul Rubens	彼得·保罗·鲁本斯
Phihp II	腓力二世
Philip II and his infant son	《腓力二世和他的幼子》

Philip III	腓力三世
Philip IV	腓力四世
Philip V	腓力五世
Philips Cameron	菲利普·卡梅伦
Philips Wouvermans	菲利普·沃弗曼
Piedrabuena	彼德拉武埃纳
Pierre Benoît Soult	皮埃尔·伯努瓦·苏尔特
Pierre Bonnemains	皮埃尔·伯纳曼
Pierre Cassan	皮埃尔·卡桑
Pierre Dupont de l'Étang	皮埃尔·杜邦·德·勒唐
Pierre François Xavier Boyer	皮埃尔·弗朗索瓦·格扎维埃·布瓦耶
Pierre Hugues Victoire Merle	皮埃尔·于格·维克图瓦·梅尔
Pieter Brughel	彼得·勃鲁盖尔
Pinhel	皮涅尔
Pisuerga	皮苏埃加河
Pitiegua	皮蒂瓜村
Plasencia	普拉森西亚
Plaza de San Francisco	圣弗朗西斯科广场
Polan	波朗
Pompeiopolis	庞培奥波利斯
Pompey the Great	伟大的庞培
Ponferrada	蓬费拉达
Ponte Cardenal	庞特·卡德纳尔
Ponte de Murcella	蓬特德马尔塞拉
Ponte de Rol	蓬蒂德罗尔
Portalegre	波塔莱格雷
Porte de Mugem	蓬蒂德穆根
Portsmouth	朴次茅斯
Portugalete	波图加莱特
Potes	波特斯
Povoa	波瓦
Poza Velha	旧波萨镇

Pravia	普拉维亚营
Prince Eugene	尤金亲王
Provincial Junta	省军政府
Puente del Arzobispo	蓬特－德尔阿索维斯波
Puente del Arzobispo	阿尔索比斯波桥
Puerta de Alcalá	阿尔卡拉之门
Puerta de Atocha	阿托查门
Puerta de Guadarama	瓜达拉马之门
Puerta de las Palmas	巴达霍斯的帕尔玛
Puerta de los Embaxadores	恩巴沙多雷斯之门
Puerta de Pajares	帕哈雷斯山
Puerta de San Vicente	圣文森特之门
Puerta del Sol	太阳门
Punhete	蓬赫特
Punhete	庞赫特
Quarte Couronnes	夸特库隆内斯山
Quincoçe	金科塞斯
Quinta de San Jorge	金塔德圣豪尔赫
Quinta de Torres	昆塔德托雷斯
Quinta of the Condes de Aveiro	阿韦罗公爵的庄园
Quintanilla	金塔尼利亚桥
Quintela	金特拉
Rafael Menacho	拉斐尔·梅纳乔
Rafaelle Santi	拉斐尔·桑西
Regencia	雷根西亚
Regiment Del Rey	德雷骑兵团
Regiment of Laredo	拉雷多团
Regiment of Princessa	公主团
Regiment of Zamora	萨莫拉团
Reinosa	雷诺萨
Rentería	伦特里亚镇
Retiro	丽池

Retuerta	雷图埃塔
Rhenish Confederacy	莱茵联邦
Ribadesella	里瓦德塞利亚
Ribaldeira	里巴德拉
Ribamar	里巴马尔
Richard Stewart	理查德·斯图尔特
Rio del Monte	德尔蒙特河
Rio Lorenzo	洛伦索河口
Rivella Gigeda	里维拉·吉格达
Rivella Gijeda	里维拉·吉耶达
River Caya	卡亚河
River Mero	梅洛河
River Salcedon	萨尔塞多河
Robert Crawford	罗伯特·克劳福德
Robert Wilson	罗伯特·威尔逊
Roberts	罗伯茨
Robleda	罗夫莱达
Rocamonde	罗卡蒙德
Roncesvalles	龙塞斯瓦列斯
Royal Academy of San Fernando	圣斐迪南皇家美术学院
Rueda	鲁埃达
Rügen	吕根岛
Runa	鲁纳
Sahagún	萨阿贡
Salamanca	萨拉曼卡
Saldaña	萨尔达尼亚
Salinas	萨利纳斯
Salvaterra	萨尔瓦特拉
Salvatierra	萨尔瓦铁拉
Samuel Hulse	塞缪尔·赫尔斯
San Antoni	圣安东尼奥
San Antonio de Cantora	圣安东尼奥德坎托拉

San Bartolomeo	圣巴托洛梅奥
San Diego	圣迭戈港
San Domingos Convent	圣多明戈斯修道院
San Esteban	圣埃斯特万
San Francisco	圣弗朗西斯科
San Geronimo	圣杰罗尼莫
San Ildefonso	圣伊尔德丰索
San Marcial	圣马西亚尔
San Martin	圣马丁
San Michael	圣米歇尔
San Rafael	圣拉斐尔
San Vicente de la Barquera	圣维森特－德拉巴尔克拉
Sanmuñoz	桑穆尼奥斯
Sant Jago	圣哈戈
Santa Catalina	圣卡塔利娜村
Santa Clara	圣克拉拉
Santa Crux	圣克鲁斯
Santa Crux de la Sierra	圣克鲁斯－德拉谢拉
Santa Cruz	圣克鲁兹
Santa Maria	圣玛丽亚
Santa Maria do Olival	圣玛丽亚多奥利瓦尔
Santa Olalla	圣奥拉利亚
Santander	桑坦德
Santarém	圣塔伦
Santillaña	桑蒂利亚尼亚
Santivaños el Alto	桑蒂韦尼奥斯－埃尔阿尔托
Santoña	桑托尼亚
Santurce	桑图尔塞
Sardao	萨尔多
Schomberg Lippe	斯科姆贝格·利佩
Sebastian del Piombo	塞巴斯蒂安·德尔·皮翁博
Sebastián Francisco de Miranda	塞瓦斯蒂安·弗朗西斯科·德·米兰达

Sebastião José de Carvalho	塞巴斯蒂安·若泽·德·卡瓦略
Segovia	塞哥维亚
Seine	"塞纳"号
Serra da Estrela	埃斯特雷拉山
Serres	塞尔
Seville	塞维利亚
Sierra de Alcoba	阿尔科巴山
Sierra de Avila	阿维拉山
Sierra de Caramula	卡拉穆拉山
Sierra de Francia	弗朗西亚山
Sierra de Gredos	格雷多斯山
Sierra de Gredos	格雷多斯山
Sierra de los Cameros	洛斯卡梅罗斯山
Sierra de Los Palos	洛斯帕洛斯山
Sierra de Malagon	马拉贡山
Sierra de Serves	塞维斯山
Sierra del Viento	比恩托山
Sierra Morena	莫雷纳山
Simancas	锡曼卡斯
Sir Brent Spencer	布伦特·斯宾塞爵士
Sir David Baird	大卫·贝尔德爵士
Sir George Grenville	乔治·格伦维尔爵士
Sir Rowland Hill	罗兰·希尔爵士
Sir Stapleton Cotton	斯特普尔顿·科顿爵士
Sir Thomas Graham	托马斯·格雷厄姆爵士
Sir William Beresford	威廉·贝雷斯福德爵士
Sir William Erskine	威廉·厄斯金爵士
Sizandro	锡藏德鲁河
Sobrado	索夫拉多
Sobral	索布拉尔
Sobriera	索布雷拉
Socorra	索科尔拉

Somosierra	索莫谢拉山
Sorauren	索洛伦村
Soria	索里亚
Sotillo	索蒂略
Soto de Roma	罗马庄园
Spanish Guards	西班牙卫队
Spiritu Santa	斯皮里图圣塔
St. Bartolomeo	圣巴尔托洛梅奥
St. Benedict	圣本笃会
St. Combadao	圣科帕多
St. Elmo	圣埃尔莫
St. Jago	圣哈戈
St. Jean de Luz	圣让-德吕兹
St. Jean Pied de Port	圣让彼德港
St. Lucia	圣卢西亚
Subijana de Alava	阿拉瓦省的苏比哈纳
Susanna and the Elders	《苏珊娜与长者》
Tafalla	塔法利亚
Tagus	塔古斯河
Talavera de la Reina	塔拉韦拉-德拉雷纳
Talavera la Real	塔拉韦拉-拉雷亚尔
Tamames	塔马梅斯
Tancos	坦科思
Tarragona	塔拉戈纳
Tejares	特赫雷斯
Temple of Diana	黛安娜神殿
Temple of Mars	马尔斯神殿
Temple of Minerva	密涅瓦神殿
Tenebron	特内布朗村
Teson	泰松省
The Ascension	《升天》
The Conde Duque d'Olivarez	《奥利瓦雷斯伯公爵》

The Descent from the Cross	《下十字架》
The Judgment of Paris	《帕里斯的裁判》
The martyrdom of San Lorenzo	《圣洛伦佐的殉教者》
The martyrdom of St. Bartholomew	《圣巴塞洛缪殉教》
The Virgin	《圣女》
Theodosius I	狄奥多西一世
Thomas Bradford	托马斯·布拉德福德
Thomas Mignot de Lamartinière	托马斯·米尼奥·德·拉马蒂尼埃
Tiétar	铁塔尔河谷
Tirailleurs	法兰西猎兵
Titian Vecelli	提香·韦切利奥
Toledo	托莱多
Tomar	托马尔
Toral	托拉尔
Torio	托里奥河
Tormes	托尔梅斯河
Torquemada	托尔克马达
Torré	托雷
Torre la vega	托雷拉韦加
Torrecilla	托雷西利亚
Torres Vedras	托里什韦德拉什
Tórtoles	托尔托莱斯
Tower	塔沃
Trafalgar	特拉法尔加
Trajan	图拉真
Trancosa	特兰科苏
Tres Puentes	特雷斯蓬特斯
Trincadores	特林卡多斯
Trujillo	特鲁希略
Tudela	图德拉
Tuileries	杜伊勒里宫
Two Children	《两个孩子》

Unicorn	"独角兽"号
Urantia	乌兰蒂亚
Urquijo	乌尔基霍
Urumea	乌鲁米河
Valderas	巴尔德拉斯
Valdestillas	巴尔德斯蒂利亚斯
Valencia	巴伦西亚
Valencia Don Juan	巴伦西亚-唐胡安
Valladolid	巴利亚多利德
Vallesa	瓦莱萨
Valley of Bastan	巴斯坦山谷
Valmaseda	巴尔马塞达
Valmeda	巴尔梅达村
Valmusa	瓦尔穆萨河
Valonga	瓦隆加
Valverde	巴尔韦德
Veçilla	贝西利亚
Vega	维加
Vendas Novas	新文达什
Venta del Poso	本塔德尔波索
Venta of Almarza	阿尔马萨的本塔
Ventosa	本托萨
Venus of Urbino	《乌尔比诺的维纳斯》
Vera	维拉
Vernesga	维内斯加河
Vicente María de Acevedo	比森特·玛利亚·德·阿塞韦多
Victor Alten	维克托·阿尔滕
Victoria	维多利亚
Vigo	维哥
Villa Franca	比利亚弗兰卡
Villa Franca de los Barros	比利亚弗兰卡德洛斯巴洛斯
Villa Fria	比利亚弗里亚

Villa Muriel	比利亚穆列尔
Villa Nueva de la Serena	塞雷纳新镇
Villacastin	卡斯丁镇
Villada	比利亚达
Villafranca	比利亚弗兰卡
Villalpando	比利亚尔潘多
Villamañán	比利亚马尼扬
Villamor	比利亚莫尔
Villa-nueva de Gomez	比亚努埃瓦德戈麦斯
Villar del Rey	雷伊村
Villarcayo	比利亚卡约
Villardefrades	比利亚德弗拉德斯
Villardet	比利亚德特
Villarubia	比利亚鲁维亚斯
Villasanta	比利亚桑塔
Villaverde	比利亚韦德
Villavicios	比利亚维西奥萨
Vimieiro	维米埃鲁
Viscarret	维斯卡莱特
Visconde de Campo Grande	坎波·格兰德子爵
Viseu	维塞乌
Willem Frederik	威廉·弗雷德里克
William Bentinck	威廉·本廷克
William Francis Patrick Napier	威廉·弗朗西斯·帕特里克·纳皮尔
William Nicolay	威廉·尼克莱
William Spry	威廉·斯普里
William Stewart	威廉·斯图尔特
Wolfe	沃尔夫
Zadorra	萨多拉
Zafra	萨夫拉
Zamarra	扎马拉村
Zapardiel	萨帕迭尔河

Zaragosa	萨拉戈萨
Zarza Mayor	大萨尔萨
Zealous	"狂热者"号
Zêzere River	泽济里河
Zibreira	济布雷拉
Zornotza	索尔诺特萨